JN410564

玄牝 姜福淑 KINSLOW 수필집

아버지의 딸

지은이 玄牝 姜福淑 KINSLOW는 대한민국 경남 고성에서 태어나고 자랐다. 지금은 미국 택사스주 샌 안토니오에서 거주하고 있으며 매년 여름 모국을 방문한다. 그녀는 배우고, 실천하고, 그리고 violin 가르치는 삶을 즐긴다.

email: privateviolin@yahoo.com

玄牝 姜福淑 KINSLOW 수필집

아버지의 딸

지은이 姜福淑 KINSLOW
펴낸이 최명자

펴낸곳 책펴냄열린시
주　소 부산광역시 중구 중앙동 3가 14-1번지
전　화 051-464-8716
출판등록번호 제 02-01-256호
출판등록일 1991년 2월 4일

인쇄일 1판 1쇄 2010년 8월 15일
발행일 1판 1쇄 2010년 8월 25일

값 15,000 원

ISBN 978-89-87458-70-0 03810

□ 머리말

2007년 9월 14일 목요일, 나는 내 고향인 한국 고성의 한 쌀 가게에서 작은 쌀 한 봉지를 사고 있던 꿈을 꾸었다. 꿈에서 그 가게 주인은 수년전 고향을 떠난 이후로 한 번도 본 적이 없는 고등학교 동기생 중의 한 명인 HS였다.

내 기억엔, HS는 양 볼에 옅은 주근깨가 있었고 머리는 항상 단정하게 뒤로 묶여 있었다. 학교 교복인 깔깔한 흰색 블라우스와 무릎을 덮는 곤색 스커트는 잘 다려져 있었다. 키가 큰 그녀는 우수한 탁구 선수였다. 비록 그녀와 나는 특별히 친하지는 않았지만, 학교 탁구대회에서 그녀와 맞서는 것은 피할 수가 없었다. 나는 두 번의 트너먼트까지는 짧은 승리감을 즐겼지만, 다른 트너먼트의 승리자인 그녀와 맞섰을 때, 내 가슴은 요동치기 시작했다. 나의 긴장감 때문에 결국 그녀는 결승전에서 나를 이기곤 했다.

꿈에서 HS는 평범한 옷차림에 새둥지와 같은 머리를 하고 있었다. 수척해진 그녀의 얼굴은 그녀가 살아온 인생을 마치 대변하는 듯하였다. 아마 그날은 유난히 장사가 잘 되지 않는 듯했다. 나를 뒤 따라오던 흰색 양말을 신은 얼룩 고양이 클로이 Chloe를 제외하고는 주위에 어떤 손님도 보이질 않았다. HS는 피로해 보였고 여러 곡류통 너머로 나를 보았을 때, 무표정한 얼굴로 아는 척했다. 그런 후 그녀는 마치 줄곧 이전의 내 수필을 즐겨 읽은 것처럼 다음 수필 한 부를 보여 줄 수 없느냐며 갑자기 나에게 물었다. 그런데, 내가 수필을 쓰고 있었다는 것을 그녀가 어떻게 알았을까? 수년간 그녀를 전혀 본 적이 없지 않는가! 나는 당황스럽고 혼란스러웠다. 내가 어떻게 대답했는지는 기억이 나질 않지만, 내가 꿈에서 깨었을 때, 그 꿈이 어떤 의미를 담고 있는지 곰곰이 생각하고 있었다.

나는 한국 가족과 고향 친구들, 그리고 모교후배들이 내가 외국에서 만났던 여러 훌륭한 사람들을 나의 수필을 통해 만나기를 원한다. 나는 그들이 내가 방문했던 여러 곳을 즐기고 나와 같은 이름으로 미국과 벨지움에 사는 것이 어떠한 지를 경험하기 바란다. 그와 동시에 내 미국가족과 친구들이 내 수필을 통하여 내가 한국에서 경험한 것들, 서예의 즐거움, 배 파는 노파로부터 얻은 교훈, 미국제품과 한국제품을 구별 못하는 소매상인, 그리고 한국을 방문했을 때, 한 스님의 가르침으로부터 받은 즐거움…… 등등을 공유하고 싶다.

나의 마음은 바람에 흔들리는 어린 갈대와 같이 유연하다. 그것은 흔들리고 뻗어 나오려는데, 아쉽게도 내 표현력은 나의 상상력을 따르지 못한다.

2009년 6월

텍사스주 샌 안토니오

□ 감사의 글

나의 영문수필 모두를 한글로 번역하고 퇴고를 해준 부용산 주인 여자운의 도움이 없었다면 이 책은 빛을 보지 못했을 것이다. 그의 인내심과 변함없는 마음에 깊은 감사를 드린다. 한글로 번역한 나의 수필을 몇 해 여름 동안 타이핑해 준 장기성의 성실한 봉사에도 감사드린다. 또한 예술적이고 영감적인 삽화를 그려준 나의 어릴 적 반주깨미 친구인 갈촌 이도열에게도 사의를 표한다.

내가 수필을 쓰는 초창기에, 평생 교육자이신 나의 시어머니의 격려와 지칠 줄 모르는 열정은 정신적인 후원이 되었다. 나의 사랑하는 딸 Kathryn과 아들 Stephen은 사려 깊고 편견 없는 논평을 해 주었다.

너무 정직하고 열렬히 영어 교정을 해준 MG에게 진심으로 감사를 드리고 싶다.

마지막으로, 나를 좋은 문법의 길로 이끌고 영문 수필의 퇴고와 편집을 해 주신 남편에게도 감사를 드린다.

사실, 수많은 영어단어는 한글로 적절하게 번역할 수 없다. f,r,v,z와 ph,rh,th,ar,er,ur…… 등등을 가진 모든 영어단어들은 한글로 발음할 수 없으며 쓸 수도 없다. 예를 들면, 한글로 face, pace와 faith를 구분할 수 없다.

나는 어떤 영어단어는 그대로 두기로 했다. 왜냐하면 한글로 옳지 않게 번역해서 독자들이 틀리게 발음하는 것보다 소수의 독자라도 정확하게 읽을 수 있는 희망을 가지고 있기 때문이다. 또한 나는 일본식 발음을 피하려고 노력했다. 일본식 발음에는 불필요한 음절이 많다. 이것은 영어발음의 정확성을 높이기 위해 긴급히 개정해야한다.

조선왕조 네 번째 임금이신 세종대왕(1397~1450년)이 1443년 한글을 발명했을 때는 이와 같은 문제가 없었다.

2009년 추수감사절에

샌 안토니오에서

아버지의 딸

제1부 가 족

제2부 여행에서 온 이야기

제3부 벨지움에서 온 이야기

제4부 소중한 우정

제5부 미국에서 온 이야기

第6부 한국에서 온 이야기

제 1 부

가 족

컴퓨터에 뜨신 어머니의 초상

어머니의 존엄하신 초상이 제가 컴퓨터를 켤 때면, 화면에 꽉 차 떠오르십니다. 이 초상화는 최근에 한국에 살고 있는 저의 조카들 중의 한 명이 저에게 보내 준 것입니다. 초상화가 너무 생생해서 어머니께서 금방이라도 초상화 밖으로 걸어 나오실 것 같으며, 제겐 초상화를 뵙는 것이 어머니를 직접 뵙는 것 다음으로 즐거운 일입니다. 왜냐하면 저의 어머니께서는 안타깝게도 저와 태평양을 사이에 두고 8,000마일이나 먼 거리에 떨어져 살고 계시기 때문입니다.

저는 어머니의 초상화를 자세히 살펴봅니다. 제가 어머니를 위해 진정 무엇을 해드렸는지? 감히 어머니의 이마에 새겨진 주름을 새어보면서 주름살이 저 때문에 생겨나셨을까? 자문해 봅니다. 어머니의 굳게 다문 입술은 저에게 무언의 말씀을 하고 계십니다. "무엇이든지 열심히 배워라! 필요 없을 때는 버리기 쉬우니까!" 어머니의 움푹 들어간 눈동자는 예전과 같이 둥글지 않지만, 아직도 예리하고 날카롭습니다. 어머니의 눈썹도 또한 성글고 가늘어졌지만, 손은 포동포동하고 아직도 젊고 예쁘게 보이십니다. 어머니의 넉넉한 귓불은 저에게 항상 부처님을 연상시켜 주십니다. 어머니께서는 여행과 요리를 좋아하셨고, 매일 아침마다 어김없이 집 가까운 산에 아침 산행을 가곤 하셨습니다. 대부

분의 사람들이 새벽 산행을 시작할 때면 어머니께서는 산행을 마치고 돌아오십니다. 저희들은 숲속 산신령이 어머니의 애인이라고 철없이 쑥덕거리곤 했습니다.

지난 여름 제가 고향친구들을 만났을 때, 그들은 저희 어머니께서 고향에서 가장 아름다운 미인이셨다는 사실을 상기시켜 주었습니다. 저희들이 자랄 때, 어머니께서는 아주 우아한 전통 한복을 곱게 차려 입으시고 아름다운 모습으로 읍내에 사교 춤을 추러 가곤 하셨습니다. 그때마다 저는 여러 번 따라 가려고 애를 써 보았지만 성공한 적은 한 번도 없었습니다.

저희들은 어머니를 '큰손'이라고 불렀습니다. 왜냐하면, 어머니께서는 항상 맛있는 음식을 많이 만드셔서 저희 가족들과 일손들은 물론이고, 이웃들, 공양 받으러 오시는 스님들, 문밖에 찾아오는 거지들에게 아낌없이 베풀어 주곤 하셨기 때문이랍니다. 우리나라가 춘궁기인 보릿고개 철에 식량난으로 양식이 없어 많은 사람들이 끼니를 거를 때, 어머니께서는 저희 세 딸의 친구들이 와서 놀고 밥해 먹는 것을 언제나 환영하셨습니다. 무려 40년

이 지난 오늘까지도 그때의 저희 친구들로부터 어머니께서 베푸신 보은을 저희들이 되돌려 받고 있습니다.

어머니께서는 일본군 점령하에 있었던, 중국에서 일하고 계셨던 아버지를 만나러 그 당시 어떤 사람들도 상상하기 어려운 중국여행을 기차로 평양을 거쳐 다녀오신 적도 계십니다. 한 번은, 어머니께서 미국 텍사스주에 살고 있는 둘째 딸인 저를 만나 보려고, 영어도 한마디 못하지만 로스엔젤리스를 거쳐 저의 집에 오신 적도 있습니다. 그때, 로스엔젤리스에서 택사스주로 연결되는 비행기를 그만 놓치고, 몸짓으로 의사 소통을 하여 공항부근 서구형 호텔에서 하룻밤을 보낸 적도 계십니다. 도착 다음날 어머니의 두 개의 여행용 가방을 제가 찾으러 갔을 때 일인데, 김치를 비롯한 한국 음식으로 불룩해진 두 가방이 놀랍게도 공항 중앙홀 한가운데서 주인을 기다리고 있었는데, 물씬 풍기는 김치 냄새 때문에 그 가방을 사무실에 보관한다는 것은 생각조차 할 수 없었습니다.

또 한번은, 어머니께서는 하와이를 거쳐서 벨지움에 사는 우리가족을 방문하러 오셨습니다. 저는 어머니와 함께 네덜란드, 프랑스, 독일 등을 여행했지만, 어머니께서는 하루 빨리 한국에 돌아가고 싶어 하셨습니다. 왜냐하면 어머니께서는 자유로운 언어소통을 그리워하셨고, 또 한가지 중요한 이유는 어떠한 햄버거도 결코 어머니께서 좋아하시는 김치를 대신할 수 없었기 때문입니다.

저희 어머니께서는 오늘날에는 도저히 상상도 할 수 없는 당신 세대, 특히 여성들에게 너무 가혹했던 동양 유교문화의 뼈아픈 희생자들 중의 한 분이십니다. 어머니께서는 아들을 못 낳으셨다는 단 한가지, 그 이유 때문에 아버지와 이별을 강요 당하셨고, 그 보다 더 큰 온갖 치욕들을 당하셨습니다. 어머니께서는 오직 아들을 낳겠다는 소망을 이루기 위해 가깝고 먼 곳을 가리지 않고 여러 절을 찾아 다니며 새벽 기도를 드리고, 또 아들을 낳을 수 있다는 전래 구전을 믿고 새 속옷바지를 사 입으러 닷새만에 서는 시골장터를 찾아 다니기도 하셨습니다. 어머니께서 고향을 떠나 오기 전, 제 기억 속의 우리 집은 행복하고 아주 평화스런 집이었습니다. 큰 장독대에는 갖가지 김치가 가득한 크고 작은 장독들이 즐비해 있었고, 안뜰에 위치한 어머니의 꽃밭에는 불두화, 모란, 난초, 국화꽃…… 그리고 이름 모를 꽃들이 다투어 피었고 또, 정원 옆에 자리잡은 탁구대는 친구들과 동네 아이들이 실력을 겨루고 웃음꽃을 피우는 장소였습니다. 창고에는 많은 벼와 쌀 가마가 차곡차곡 쌓여 있었고, 집안일을 하는 두 식모, 농사일을 하는 세 명의 머슴이 있었으며, 또, 그 이외도 자동차와 운전수가 있었습니다.

또한, 두 마리의 암소와 '점박이'라고 부르는 개가 있었고, 집 지키는 한 쌍의 큰 거위와 봄이 오면 탐스런 큰 알을 낳던 애완용 칠면조 한 쌍도 함께 어울려 살고 있었습니다.

어머니께서는 이 모든 것들을 돌보고 총괄하는 큰 집안의 안주인이셨습니다. 지금, 81세인 저희 어머니께서는 아직도 저희들이 자랄 때의 한 가문의 안주인과 여장부의 모습을 그대로 간직하고 계십니다. 어머니께서는 이제는 여행도, 이른 새벽의 산행도 자제하지만, 이 초상화 어딘가에 숨어 있을, 삶에 대한 모험심, 결단력과 고고하신 정신은 아직도 정정하십니다.

어머니! 건강하시고 오래오래 사시길 바랍니다.

2007년 2월 7일

사랑하는 둘째 딸 드림

아버지의 딸

아버지의 갓 만들어진 묘지 옆, 타오르는 불길 속으로 사라지는 책들, 많은 책들과 사진들, 옷들, 심지어는 안경까지도 나는 보았다. 나의 가족들은 유교 관습에 따라 돌아가신 아버지의 소지품들을 모두 태웠다. 그 당시 열세살이었던 나에겐 그것은 부질없는 일이었다. 나는 아버지의 소지품 중의 어떤 것이라도 가지고 싶었지만 어린 소녀의 소망은 고려되지도 않았다. 아버지의 영혼은 불속에 던져지는 물건이 무엇이든 간에 가지신다고 우리 집안의 어른들은 믿었다. 그래서 아버지의 영혼은 저 세상에서 그의 모든 소지품이 필요하다고 믿었다. 지금까지도 연례행사로 내가 아버지 묘소를 성묘할 때면 오래된 소나무 가지 옆 큰 불길이 모든 것을 삼킨 곳을 지적할 수 있다. 그 광경은 아직도 무한한 슬픔으로 내 마음을 억누른다.

어느 날, 비탄에 잠긴 우리 가족은 아버지와 대화를 해서 극락세계에 잘 도착하셨는지 알아보기 위해 무당을 고용했다. 장소는 바위산을 뒤로한 강가 깊은 강물 앞이었다. 무당은 흰 고깔 종이 모자를 썼다. 그녀는 형형 색깔의 헝겊이 끝에 매달린 큰 대나무를 가지고 있었다. 과일, 건어물, 생무명 등 여러 물건들을 돗자리 위에 올려놓고 아버지의 혼령을 불렀다. 우리 가족이 마음을 졸이며 지켜보고 있는데, 그녀는 오랫동안 주술을 하면서 맨손을 계속해서 비볐다. 그녀는 알 수 없는 신의 힘에 홀린 듯 했고 그러던 한순간에 놀랍게도 그녀의 목소리는 꼭 아버지 목소리였다! 아버지의 목소리는 우리 가족에게 이승을 너무 일찍 떠났기 때문에 이승과 극락세계 사이에 계신다고 말씀하셨다. 또한 나에게 공부를 열심히 하라고 말씀하셨다. 그 이후로 나는 오직 단 한번 아버지를 꿈속에서 뵈었다. 아버지께서는 방 저 쪽에 목각 군인처럼 조용히 서서 나를 바라보고 계셨고, 입술은 굳게 다무셨다.

장례 후 소지품을 불태우는 의식을 행했음에도 불구하고, 나보다 나이가 열 살이나 더 많은 남자 사촌 중의 하나는 아버지의 카메라와 축음기 외에 벽에 못이 박히지 않은 우리 가족의 다른 재산을 가져갔다. 훗날 그는 아버지 무덤만 빼놓고 우리 산까지 팔아먹었다. 이와 같은 약탈 행위에도 불구하고, 여하튼 나는 조그마한 부드러운 옷솔과 접는 휴대용 자를 포함해서 아버지의 보물 몇몇을 가졌다.

아버지께서는 일제 강점기 중국에서 일본군복을 입으시고 일본 이름하에 측량사로 일하실 때 그 휴대용 자를 사용하셨음에 틀림없다. 아버지께서는 1945년 여름, 한국이 해방될 때까지 만주에서 일하셨다. 어머니 말씀에 의하면, 중국에서 돌아오실 때, 완행 석탄 기차를 수일간 타고 오셨기 때문에 누군지 알아 볼 수 없을 정도로 온 몸이 검정 투성이었다고 한다. 나는 또한 아버지의 두 백과사전을 가지고 있다. 하나는 "동아새백과사전"인데, 이것은 내가 공부할 때 절대적인 도움을 주고 있고, 다른 하나는 낡은 일본어 "의학대백과사전"이다. 그러나 가장 중요한 것은 아버지의 1956년과 1960년 두 비망록을 내가 가지고 있다.

아버지의 두 비망록을 자세히 살펴보면, 내가 어려서 몰랐던,

아버지에 대해 어떤 것을 알 수 있었다. 아버지께서는 인정 많으시고, 믿음직하시고 세심성 많은 분이라고 나는 생각한다. 아버지의 비망록에 특정한 해에 3,788개의 장작나무와 175개의 가지나무를 구입하였다고 정확하고 명필 한문으로 기록해 두셨다! 그리고 얼마만큼의 많은 밤과 쌀가마니를 어떤 친척들과 머슴들 가족에게 보냈는지 기록해 두셨다.

아버지께서는 말씀이 적으셨고, 자존심과 권위를 가지신 분이었고 세 딸에게는 온화한 마음을 가지신 분이셨다. 주말에 아버지께서는 우리 세 딸을 모두 부근 조그마한 과자 가게로 데려가시면, 세 딸들은 큰 눈깔사탕을 선택하였지만 아버지께서 좋아하시는 것은 흰 박하사탕이었다. 아버지께서는 으레 외상으로 물건을 사셨고, 그 가게 주인은 우리 가족에게 물건을 팔기를 항상 원했다. 그 당시, 우리 집에는 나의 다섯 가족 외에, 머슴들과 가정부들, 한 쌍의 거위, 또한 집 마당을 자유스럽게 돌아다니는 두 마리의 애완용 칠면조가 있었다. 우리 대가족의 일상생활은 별 소동 없이 순조롭게 진행되어갔다. 아버지께서는 종종 많은 우리 논을 돌보시는 것을 즐기셨다. 어머니 말씀에 의하면 때때로 아버지께서는 아침 일찍 나를 바지게 안에 태워 논에 가시곤 하셨다고 한다. 아버지께서는 일찍부터 나에게 자연의 도움이 없이는 곡식이 자라지 못하고 일찍 일어나는 것이 건강에 좋다는 것을 가르쳐 주셨다.

아버지께서는 고향 지방 군청 직원이셨기 때문에, 가끔 업무상 큰 도시인 부산으로 출장을 가곤 하셨다. 나중에는 그 출장은 건강 때문이었다. 그 당시 우리 고향에서 부산까지 가는데 시골 버스로 7시간이나 걸렸지만, 요즈음은 단지 90분밖에 걸리지 않는다. 아버지께서는 매끈한 포장도로와 지름길 터널을 즐기실 만큼 오래 사시지 못했다. 아버지께서 부산으로 출장을 가실 때면 보통 단비가 내렸고 세 딸에게는 특별한 기회였다. 왜냐하면 아버지께서 출장에서 돌아오실 때면 특별한 선물로 세 딸을 각각 즐겁게 해 주셨기 때문이다.

마을이나 직장에서 아버지를 찾아오는 분들이 많았다. 음력 설, 추석이나 아버지 생신과 같은 특별한 날이면 사과, 정종, 흰 와이셔츠 및 넥타이 등이 우리 집 복도에 줄을 지었다. 아버지께서는 술을 드시지 않으셨고 셔츠는 친지들에게 나누어 주셨다. 아버지가 돌아가신 다음 해부터 그 분들도 사라져 버렸다. 명절 날 텅 빈 복도는 내 가슴을 허전하게 했다.

나의 부모님은 우리가 어렸을 때 탁구대를 설치해 주셨다. 탁구대는 어머니의 꽃밭 옆 마당에 있었다. 여기서 아버지께서는 저에게 탁구 치는 법을 가르쳐 주셨다. 탁구를 처음 배울 때 나는 서툴러서 공을 따라 다니기에 바빴지만, 어린 딸이 풀이 죽으면 일부러 게임을 져 주셨다. 아버지께서는 탁구경기 챔피언이셨다고 나는 생각한다. 수년 뒤 내 자신이 아이들을 키우면서 우리들은 때때로 테니스, 장기와 golf게임을 해오고 있었지만 나는 아버지처럼 일부러 져주는 넓은 아량을 베풀지 못했다.

아버지께서는 교육 후원자이자 미술 음미가이셨다. 진고동색 사무복과 모자를 쓰시고 우리 초등학교에 시험지를 제공해 주시던 아버지의 모습이 내 뇌리에 남아있다. 이것은 나의 아버지에 관한 소중한 영상 중의 하나다.

나의 중학교 입학지원서를 쓸 때, 아버지와 나는 의견이 딴판이었다. 나는 집에서 시골학교를 다니고 싶었지만 아버지는 나를 큰 도시인 부산으로 보내려고 생각하고 계셨다. 나는 울면서 아버지를 괴롭혔다. 아버지께서는 열두 살 밖에 안 된 어린 딸을 어떻게 떼어 놓을 생각을 하셨을까? 나에게 깊은 신뢰심을 가지고 계셨을까 아니면 충분히 나 혼자 독립해서 생활할 수 있다고 생각하셨을까? 아버지께서는 심사숙고하시고, 주저하시더니 내키지 않는 마음으로 입학지원서에 곤색 만년필로 '미'라고 쓰셨다. '미'자는 '아메리카'를 뜻하는 미국의 첫 글자와 똑 같다. 내가 첫 글자를 보았을 때 나는 아버지께서 나를 미국에 있는 학교로 보내신다고 생각했다! 나는 가슴이 터지도록 큰 소리로 울었지만, '미'는 아버지께서 '결정하지 않음'의 미정을 쓰고 계신 것으로 판명 났다. 그런데 지금 나는 어디에 살고 있는가? 나는 결국 미국에 살러오지 않았는가! 아버지께서는 당신의 둘째딸의 운명을 그때에 이미 예감하고 계셨음에 틀림없었다.

아버지께서는 외교 수완이 능하셨다. 때때로 그의 세 딸들에게 그의 아픈 다리를 주물러 주는 대가로 구두로 용돈을 주시곤 하셨다. 주물기를 잘하는 딸들에게 한번에 5원을 주셨는데 주물기를 마칠 때쯤이면 세 딸이 버는 돈은 거의 같았다. 내 기억으로 내가 아버지의 다리를 주물고 안마를 해 드리고 번 돈이 총 700원(약70센트)이었지만 돌아가실 때 내가 모아 둔 돈 전부를 가져가셨다! 나는 아버지의 일생에 이와 같은 엉뚱한 일이 이번 외에는 단 한 번도 없었다고 생각한다. 아마도 극락세계 생활은 이 땅의 생활보다 훨씬 돈이 많이 들고 그 곳에 머물려면 일생동안 번 모든 돈이 필요하신지도 모르겠다.

미국에 이주해온지 10여년 만에 내 고향 고성에 돌아가서 큰어머님 중의 한 분을 방문했다. 시골 길은 그때까지도 포장되지 않았다. 내가 큰 어머님의 사립문을 통해 조그마한 시골 흙 마당으로 들어섰을 때, 전통적인 툇마루에 앉아 계시던 큰 어머님이 "야이야! 나는 봉갑奉甲이가 들어오는 줄 알았다! 우짜모 걸음걸이까지도 똑같노!"라고 소리 치셨다. 큰 어머니께서 내가 아버지를 조금이라도 닮았다고 말씀하시는 것은 나에게 자부심을 심어 주었다.

나의 마음이 방황할 때 나는 아버지께 충고를 구한다. 아버지께서는 나의 불안정을 해결해주시고 나를 다시 새 사람으로 만들어 주신다. 아버지의 육신은 내 기억 속에 있지만, 영혼은 아직도 내 마음 속에 살아 계신다(死而不忘者壽, 老子 33章). 당신께서는 나의 의식이고 나의 신전이며 나의 부처이시다. 나는 아버지의 탁월하심, 자비심과 믿음직 하심과, 이기심이 없으신 영상들로 만들어져 있다.

2007~2009.12

복숙의 소박한 즐거움

프레루드Prelude

나는 얼 그레이Earl Grey 차 빈 봉투에 남아있는 천연 벨가못bergamot 향기를 좋아한다. 나는 신선한 그라운드 로스트 커피 냄새도 좋아한다.

나는 솔잎, 토마토잎, 그리고 로즈메리 덤불을 좋아한다. 그것은 나의 자연향기 치료법이다.

또한 산월계수 송이를 부드럽게 흔들며 그 신성 같은 향기를 나의 온몸에 뿌리는 것을 좋아한다.

나는 봄에 식용 꽃들과 새 약초의 씨를 뿌려 시험재배 하기를 좋아한다. 나는 냉장고에서 자생하여 크고 아름답게 핀 당근꽃을 관찰하기를 좋아한다. 나는 노란 민들레로 가득한 들판에서 배회하기를 좋아한다. 나는 초봄에 돌아오는 계절과 새 희망을 알려주는 조그마한 개나리꽃을 좋아한다.

나는 구멍난 돌들weather rocks을 좋아한다. 그것은 나에게

자연의 강인함을 기억하게 한다.

나는, 푸르고, 갈색 혹은 황금색의 고양이 눈을 살펴보는 것을 좋아한다. 고양이의 눈은 이상경을 찾는 것 같다.

나는 홍관조, 파랑새, 아침 비둘기와, 여러 종류의 새들에게 먹이를 주는 것을 좋아한다. 나는 그들의 아침 노래들과 야상곡들을 즐긴다.

나는 국제편지와 소포 등에 우편요금 별납증보다 우표를 사용하기를 좋아한다. 나는 email보다 손으로 쓴 편지 읽기를 좋아한다. 손으로 쓴 편지가 보내는 사람의 정을 더 느낄 수 있다. 나는 순수하고 의미가 숨어있지 않은 자연스런 시 읽기를 좋아한다. 나는 제자들로부터 세련되지 않은 편지들과 감사편지들을 읽기를 좋아한다. 나는 가장 훌륭한 시와 수필은 아직 쓰이지 않았다고 생각하기를 좋아한다.

나는 연필깎이 기계보다는 연필을 면도칼로 깎는 것을 좋아한다. 이것은 내가 소녀시절에 배운 연필 깎는 방법이다. 기계로 깍은 연필은 끝이 너무 날카로워 쉽게 부러진다.

나는 비올 때 나비들이 잠을 어디에서 잘까하고 생각하곤 한다. 나는 고추잠자리가 수영장 위에서 빠지지 않고 어떻게 춤출 수 있을까 생각하곤 한다. 나는 새들이 깃털로 방수된 집을 짓는 방법과 그 집이 완성되었을 때 다 되었다는 마지막 말을 누가 하는지 알고 싶다.

알만드Allemande

나는 좋지 않은 날씨에 golf치기를 좋아한다. 예약 취소가 golf장을 여유있게 하고 golf치기는 보다 도전적이 된다. 나는 golf 칠 때 걷기를 좋아한다. 나는 어머니 같은 자연을 보다 가까이서 느낄 수 있고 푸른 잔디와 부드럽고 꿀색의 갈색 동면 잔디를 발로 느낄 수 있는 것을 사랑한다. 나는 golf 칠 때 양손에 장갑을 끼는 것을 좋아한다. 왜 방사선 자외선으로부터 두 손을 보호 하지 않는가? 그리고 추운 겨울에는 어떻고?

나는 몇 번 친 경험이 있는 공으로 golf치기를 좋아한다. 이 공들은 잃어버려도 스트레스를 받지 않는다. 나는 방향을 벗어난 golf공을 rough에서 찾을 때 자생 꽃들과 버섯들을 보고 즐기기를 좋아한다. 나는 rough 너머로 보이는 무한히 아름다운 자연 그림을 응시하기를 좋아한다.

나는 fairway에서 오디 따는 것을 좋아하곤 했다. 안타깝게도 뽕나무는 자유계약의 원예가에 의해서 침묵을 지켰다.

나는 water hazard에서 훈련을 하고 있는 새끼오리를 관찰하기를 좋아한다. 그들은 빈약한 기능의 향상과는 상관없이 의기양양해한다. 나는 water hazard에 비친 백로 그림자를 찾기를 좋아한다. 나는 또한 빙점하의 water hazard에서 고목 나뭇가지 그림자 찾기를 좋아한다. 나뭇가지들의 선과 공간과 고요함은 아무 생각 없는 즐거움을 창조한다.

나는 따스한 봄날에 water hazard에서 나온 이끼를 덮어쓴 거북이 가족들이 푸른 잔디 위에서 일광욕을 하고 있을 때 그들을 헤아리는 것을 좋아한다. 나는 거북이가 bunker에서 알을 낳을 준비를 하는 것을 관찰하는 것을 좋아한다. 거북이가 bunker를 안락한 방으로 만드는 본성을 관찰하는 것은 쉽게 말해서 신기한 일이다.

나는 테잎으로 붙인 티와 bandage를 붙인 티를 포함한 흥미있는 golf tee를 보관하기를 좋아한다. 그것들은 나에게 환경 친화적인 golfer들을 생각하게 한다. 나는 성조기Stars and Stripes 로고가 있는 공을 보관하기를 좋아한다. 그것들은 나에게 애국적인 golfer들을 다시 생각하게 한다.

나는 늦가을에 fairway를 따라 서 있는 눈부시게 새빨갛고, 주황과 노랑 의상을 한 탈로tallow 나무들에 의해 즐거움을 받기를 좋아한다. 나는 깃털, 단풍잎들, 도토리, 그리고 조약돌들을 넣고 다니는 작은 golf 가방을 좋아한다. 나는 이 가방을 나의 보물 가방이라고 부른다.

나는 츠랙터 아래서 짓밟혀진 golf ball을 관찰하기를 좋아한다. 가끔 나는 조그맣게 갈라진 틈 속에서 자라고 있는 식물을 발견한다. 그것은 나로 하여금 끈기, 동기 그리고 결단을 다시 생각게 한다.

쿠란테Courante

나는 선, 공간 그리고 하늘과 땅을 구성하는 꽃꽂이를 좋아한다.

나는 늦은 밤 쇼팽의 야상곡과 어우러진 서예 묵향을 좋아한다. 나는 나의 서예 연습지와 밝고 노랑 리본으로 선물을 싸고 장식하기를 좋아한다. 나는 또한 창문장식을 위해 서예 연습지 사용을 좋아한다. 서예 연습지의 글자들은 알맞은 양의 햇빛을 여과 시킨다.

나는 아일랜드 망고 촛불 향을 좋아하고 조용한 감화력을 위해 흔들리는 촛불을 응시하기를 좋아한다.

나는 바흐, 모차르트, 차이코프스키와 여러 작곡가들의 음악을 듣기를 좋아한다. 말로 표현할 수 없을 때 더욱 감명적인 언어—음악이 나온다. 그것은, 우리의 마음을 달래고, 진정시키고, 위로하고, 서술케 한다.

나는 춤추기를 좋아한다. 춤은 말없는 poem이고 춤추는 두 사람들의 마음의 약속이다. 나는 장기를 좋아한다. 과거에 실내외에서 장기를 즐기는 한국 남성들의 흥미를 상속 받았음을 고백한다.

나는 달빛 아래 마루에 누워 환상하기를 좋아한다. 나는 눈 덮인 맥킨리 산을 날아 넘어갈 때, 해외 비행기의 창가에 앉아 환상하기를 좋아한다.

나는 안개 낀 아침에 뱃고동소리 듣기를 좋아한다. 나는 안개 낀 아침에 걷기를 좋아한다. 안개 낀 날 아침은 나의 얼굴 근육을 촉촉하게 하고 이완시켜주어 회춘을 시켜주는 자연적인 방법이다.

나는 concrete로 만들어진 다리보다 징검돌 위로 개울물을 걷기를 좋아한다.

나는 접착천을 사용하는 것보다도 끈으로 운동화를 매는 것을 좋아한다.

나는 비오는 날에 차타기를 좋아하고, 전면유리 차창에 빗방울이 나타났다 사라지는 것을 관찰하기를 좋아한다. 나는 비행기

여행보다 기차여행을 좋아한다. 나는 목적지를 돌아가기, 멀리 돌아가기를 즐긴다.

나는 나의 보물, violin 그림을 캐타록에서 잘라 내기를 좋아한다. 나는 천사들이 연주하는 violin 장식품을 간직하기를 좋아한다. 그것은 내가 기분이 좋지 않을 때나 혹은 내 영혼이 새롭게 될 필요가 있을 때 천상의 음악이다.

나는 숲속 걷기를 좋아한다. 자연은 영감과 소통력이 있는 그 자체의 symphony를 들려 준다.

나는 고요함을 느끼기 위해 바닷바람을 들이마시기를 좋아한다. 나는 바다 거북이를 타고 어릴 적 상상의 바다 왕국을 여행하는 것을 상상 하기를 좋아한다.

나는 노오란 은행잎을 모아 그것들을 책갈피로 사용하기를 즐긴다. 나는 낙엽을 쓸 때 사각사각 나는 그 소리 듣기를 좋아한다. 나는 길거리에 떨어진 도토리들을 다람쥐를 위해 모아 두기를 좋아한다. 나는 추운 겨울아침 야생칠면조들 옆에서 달리기를 좋아한다.

사라반데Sarabande

나는 반딧불 쫓기를 좋아하곤 했다. 나는 나비, 잠자리, 그리고 메뚜기 잡기를 좋아하곤 했다. 나는 푸른 산에서 메아리 놀이를 좋아하곤 했다. 나는 봄날에 금방 낳은 칠면조 알의 온기를 느끼기를 좋아하곤 했다.

나는 바닷가에서 모래성을 쌓고 즉시 바닷물이 그것을 휩쓸어 가는 것을 관찰하기를 좋아했다. 나는 아무도 없는 바닷가에서 바람 부는 날 연날리기를 좋아하곤 했다. 그러나 지금은 바람이 부는 날이면 나의 전 걷기 짝지를 생각한다. 그녀는 "아, 이 바람은 침대 sheet를 건조시키기에 아주 좋은 날씨다."고 말하곤 했다.

나는 봄날에 어리고 연한 풀줄기로 풀피리 만들기를 좋아하곤 했다. 나는 향기롭고 맛있는 약제 장미와 진달래 꽃잎 따먹기를 좋아하곤 했다. 나는 클로버 꽃으로 가락지, 팔찌와 머리띠 만들기를 좋아하곤 했다. 나는 하루의 행운으로 네잎 클로버를 간직하기를 좋아하곤 했다.

나는 개구리로 변하는 올챙이를 관찰하기를 좋아하곤 했다. 나는 시골 초봄에 뻐꾸기와 청개구리 울음소리를 흉내내기를 좋아하곤 했다.

나는 못에서 수제비 따먹기 놀이를 좋아하곤 했다.

나는 매끈한 조약돌로 게임하기를 좋아하곤 했다. 우리는 그 게임을 콩돌놀이라고 불렀다.

나는 달빛 아래에서 그림자놀이 하는 것을 좋아하곤 했다. 나는 동네 친구들과 숨바꼭질을 좋아하곤 했는데, 내가 좋아하는 숨는 장소는 버드나무 뒤와 아주까리나무 아래였다.

나는 매끈하고 마른 땅에서 뛰넘기 놀이를 좋아하곤 했다. 나는 어린 시절 동무들과 고무줄 놀이하는 것을 좋아하곤 했다.

나는 가위, 바위, 보로 업어주기 놀이를 즐겼다. 나는 집에서 만든 썰매를 꽁꽁 얼어붙은 벼논에서 타기를 즐겼다. 나는 내 다리 하나가 못 견딜 때까지 한발로 줄넘기하기를 즐겼다.

나는, 다양한 색의 색종이로 종이접기를 좋아하곤 했다. 나는 사과, 오렌지, 그리고 둥근 과일들을 가지고 하나가 떨어질 때까지 joggle하기를 좋아하곤 했다.

나는 벌이 꿀을 따기 전에 깨 꽃잎의 꿀을 빨아 먹기를 좋아하곤 했다. 나는 초여름 연한 목화 햇 몽우리 따먹기를 좋아하곤 했다. 나는 누에가 뽕잎을 사각사각 먹고 내 눈 앞에서 커가는 모습을 관찰하기를 좋아하곤 했다.

나는 얼굴 분을 만들기 위해 분꽃씨 따기를 즐기곤 했다.

나는 급물살 개울에 나뭇잎을 던져놓고 떠내려가는 나뭇잎과 경주하기를 좋아하곤 했다. 나는 또한 비가 올 때 목적지가 없는 개울물에 종이배 띄우기를 좋아하곤 했다.

나는 웃는 소녀를 그린 크리스마스 카드 만들기를 좋아하곤 했다. 나는 샌타클로스가 왜 한국 가정에는 방문 안하는지를 의

아해 하곤 했다.

나는 아버지께서 큰 도시로 출장 가셨다 선물을 사가지고 돌아오시는 것을 기다리곤 했다.

나는 대청마루 끝에 머리를 거꾸로 젖히고 누워 아주 다른 각도에서 세상을 바라보는 것을 좋아했다.

나는 학교에서 집으로 오갈 때 벼논이나 보리밭 사이를 걸으면서 영어 단어 공부하기를 좋아하곤 했다.

나는 책으로 집짓기를 좋아했다. 나는 영리해지기 위해 책을 머리에 이는 것을 좋아하곤 했다. 그것을 회상하면 웃음이 절로 나온다. 나는 깔깔한 새 백원짜리 돈을 내가 좋아하는 책속에 넣어 두기를 좋아하곤 했다. 나는 지난해의 독일 제약회사 달력으로 책표지를 싸는 것을 좋아하곤 했다.

나는 또한 가을 추수한 벼논의 들판에서 집단으로 집짓기를 좋아하곤 했다.

나는 조그만 조약돌은 바다에 가라앉는데 왜 큰 군함은 물에 뜨는지를 생각해 보곤 했다.

나는 초등학생시절 반 학생들과 밤공부하는 언니를 따라다니기를 좋아 했다. 나는 나의 언니와 봉숭아꽃으로 새끼손가락과 가락지 손가락 손톱에 물들이기를 좋아 했다. 나는 언니 머리 땋기를 좋아하곤 했다. 나는 자매들을 위해 내 머리칼을 이용하여 심장모양의 바늘 쌈지를 만들기를 했다.

지그Gigue

나는 차가운 밤에 대나무 잎을 떨게 하는 바람 소리 듣기를 좋아한다. 나는 나의 한국 절 풍경이 만드는 음악을 좋아한다. 그 음악은 이것을 나에게 준 나의 어릴 적 가장 친한 친구를 생각하게 한다. 나는 이 풍경을 선물 받기 전, 조그만 마당 나무에 걸려있던 그녀의 두 절 풍경에 감탄했다. 그녀는 걸려 있던 풍경 하나를 떼어 나에게 주면서, "복숙아, 하나를 네가 가져라, 다른 하나는 내가 간직할게," 하고 말했다.

나는 여름밤 은하수를 따라 별 무리들을 응시하기를 좋아한다. 나는 이 세상에서 가장 빛나는 별은 아직도 발견되지 않았다고 믿곤 한다. 나는 또한 유성에 고향 친구 이름들을 새기기를 좋아한다.

나는 보름달을 걷기 짝지로 해서 걷기를 좋아한다. 보름달의 소리 없는 미소는, 영감의 원천으로 만물을 비춘다.

나는 산행을 좋아한다. 산은 매일 자연의 숨은 보물들을 우리에게 준다. 나는 졸졸 흐르는 산 계곡 물소리 듣기를 좋아한다. 사람들은 그것이 부처님의 말씀이라 말한다. 나는 부처님 조각상들이 진열되어 있는 가게의 통로를 돌아다니기를 좋아하는데, 그곳은 나를 내면의 소음으로부터 탈출할 수 있게 한다.

나는 깻잎, 멍기 그리고 추어탕 먹기를 좋아한다. 그것들은 내 마음을 부추겨 주고 에너지가 되며 그리고 이 세 가지 예방약은 나의 건강한 삶의 원천이다.

나는 hand phone을 가지고 다니지 않는 것을 좋아 한다. 왜냐하면, 아무것도 나의 내면의 자유스런 순간을 대신할 수 없다.

나는 운전 중에 내 마음 속으로 "반야심경the Pranjna-paramita-sutra"과 한글과 중국 고전 poem을 쓰기를 좋아한다.

나는 1991년 6월 16일 이른 아침 다섯 층의 무지개를 관찰하기를 좋아했다. 자연의 놀라움은 나의 숨을 멈추게 했다. 나는 온 동네 사람들을 깨워 자연의 신비스런 창조를 함께 찬양하고 싶었다.

2007년 12월

언니와 아이스케키 내기

한국 부산에 있는, 내가 가장 좋아하는 음식점 중의 하나는 강서구에 있는 '두부마을' 이다. 언니 아파트에서 빌딩숲 속으로 교통이 복잡한 도로를 따라 승용차로 약 45분 거리에 이 음식점이 있다. 가게들과 상점들이 도로를 따라 끝없이 즐비해 있고, 낙동강의 인상적인 수문과 철새도래지인 '을숙도' 를 가로질러 가야한다. 한국에서 근래에 일어나는, 외국 기업들의 구직광고와 해외남자와 결혼할 한국 신붓감 찾는 광고, 흥행과 상업광고가 나열된 바위산을 마주하게 되면 좌회전해야 한다. 몇 마일 번잡한 도로를 달리다보면, 삼거리 신호등에 도착하는데 거기서 왼쪽으로 꺾어 즉시 오른쪽 주차장에 들어 갈 수 있다. 음식점에 들어가면, 대부분의 전통적인 한국 음식점들과 마찬가지로 마루에 올라가기 전에 신을 벗어 신발장에 넣고 들어가야 한다. 그곳에는 낮은 테이블과 방석이 가지런히 놓여 있다. 손님은 자기 취향에 맞게 똑 같은 크기의 여러 색깔의 슬리퍼를 이용할 수 있다.

두부마을 음식점에서 주 요리와 반찬은 대부분이 두부로 만들어진 것이다. 부드럽고 가공하지도 않고 양념이 되지 않은 순두부는 수공 대나무 그릇에 식욕 촉진제로 나온다. 뒤이어, 물에 끓이고, 찌고, 살짝 튀긴 전통적인 한국의 양념을 한 두부와 국과 밥 그리고 맛있는 반찬이 나온다. 내가 좋아하는 또 다른 특

별한 요리중의 하나는 해물과 야채로 만든 '찌짐'이다. 때로는 자몽 크기의 '콩비지'가 출입구 계산대 맞은편 낮은 바구니에 담겨져 있다. 식사를 마친 손님이 식대를 계산한 뒤에 원한다면 콩비지 한 개를 비닐봉지에 넣어서 가지고 갈 수 있다. 나는 알갱이가 거친 콩비지 요리를 하는 것보다 먹는 것을 일 년 어느 때이건 좋아한다. 그러나 언니는 가족들을 위해서 언제든지 요리책 없이도 맛있는 콩비지 요리를 할 수 있다. 사실은, 언니가 부엌에서 요리책을 힐끗힐끗 보면서 요리를 하는 것을 아직 한 번도 본적이 없다.

언니의 요리법은 나와는 아주 대조적이다. 나는 한국 요리 이외에도 요리책에 있는 정확한 요리예를 따른다. 나는 약 30권의 요리책을 몇 년간에 걸쳐 모았다. 내가 모은 요리책에는 여러 가지 요리법이 있는데, 몇 가지 예를 들면 채식주의자들을 위한 요리법이나, 스칸디나비아 요리법, 그리고 한국 음식 요리법들이다. 비록 내가 이 책들에 나와 있는 모든 요리법들을 시도해 보지는 않았지만 그냥 요리책을 보기만 해도 가까운 미래에 내가 좋아하는 요리법을 찾을 희망을 준다. 그리고 이런 요리책을 가지고 있는 것만 해도 요리가 반쯤 된 것으로 생각한다.

나의 언니는 요리책이 필요 없다. 정말로 놀랄 일이다. 모든 요리법을 머릿속에 하나씩 하나씩 저장할 수 있는 특별한 저장고를 가지고 있다고 믿는다. 그렇기 때문에 부엌에는 단 한 권의 요리책도 없다. 만약에 언니가 나의 부엌에 이 모든 요리책이 책꽂이에 꽂혀 있는 것을 본다면 어떻게 생각할지 모르겠다. 언니 가족들은 내가 좋아하는 콘티넨탈식 아침식사는 하지 않는다. 아침이나 저녁식사 때 도자기 그릇에 제각기 담은 반찬은 식탁을 꽉 메우고 무겁게 한다. 그것도 모자라 때때로 가족들에게 반찬을 더 주기 위해 몇 번이나 왔다 갔다 한다. 언니는 가족들이 식탁에서 식사를 하는 것보다 각자 좋아하는 장소에서 식사를 하는 것을 좋아한다. 그리고 언니는 가족들에게 각각 다른 반찬을 준다. 이러한 것들은 나로 하여금 3세기경의 고전 책인 "천자문千字文" 103번째 나오는 구절을 생각나게 한다. "식사를 제공할 적에도 노소에 따라 달리하는 것이다."

나는 언니가 봉건시대에 살고 있는 것처럼 왜 그렇게 관습을 좋아하는지 알 수 없다. 물론 나는 언니방식처럼 식사를 준비하는 것은 많은 그릇을 내고 그로 인해 더 많은 일을 하게 된다고 생각했다. 그러나 그게 내 언니다. 언니는 나에게 상관없다고 말했다. 언니 집에서 내가 가장 좋아하는 식사장소는 싱싱한 화분이 놓여 있는 아늑한 발코니이다. 이것도 한편으론 식사를 준비하는 언니를 힘들게 한다고 나는 생각한다.

나는 두부마을에 식사를 하러 갈 때마다, 언니에게 드리려고 콩비지 한두 개를 봉지에 넣어 집으로 가져 오곤 한다. 이미 며칠 전에 그곳에 가서 식사를 한 뒤 콩비지 두 개를 봉지에 가지고 와서 어머니 냉장고에 보관해두고 언니에게는 이야기도 하지 않았다.

어느 일요일 아침에 나는 언니에게 전화를 걸어 내기를 한번 하자고 했다. 다름이 아니고 아이스케키 하나 내기를 제의한 것이다. 언니는 주저하지 않고 동의하시면서 "만약에 복숙이가 콩비지 한 개를 가져온다면, 네가 좋아하는 팥 아이스케키 하나를 사주겠다."고 했다. 나는 "아이스케키 두 개가 어떠냐고?" 능청스럽게 맞장구를 쳤다. 언니 마음속으로는 내가 콩비지를 못 가져온다고 확신을 하고 있는 것 같았다. 최근의 언니 경험에 의하면, 얼마 동안 그 음식점에서는 전처럼 콩비지가 없었다. 그래서 내가 아이스케키 두개 내기를 수정 제의해도 흔쾌히 동의했다. 즉, 만약에 그 음식점에서 콩비지 두 개만 가져와도 언니는 나에게 아이스케키 두 개를 사줘야 하고 그렇지 못하면 내가 반대로 언니에게 사줘야 하는 것이다.

그날 이른 오후에 나는 언니 집으로 걸어갔다. 날씨는 뜨거웠고 무더웠다. 가뭄 때의 샌 안토니오 여름 열기보다 더 더웠다. 양산을 쓰고 갔지만 뜨거운 지열을 느꼈고 겨우 이십 분을 걸었는데 내 옷은 땀에 흠뻑 젖었다. 나는 에어컨 있는 방에 빨리 가고 싶었다. 내 생각으로는 8월초가 한국에서 가장 더운 날씨인 것 같다. 내가 언니 집에 도착 했을 때, 내 손에는 콩비지 두 개가 있었다. 언니는 내가 이렇게 빨리 콩비지 두 개를 가지고 오는 것을 보고 깜짝 놀랐다. 언니는 내기에 진 것을 알았지만, 콩비지를 좋아했고, 언니 집에서 약간 떨어진 곳에 있는

supermarket으로 아이스케키를 같이 사러 가자고 제의했다. 차로 가기에는 너무 가깝고, 게다가 주차장이 없어서 섭씨 40도가 예상되는 무더운 날씨에 걸어가기에는 너무 먼 거리였다.

Supermarket에 갈려면 수많은 시내버스와 컨테이너 truck들이 경적과 굉음을 울리면서 질주하는 복잡한 큰 도로를 가로 질러야 한다는 생각은 나를 공포에 떨게 하였다. 또 횡단보도에서 초록신호등을 기다릴 때 그 차량들이 내뿜는 일산화탄소 가스와 매연은 어떻고? 그 이외에도 언니 집에 올 때 땀에 젖은 옷을 말리고 있었기 때문에 나는 언니에게 에어컨이 설치된 방에서 잠시 쉬자고 말했다. 언니는 내 말에 쉬이 동의를 했고 우리 둘이는 따가운 태양 자외선 열이 좀 가라앉을 때까지 낮잠을 자고 늦은 오후에 함께 supermarket에 가기로 결정했다. 우린 어린 시절의 추억과 가족사에 관한 이야기를 했지만, 나는 이야기 중에, 조그만 이동용 에어컨이 힘겹게 작동하고 있는 방에서 여름용 매트리스 위에서 낮잠에 떨어졌기 때문에 어떻게 이야기가 끝났는지 기억할 수 없었다.

얼마간의 시간이 지났을까, 아직도 나는 반 잠결인데 언니가 내 곁에 없다는 것을 알았다. 그런데 현관문이 열리고 닫히면서 깨끗이 닦은 나무 마루위로 시장용 비닐 백이 던져지는 소리를 들었다. 언니는 내가 에어컨 방에서 잠에 떨어져 있을 때 콩을 볶을 듯한 더운 오후에 혼자서 supermarket에 갔다왔다는 것을 알았다. 어떻게 어디서 언니에게 아이스케키 내기에 이긴 비밀을 이야기해야 할까? 나는 죄의식을 느껴서 속이 메스꺼워졌다. 나는 언니와 아이스케키 내기를 하기 전에 콩비지 두 개를 이미 가지고 왔다고 말했어야 했다. 나는 언니가 혼자 말로 "나는 누구에게나, 어떤 사람한테도 빚지고는 못 살아!" 하면서 중얼거리는 소리를 들었다. 이런 사람인 나의 언니는 초등학교 동기회 평생 회장님이시다. 어느 누가 어떤 조직에 평생 동안 회장이 될 수 있는가? 라고 자신에게 묻곤 한다. 언니는 그 모임의 매월의 회의, 여행, 음식점 예약과 월회비를 관리한다. 언니는 회원들의 가족들의 생일, 결혼, 병환과 비상일 까지도 또한 알고 있다. 때때로 언니에게 걸려오는 전화는 쉴 사이가 없다. 첫 번째 통화중에 또 다른 전화가 온다. 언니는 첫째 전화를 기다리게 하고 두 번째 전화를 받는다. 두 번째 전화통화중인데, 세 번째 전화가 또 걸려온다. 언니는 세 번째 전화를 받고 두 번째 전화는 또 기다리게 한다. 와우! 나는 언니의 비공식적인 사업의 세부일정을 이해 할 수 없다.

언니는 시내 외에 가장 좋은 음식점의 대부분과 친구들이나 친척들의 친소관계를 예리하게 알고 있다. 내가 알고 있기로는 언니는 매달 적어도 이와 같은 9개의 모임에 참석을 하고 조직을 한다. 그리고 또 모든 회원의 회비를 관리하고 있다.

언니 이름은 순수한 옥을 나타내는 '옥숙' 이다. 첫 딸인 언니는 우리 가정에 보물이었다. 고대 중국에서 옥은 제국의 사회와 정신적인 상징이었다. 도교와 불교가 발전하자 옥은 오랜 종교 체계와의 연결을 잃어 버렸고 잊힌 의식이 되었다. 그러나 고대 의식이 아직도 옥을 만드는 사람들을 고무 시키고 있다. 중국이 몽고의 지배에서 1368년에 명나라로 바뀐 뒤에 옥의 예술성은 번영의 새 시대에 번창하였다.

언니가 시원한 에어컨디션이 된 방으로 들어왔을 때, 언니는 뜨거운 햇빛아래서 걸어 왔기 때문에 땀에 온 몸이 흠뻑 젖어 있었고 얼굴이 벌갰다. 언니는 웃옷을 벗어서 거의 무관심하게 방바닥에 던졌다. 나는 누웠다가 일어나 앉았지만 언니 눈을 바로 볼 수가 없었다. 언니는 녹지 않도록 조심스럽게 싼 조그만 검은 쇼핑 비닐 백에서 아이스케키 두 개를 꺼내서 나에게 하나를 주었다. 어떻게 내가 그 아이스케키를 받을 수 있단 말인가! 아이스케키를 받기는커녕 내 자신이 주체할 수 없는 웃음이 터져 나왔다. 언니는 당황했다. 나의 폭발하는 웃음의 이유에 대해서 정말 당황했다. 언니는 폭소 이유를 알려고 몇 번이나 물었고, 나에게 몸이 괜찮으냐고 걱정스레 물었다. 언니는 진정하라고 내 등까지 두들겨 주었으며, 내게 대단히 잘못된 무슨 일이 있다고 생각하고 그 이유를 알기를 원했다. 그러나 요절 복통, 나는 배가 터질 정도로 웃음을 참지 못했다. 마침내 내가 웃음이 좀 진정되었을 때, 아이스케키 내기의 진실을 고백했다. 우리 둘은 눈물이 나도록 폭소를 터뜨렸고 우스워서 온몸을 방바닥에 뒹굴었다. 아이스케키 내기는 그 해에 나에게 가장 큰 엔돌핀 endorphin이 나오게 한 사건이었다.

2007년 12월

제 2 부

여행에서 온 이야기

여행노트

나는 도시 전체가 놀라운 것들로 가득한 홍콩에 머무르기를 즐겼다. 그곳의 보행자들은 대부분이 손에는 사무용 가방과 hand phone을 들고 빠른 걸음으로, 뒷골목은 고풍이 잠재하고 있음에도 불구하고 번쩍거리는 고층 빌딩과 최신형 차들 사이로 움직였다.

나는 중국 국경 가까이에 있는 마카오Macao의 예술가들의 골목과 예술품들을 둘러보기를 즐겼다. 예술가들은 동정심이 많았고 그들의 비밀상술을 알려줬다. "아, 우리는 예술품을 옛것처럼 만들지만 그것들은 새것이다."고 한 예술가가 고백했다. 마카오는 가장 오래된, 중국에 있는 마지막 유럽의 속국이고, 그곳은 포르투갈인Portuguese이 지배하던 분위기가 아직도 잠재해 있었다.

나는 필리핀Philippines에서 대나무 공예품 짜는 사람들의 세련된 솜씨를 관찰하기를 즐겼다. 중앙통에는 집안의 자존심과, 믿음과 취향의 상징인 유색의 짚니Jitneys로 물결을 이뤘다. 나는 또한 7,000개가 넘는 군도 중의 한 섬인, 옛 월남전 피난민 캠프에서 풍부한 진기한 산호를 보는 것을 즐겼다.

나는 태국Thailand에서 맨발로 전통춤을 추는 댄서들과 샛노란 장삼을 걸친 스님들의 기도소리가 전국 방방곡곡에 울러 퍼지고 수상가옥 가까이에서 어린이들이 수영하는 모습을 보는 것을 즐겼다.

나는 말레이지아Malaysia에서 아주 질서정연하게 심어진 끝없는 고무나무 농장과 야자수 관광을 즐겼다. 그곳은 생계가 고무나무에 달려 있고 한때는 가장 큰 부의 상징이었다. 그리고 나는 또한 피낭Penang에서 지방 사람들이 고무나무에서 진을 수집하는 것을 관찰하기를 즐겼다.

나는 싱가폴Singapore의 래플Raffles 호텔에서 상그리아sangrias를 마시면서 가장 푸른 하늘 아래서 그리고 가장 푸른 잔디 위에서 여유롭게 크리켓 경기를 구경하는 것을 즐겼다.

나는 벨지움 몬스Mons에서 돌밭길 위에서 열린 일요일 꽃시장을 돌아보았던 것과, 그랜드 광장에서 꽃다발을 가진 이심전심의 사람들이 주일 뉴스를 교환하는 것을 보기를 즐겼다. 손님들은 고디바Godiva, 니오니다스Leonidas 초콜릿 상점 앞에 입안을 즐겁게 하는 작품 초콜릿을 사기 위해 줄을 지어 서 있었다.

룩셈붉Luxemburg에서 휴식을 취하고 있는 전사한 군인들의 충성스럽게 티끌하나 없이 잘 다듬어진 묘지 방문은 나에게 인상적이었다. '산사람보다 죽어 땅속에 묻힌 사람이 더 많지 않는가?' 하고 자문도 해 보았다.

나는 깨끗한 네델란드Netherlands에서 옛 풍차가 있는 운하

둑을 따라 걷기를 즐겼다. Keukenhof는 700종류가 넘는 튤립의 거대한 꽃 들판으로, 보는 사람으로 하여금 감탄을 자아내게 하고 정신을 맑게 하는 곳으로 인상 깊었다.

나는 파리Paris 세느Seine 강변 밤나무를 따라 서 있는 아마추어 화가들의 캔버스 보기를 즐겼다. 그리고 루브르 박물관Lovre Museum에 있는 나폴레옹의 전지전능한 군대가 유럽 전쟁 중에 강탈한 수많은 예술품을 보는 것을 즐겼다.

나는 전형적인 흐린 날씨에 전통을 좋아하는 런던 사람들 가운데 여행자가 된 것을 즐겼다. 그 때가 1985년 7월 7일이었다. 나는 특별하게 도시의 이야기와 역사들을 말해 주는 모든 역사적인 건물들과 기념물들을 즐겼는데, 그곳 군인들은 긴 곰털 모자를 쓰고, 부동자세로 서서 출입문을 지켰다. 나는 타워The Tower, 빅벤Big Ben, 런던 브리지London Bridge, HMS 군함, Planetarium, 그리고 1970년에 문을 연 마담 투소드 왁스 뮤젬Madam Tussaud's Wax Museum에 발자국을 남겼다. 롤러스케이트를 신고 고양이 의상을 한 연기자가 앤드류 로이드 웹스Andrew Lloyd Weber's의 '스타라이트 익스프레스Starlight Express'를 뛰어난 연기로 청중들을 감동시켰다.

나는 미친 루드비히Ludwig 2세 왕의 Bavaria 방문을 즐겼는데, 그곳은 그의 음악과 건축에 대한 열정이 그의 성, 호핸슈반가우Hohenschwangau, 린데르훞 Linderhof, 뉘슈반스타인Neuschwanstein, 그리고 바그너Wagner의 위대한 오페라에 나타나 있었다. 그리고 나는 또한 그곳의 black forests와 봄날에 노란 유채꽃으로 뒤덮인 시골 풍경을 즐겼다.

나는 스위스에서 이야기책에서 나오는 것 같은 아름다운 마을과 포도밭을 보는 것을 즐겼다. 그리고 로잔 대성당Lausanne Cathedral에서 헨델의 미사Handel's Messiah를 들었고, 제네바Geneva에서 말러Mahler Symphony를 즐겼고, 시온Sion의 발레리Valere의 바실리카Basilica에 있는 아직도 연주가 가능한 이 세상에서 가장 오래된 오르간(1390)을 보기 위해서 잔디 언덕을 걸어서 올라갔었다.

나는 오스트리아에서 놀랍고, 멋있고 영감을 주는 스키 슬롭slope에서 스키를 타고 그 경치를 보는 것을 즐겼다. Salzburg에서 모차르트 생가를 방문하고 또 비엔나Vienna에 있는 그가 살던 다른 집들도 구경했다. 비엔나는 하이든Haydn과 크로이쩔Kreutzer 그리고 베토벤이 많은 작곡을 한 곳이다. 그리고 나는 그곳에 있는 비엔나 중앙 공동묘지Central Cemetery in Vienna에서 18~19세기 작곡가들의 무덤을 참배했다. 나는 인간의 삶과 죽음에 대한 연민의 감동을 받았다.

나는 파스타pasta, 음악, 그리고 웃음진 지방 사람들의 이태리Italy에 머무른 것을 즐겼다. 나는 Florence에서 스트라빈스키의 "Firebird"와 로마니아인 라두 루푸Radu Lupu의 피아노를 즐겼다. 베르디Verdi, 푸치니Puccini, 그리고 미켈란제로Michelangelo의 모국 이태리가 내 마음 속에 새겨졌다.

나는 멕시코의 몬테러이Monterry 방문을 즐겼다. 가족들은 그들 가정을 개방하고 그들이 가진 것을 나누고, 다른 나라 문화를 배우기를 갈망했다. 낯선 사람들은 바덴 파웰 보이 스카웃, Baden-Powell Boy Scout 행사와 저녁에 이웃들과 축구 시합 때 서로 친근하게 되었다.

나는 캐나다Canada의 퀘벡Quebec시의 돌밭으로 만들어진 좁은 길을 걷는 것을 즐겼는데, 퀘벡은 나에게 프랑스를 기억 하게 했다. 그 지방 언어보다 불어로 말하는 여행자들이 더 많았다. 완벽하고 깨끗한 정원은 "다시 돌아 갈 것이다", "Je me soubiens"라고 말하는 웃는 꽃들로 가득 차 있었다.

Washington D.C.에서 보낸 편지

1992년 4월 14일

사랑하는 Kathryn, 사랑하는 Stephen,

샌 안토니오San Antonio에서 휴스턴Houston까지 비행기 여행은 너무 짧았다. 항공 매표소에선 단지 티켓 하나만 업그레이드 해줬기 때문에 나는 일등석에 자리 할 수 있었지만 대디는 일반석, 바로 내 뒷좌석에 앉으셨다. 보잉Bowing 737에는 특별하지 않는 칸막이가 일등석과 일반석을 갈라놓았는데, 내가 정신없이 창문 밖을 응시하고 있을 때, 갑자기 내 뒤에서 나의 왼쪽 팔을 누군가가 쑤시기 전까진 대디가 어느 좌석에 앉았는지도 모르고 있었단다.

우리가 비행기를 타는 45분 동안 칸막이 사이의 조그만 빈틈을 통해 대디는 신문조각, 냅킨 조각 혹은 찢어낸 잡지위에 메시지를 보내주셨는데, 관광을 즐기기 원하는 나는 응답을 하지 않으려고 했었지만 어쩔 수 없이 그의 쪽지 메일에 응답을 하게 되었단다.

나는 기내에 있는 잡지와 캐탈로그catalogue를 들쳐봤지만 운이 좋게 내가 원하는 아무것도 보지 않았고, 그러고 있는 동안 목적지까지 도착했다. 착륙은 순조로웠고 새끼 고양이털처럼 매끄러워, 놀랄 만도 했단다.

휴스턴에서 Washington D.C.로 오는 동안 나는 심한 귀앓이를 겪었다. 특히 이륙과 착륙 시 기내 압력이 너무 심해 그 고통은 견딜 수 없었단다. 귀막이는 가방을 꾸릴 때 잊어버린 물건 중의 하나였지. 나는 비행기에서 내려서 얼마나 걷든지 간에 여유있게 목적지까지 걸어가고 싶은 심정이었어. 그것은 몇 년 전 한국에서 겪은 비슷한 경험을 떠오르게 했다. 그때 나는 CH-47 헬리콥터를 타고 부산에서 서울을 갔었는데, 소음의 고통이 너무 커서 헬리콥터 바깥으로 나가고 싶은 생각 밖에 없었단다. 그렇게 심한 귀 고통은 당한 적은 없지만 지금은 기적적으로 낳아 졌단다. 기내에선 아무 것도 안하고 그냥 휴식하기로 마음먹었는데 나는 독서를 시작했지. 내 생각으론 나는 마음을 비우고 아무 것도 하지 않고 어떻게 휴식하는 가를 배워야 될까봐.

여기 Washington에 있는 동안은 집안 일과 동떨어지고 싶은데 내 마음은 항시 너희들이 어떻게 생활하는가, 그 외에도 온갖 집안일들로 가득 차 있단다. Kathryn, 나는 너를 걱정 안해도 되겠지만 Stephen은 학교와 Boy Scout 모임에 제 시간에 갔는지, 그리고 멩Meng가족 집에서 잘 먹고 있는지, 내가 꼭 걱정쟁이 같이 들리지, 그렇지? 그러나 어머니는 아끼고 사랑하는 마음에서 어떤 땐 걱정쟁이가 된단다.

너희들도 알다시피 도일 부인Mrs. Doyle이 우리 집과 식물들을 돌봐주고 있기 때문에 내 마음이 안정이 되구나. 그분은 아마도 나보다 더 식물을 사랑하고 어떻게 식물과 이야기를 할 수도 있단다.

우리는 Double Tree 호텔에 머물고 있단다. 여기서는 포토믹the Potomic River, the Capitol, the Washington Monument들이 훤하게 시야에 들어오고, 그리고 8층 발코니에서 아래로 내려

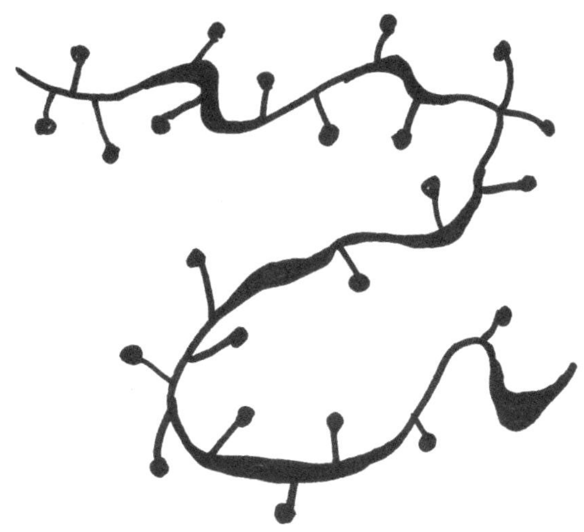

다보면 며칠 전 우리가 도착한 항공로를 볼 수 있단다.

우린 죠지 타운George Town에 있는 King St, 그리고 가까이 Alexandria에 있는 올드 디스트릭Old district 다리를 밤에 걸었단다. 거긴 추웠는데 샌 안토니오에 살다보면 다른 국내 날씨는 어떤지 상상하기 어렵지. 일기예보로는 오늘밤 최저가 화씨 29도로 예상하는데, 그것도 4월 달에! 이맘 때의 샌안토니오 온도에 비하면 약 화씨 30도는 낮지 않니? 내가 가장 따뜻한 옷이라고 가져온 것은 언젠가 한국에서 사온 불루 대님 재킷이란다. 사실 그 옷은 Kathryn 너를 줄려고 샀는데 네가 별로 좋아하지 않아서 할 수 없이 내가 입게 된 것을 알고 있겠지. 그 재킷은 내가 즐겨 입는 옷 중의 하나가 되었고 얼마나 칭찬을 받는지 모르겠구나. 그건 그렇고, 나는 이번 여행을 위해 엉뚱한 옷들을 꾸렸다고 느껴진단다.

대디가 confrence에 참석하시는 동안 나는 펄 벅Pearl Buck

작의 "새해The New Year"라는 책을 읽기 시작했어. 나는 그 책을 Houston에서 Washington으로 오는 기내에서 읽기 시작했는데 그 후로는 책을 놓을 수가 없구나. 나는 펄 벅의 "산 갈대 The Living Reed"라는 책도 읽었는데 흥미있게 읽은 기억이고 이 책 역시 예외는 아니구나. 내가 알기로는 Stephen 너는 죤 스타인벡John Steinbeck의 책을 읽고 있는데 언젠가는 "산 갈대"를 읽어보길 바란단다. 왜냐하면 그 책은 약 100년 전 한 한국가족의 3대에 걸친 이야기란다.

대디 일이 끝나는 대로, 우리는 펜타곤Pentagon으로 물건을 사러 갈 예정이고 그리고 저녁에는 대디가 자랑스럽게 말하는 한국 음식점에서 식사를 할 예정이란다. 그곳은 그전에 대디가 워싱턴 오셨을 때 식사를 한 곳이고 나는 저녁에 토종 한국음식을 먹기를 원했던 간절한 바램이 이루어질 것 같구나. 나는 이 음식점이 Washington에 사는 사람을 위해 미국화된 한국 음식점이 아니길 바란다. 어제 저녁 대디는 그 음식점이 아직도 같은 장소에서 영업을 하고 있는지를 확인하기 위해 손수 운전해 가셨단다.

내일 저녁 우린 케네디 센터The Kennedy Center에서 슈만Schumann, 멘델스죤Mendelssohn 그리고 브람스Brahms를 실내악으로 들을 예정이고, 이번 목요일엔 올드 타운the Old Town 츠롤리trolley로 백악관the White House과 대법원the Supreme Court을 구경 가기로 예정돼 있단다. 우린 링컨 메모리얼Lincoln Memorial, 와싱턴 모뉴멘트the Washington Monument, 베트남 베트랑 메모리얼the Vietnam Veterans Memorial 그리고 몰Mall에 있는 Reflection Pond를 걸을 예정이란다. 너희들은 베트남 베트랑 메모리엘의 간단하고 우아한 검은 화강암을 좋아 할 것 같다. 그러나 얼마나 많은 사람들이 희생되었고, 너무나 많은 목숨을! 나는 연민을 느꼈고 전쟁은 어떻게든지 방지해야 된다고 생각했었다.

우린 목요일 오후에 백악관을 구경 갔었다. 그곳은 마치 역사의 중요 기사와 시대에 따른 고가구들과, 미국 최고 예술작품으로 된 박물관 같더라. 단층의 복도에는 페츠리샤 닉슨Patricia Nixson, Elizabeth Ford, 로자린 카터Rosalyn Carter, 그리고 붉은 드레스의 낸시 레건Nancy Reagan 초상화도 전 대통령들의 초상화 중에 있었단다. 나는 백악관에서 두 권의 책을 샀단다. 한 권은 "백악관, 히스토릭 가이드The White House, a historic guide"이고 다른 하나는 "The Living White House"이란다.

듣기로는 일 년에 100만 명이 넘게 백악관을 관광하는데 그것은 미국 내에서 제일 많이 방문하는 집이라고 하더라. 나는 언젠가는 너희들도 백악관 구경을 한 번 할 기회가 있길 바란단다.

따뜻한 워싱턴 봄 날씨에 뜰에는 분홍색 나무 목련과 벚꽃이 이제 막 피기 시작 했단다. 대디는 우리가 찾을 수 있는 제일 예쁜 벚꽃 나무 앞에서 내 사진을 찍었어. 나는 무릎 길이의 검정 스커트에 노란색 재킷을 입었고 패턴 가죽 검은 펌프를 신었어, 너희들은 이 벚꽃 사진들을 곧 볼 수 있을 것이다. 나는 벚꽃과 나무 목련의 아름다움에 도취되어 드디어 샌 안토니오 일과를 내 마음 밖으로 내보낼 수 있었단다.

우리가 만날 때까지 스스로 잘 돌보기를!

사랑하는,
마미로부터

스위스에서 온 그림엽서

케네스 번스타인Kenneth Bernsteind이 쓴 음악 "애호가의 유럽 Music Lover' s Europe"이라는 책을 읽은 이후로, '직접 보고 싶은' 내 호기심의 목록이 날로 늘어만 갔다.

프랑스-스위스 태생의 철학가, 작가겸 작곡가, 음악 기보 시스템의 창시자인 진 작케 루소Jean Jacque Rousseau의 박물관이 제네바 대학교The University of Geneva에 소재하고 있고, 가장 오래된 연주가 가능한 organ이 스위스 시옹Sion에 있다는 걸 알게 되었다. 그래서 스위스에 있는 친구인 Ruth Muller에게 연락했다. 그녀는 "원하면 언제든지 와서 머물러라,"고 대답을 했다. 그 때가 1995년 1월 이야기다.

Ruth가 집에서 차로 약 30분도 안 되는 샌 안토니오에 있는 브로드웨이 주변 아파트에 6개월 정도 살 때, 나는 그녀를 친구로 사귀었다. 그녀의 남편은 제네바 대학교의 화학 교수로서 안식년 휴가 중에 샌 안토니오에 있는 츠리니티 대학교Trinity University에서 임시로 일하고 있었다. Ruth는 퀼트 전문가여서 샌 안토니오에 있는 동안에도 자신만의 일거리가 있을 정도였다. 그 아파트는 퀼트 재료로 가득 차서, 스위스에서 다른 살림살이들은 가지고 오지 않았다고 생각될 정도였다. 그녀는 스위스에서 퀼트를 가르치기도 하고 작품 전시도 하는데, 국제 퀼트 전시회와 회의에도 참석할 정도이다.

벨지움에서 자동차로, 룩셈붉, 프랑스와 독일을 거쳐 약 9시간 달린 끝에 독일-스위스 국경에 이르렀다. 국경을 통과하자마자, 나의 시야에 들어 온 스위스는 프랑스뿐 아니라 독일과도 사뭇 다른 풍경이었다. 경이로울 정도로 높은 산들과 깔끔한 모습의 동화책 마을, 조그마한 농촌과 숲들이 마치 그림엽서처럼 하나씩 지나갔다. 몽트로Montreux와 Vevey를 지날 때쯤 해서는 어두워지기 시작했다. 어딘지 전혀 모르는 곳에서 이신스Eysins로 가는 길을 묻고, 두개의 출구를 놓쳐버려 뜻밖의 관광을 했다. 예상보다 수 시간을 넘겨서 겨우 Ruth의 집에 도착했다. 어둠 속에서 Ruth가 우리를 기다리느라 한참 동안 집 앞에 서 있었던 모양이다. 그녀는 우리를 따스하게 환영해 주었다.

다음날, Ruth는 그뤼예르 치즈Gruyere cheese와 뜨거운 chocolate이 발라진 빵과 우유, 커피로 된 간단한 아침식사를 준비해 주었고, 우리는 구경 나가기 전까지 뒤뜰에서 휴식을 취했다. Ruth의 넓고 개방된 뒤뜰에는 아담한 크기의 야채 garden이 있었는데, 전성기는 지나 버렸다. 그녀의 오래된 세이지 관목이 12월의 추위에 맞서 있었고 어린 모란 나무는 벌거벗은 채로 떨어져 서있었다. 그 뒤뜰의 끝은 가로수를 거쳐 실개천으로 가는 듯했고 실개천은 다시 드넓은 목장 쪽으로 흘러갔는데, 여지없이 어린 시절의 추억은 이런 곳에서 영감을 받는다고 생각됐다.

제네바Geneva는 부유한 국제적인 도시로서, 국제 외교의 중심으로 UN 사무국들과 국제적십자가 있고, 헝가리 피아니스트 겸 작곡가인 리스트Franz Liszt가 다구d' Agoult 백작부인과 눈이 맞아 떠나왔던 곳이기도 하다. 그의 이름을 딴 '리스트 거리'

에 서 있으면, 시내전차 레일이 아직 남아 있는 거리에서 옷맵시가 단정한 사람들을 볼 수 있었다. 은행, 백화점, 값비싼 부띠끄가 오래된 도회지의 매력을 더해 주었는데, 사람들은 인도에 있는 카페에서 시간을 보내고 있었다. 희한하게도 스위스 손목시계와 벽시계 가게는 도무지 볼 수가 없었다. 인구비례로 볼 때 다른 나라보다 2배나 더 많은 오페라 업체와 symphony 올케스트라를 가질 정도이고, 공연을 위해 저명한 외국 지휘자와 독주자, 올케스트라를 초대할 수 있을 만큼 충분한 자금을 보유하고 있다. 사람들이 스위스 사람들은 평판이 엄하다고 하지만 음악적인 감성이 풍부해서, 제네바는 음악 애호가들이 탐낼 만한 박물관을 소유하고 있을 정도이다.

제네바 대학교 캠퍼스에서, 추위에 온 몸을 부들부들 떨며 루소 박물관의 위치를 묻기 위해 지나가는 사람을 기다리고 있었다. 정확히 학생 같아 보이지는 않았지만, 짙은 색의 무거운 겨울 코트를 입은 키 크고 가무잡잡한 한 남자가 내 옆에 있는 시멘트 계단을 빠른 걸음으로 걸어갔다. 불어로 박물관이 어디 있는지 물어 볼 기회를 얻었다. 표정이 어두워지고 혼란스러워하면서 그는 고개를 이리저리 흔들었다. 그는 분명히 박물관이 어디에 있는지 모르고 있었다. 꽤 큰 배낭을 짊어지고 씩씩하게 걸어가는 학생을 붙잡아서 물었는데, 바로 시야에 보이는 위엄있는 오래된 건물이 박물관이라고 했다.

우리는 희미하게 불이 켜져 있고 작은 문으로 나뉘어진 조그마한 두 개의 방을 가진 박물관으로 들어 갔다. 눈높이 위 쪽으로, 오래 전의 스위스 음악가와 철학가, 지역 영웅들의 초상화로 벽면이 가득 채워져 있었다. 나는 거기서 무엇보다도 루소의 여러 노래와 음악 사전의 원본 필사를 볼 수 있었는데, 유리 장식장에 보관 중이었다.

루소는 1712년 제네바에서, 제네바 시계 제조업자인 아버지와 댄서인 어머니 사이에서 출생하였다. 55세인 1767년에 음악 기보의 체계를 창안하여 발표했는데, 이게 최초의 음악 사전이다. 그의 유명한 노래 중 어떤 것들은 내가 개인 교습 학생을 위해 사용하는 violin교과서에도 실려 있다.

하지만, 지역 신문의 '오늘의 역사' 난에서 읽은 내용은 이해할 수가 없었다. 거기에는, 저명한 프랑스-스위스 철학자 진 자케 루소가 자신의 다섯 자녀를 차례로 고아원의 계단에 버려두었다고 쓰여 있다. 2003년 3월 19일과 그 다음해 신문에 실린 기사이다. 누구 인생을 내가 판단할 수 있을까마는, 아이를 버린다는 건 두말할 나위도 없이 비인간적 행위인 것이다.

시옹의 옛 도회지는, 남부와 북부 유럽을 잇는 옛 교역로로 스위스 알프스에서 솟아 있는 곳이다. 시옹에 있는 발레르 The L' Eglise de Valere(생 발레르 St. Valeria의 교회)에는 세계에서 가장 오래되었다고 전문가들도 동의하는, 연주가 가능한 올간이 있고 때문에 음악 애호가들은 시옹에 머무르고 싶어한다. 제작 년도는 대개 1380년으로 알려져 있다.

시옹에는 조그마한 마을에 걸맞도록 아담한 크기의 지하 주차장이 있다. 차를 주차하고 지역 지도를 들고서, 차고 입구에 서있는 한 신사에게 그 교회에 어떻게 가느냐고 물었다. 그는 불어를 하지 않거나 못했기 때문에, 소통 문제가 생겼다. 나의 형편없는 혼성 불어가 메시지 전달을 못하고 있을 때, 손짓 몸짓이 해결해 주었다. 그가 주차장의 오른 쪽 위, 좁고 풀이 무성한 언덕 쪽으로 손짓을 해 주었다. 약간의 어려움을 겪고 나서, 경사진 언덕을 넘어 교회 쪽으로 걸어 갔다. 주변의 고풍스러운 건물들은 잘 꾸며진 돌슬레이트 지붕으로 되어 있었다. 조그마한 교회 안에는 가장 오래된 연주가 가능한 올간이 2층 방 모퉁이에 자리 잡고 있었다. 나는 딱딱한 나무 벤치에 앉아, 화려하게 꾸며진 올간의 역사를 곰곰이 생각해 보았는데, 그 올간은 영혼을 찬양하는 천국의 노래가 반주되면서 여러 세대의 사람들과 성가대 소년들, 젊은이와 늙은이들을 증언해 주었다. 작고 상업적이지 않은 기념품 가게를 발견하고 올간 그림엽서를 몇 장 구입했다. 돌아오는 길에 한 음식점에서 늦은 점심을 먹고는, 겨울 내내 쉬고 있는 포도밭 사이를 통과하는 좁은 길을 한가하게 달렸다. 그림 같은 샬레Chalets식 별장들을 보게 되었는데, 그곳에서 분홍빛 얼굴을 가진 아이들이 전통적인 의상을 하고서 밖으로 깡충 뛰어 나올 것 같았고, 걔들의 깔끔한 농장에서 손에 손을 잡고 어린이 동요 한 곡조를 불러 주는 상상을 해 보았다. 그리고, 커다란 방울을 목에 달고 웃는 스위스 소들이 수시로 모습을 드러낼 것 같았다.

그림 같은 우시Ouchy 항구에서 대성당이 자리 잡은 언덕 위쪽으로 로잰Lausanne도시가 떠올라 보인다. "2005년 12월 20일 저녁 7:00 헨델 메시아 Concert 로잰 대성당"이라고 프로그램에 쓰여있었다. 비바람에 풍화된 회색 빛 대성당은 습기차고 추웠다. 너무나 예의 바르고 진지하게 보이는 그 지역의 음악 애호가 사이에 우리가 자리잡고 있었던 거다. 나는 집에서 멀리 떨어진 로잔 대성당에서 헨델의 오라토리오에 있는 할렐루야 합창과 아멘 합창을 들으면서 꿈을 꾸고 있는 듯 했다. 그 좁고 곧은 의자는 헨델의 메시아를 위해 만들어지진 않은 것 같았다. 하지만, 빈 자리는 보이지 않았고, 나보다 훨씬 크고 육중한 관객들로부터 어떤 불평도 들을 수 없었다.

어느 저녁 날, 루스는 제네바에 있는 Albert Concert Hall로 차를 몰았다. 제네바 호수로 널리 알려진 락 레먼 Loc Leman을 지나 가면서, 청결한 부두 도로를 따라 맵시 있게 줄지어선 범선과 Yacht을 볼 수 있었다. Albert Concert Hall에 도착했을 때 루스는 그 지역에 익숙하여 주차할 곳도 정확히 알고 있었다. Concert Hall에 들어 갔을 때, Ruth는 여러 지인들을 만났다. 그녀는 인사를 나누었고 우리를 소개해 주었다. 루스는 시간에 임박하여 표를 구매한 듯 했다. 그래서, 우리는 독주자가 숨쉬는 소리도 들을 수 있고 연주자가 무대 조명 아래서 흘리는 땀도 볼 수 있는 맨 앞줄에 앉게 되었다. 나는 말러Gustav Mahler의 Symphony No.5를 생음악 연주회에서 듣는 건 처음이었다. 아주 긴 스켈조Scherzo의 2번째 악장과 아다지오의 4번째 악장은 사색에 빠지게 하고 표현이 풍부한 특성으로, 전형적인 말러의 symphony 세계를 떠올리게 할 정도였다. 그 연주회는 나에게 그토록 기억에 남는 인상을 남겨 주어서, 집에 돌아와 나의 CD 모음 리스트에 Mahler Symphony를 추가할 정도였다. 오네거 Honegger의 오보에 Concerto에서의 독주자는 나의 귀와 눈을 즐겁게 해 주었다. 그의 과도한 몸짓은, 때로 무대 위의 댄서를 보고 있는 듯한 정도였다.

몽트로Montreux 근처의 쉴란Chillon에 있는 성곽은 스위스에서 가장 사진이 많이 찍히는 곳이고, 락 레먼의 앞쪽 호수 위에 위치해 있었다. 우리가 성에 입장한 마지막 관광객이 되었다. 성곽을 급히 빠져 나와서는, 물가의 가장자리로 내려가 쉴란 성곽을 배경으로 사진을 몇장 찍었다.

하루 저녁, 우리는 크리스마스 시장에 갔는데, 도로 주변으로 있는 조그마한 임시 상점에는 상상할 수 없는 크리스마스 장식품들과 장신구, 기념품들이 진열되어 있었다. 각 매장에는 그 가게만의 독특한 기념품이 있었는데, 대개 수공예품들이었다. 하지만, 제일 좋았던 시간은 음식점 안에서였다.

Ruth의 거실 중앙은, 아주 크고 자연스럽게 생긴 Christmas tree로 장식되어 있었다. 그것은 그녀의 퀼트 장식으로 꾸며져 있었고 모든 가지들에는 조그마한 흰색 양초들이 조화를 이루었다. 그곳의 관습으론 크리스마스 이브 때에 촛불을 밝히는 것이지만, 우리가 크리스마스 이브 전에 떠나기 때문에, 우리를 위해 일찍 불을 밝히기로 했다. 처음에는 주저했지만, 가지들에 있는 양초에 정말로 불을 켰다. 루스는 자신이 만든 약간의 기념품을 우리에게 선물했는데 모두 천 조각으로 겹겹이 만든 붉은색과 녹색의 솔방울, 형형색색의 공, 화장품 가방들이었다.

나는 지금 1995년 12월에 제네바 대학교 캠퍼스의 바깥쪽에 서있는 나 자신의 사진을 들여다 보고 있다. 매섭도록 추운 공기로 불그스레 변한 나의 얼굴을 잘 볼 수 있는데, 나의 엷은 옷들은 도움이 되질 못할 정도였다. 나는 그때 따뜻한 샌안토니오 겨울 옷을 입고 있었는데, 긴 흑색 스커트 위에 중간 정도 무게의 흑백 뜨게질 한 자켓을 입고 흰색 발목 부츠를 신고 있었다. 목에는 가벼운 fuchsia 빛깔의 실크 스카프를 두르고 있었는데, 어떤 의상도 스위스 한겨울의 추위를 막아내기에는 역부족이었다. 나는 추위에 후들후들 떨었었다. 겨울의 묵직한 코트와 따뜻한 무릎 부츠를 꾸렸어야 했는데, 여행가방의 제약 때문에 무겁거나 부피가 큰 의상을 넣을 수가 없었고 여분의 발목 부츠를 넣을 공간도 없었다.

Ruth의 집으로 돌아왔을 때, 우리는 부엌에 놓여진 한 메모를 발견했다. 거기에는 "이건 집에서 손수 만든 soup예요, 한번 들어 보세요, Ruth" 그녀는 직장에 나가고 없었다. 얼마나 사랑스런 표현이고 진심 어린 soup인가! Soup 한 스푼을 먹을 때마다 우리는 Ruth의 보살핌과 따뜻한 환대, 우리의 영속하는 우정을 느낄 수 있었다.

2007년 1월1일 일요일~3월 11일 일요일

전례 없는 취미

어느 해, 파리 전철지도 하나를 가지고 남편과 몽 파네스 공동묘지에 19세기 프랑스 음악가를 참배하러 가는 중이었다. 작곡가든 승려든 혹은 철학가들의 전기를 읽고 나면 나는 그분들에 관해 더 알고 싶은 만족할 수 없는 욕구를 가지게 된다. 한 가지 방법은 그분들의 영구적인 안식처를 방문해 영혼이라도 만나보는 희망이다. 그렇지만 내가 공동묘지 방문을 제안할 때면 남편은 마음 내키지 않은 동반자가 되며 "왜 하필이면 공동묘지?"라며 투정이시다. 그는 이 전례 없는 나의 취미가 가슴속 깊이 흐르고 있다는 것을 이해 못하신다.

내가 어렸을 때, 추석에 조상묘소를 방문하는 일은 연중행사였다. 세 자매들과 많은 사촌들은 어른들을 따라 두메산골을 넘어 걸어갔다. 내 기억에 어른들은 전례적인 흰 두루마기에 검정갓을 쓰셨고 어린이들은 추석 옷을 입었다. 제단에 바칠 음식들인 햇과일들과 여러 가지 떡 그리고 정종을 준비했고 제사를 지낸 후엔 음식을 나눠먹고 되돌아오곤 했다.

* * *

한 때, 나는 한국의 한 여승과 편지를 주고받았다. 그녀의 답장을 오랫동안 기다리고 있었는데 그녀는 침묵을 지키고 있었다. 후에, 그녀는 한 좌익 신문사 간부들과 큐바를 방문했다는 것을 알았다. 거기서, 1959년 큐바 혁명 때 Fidel Castro의 오른손 역할을 한 1967년 볼리비아에서 총살을 당한 알젠티나 사령관 체 괴바라Che Guevara를 만났다고 했다. 그 여승은 사령관에 대해 칭찬이 자자했고, 즉석으로 그 사령관은 여승의 영웅이 되었다. 여승이 체 괴바라를 만났다고 했을 때 처음엔 당황했는데 그분의 다음 편지에 "나는 사령관의 영혼을 만났다."라고 적혀 있었다.

* * *

우리가 지하에서 나왔을 때 두 번째로 지도를 살펴보았지만 뭔가 좀 이상했다. 주위는 황량했고 보행자는 거의 보이지 아니했다. 첫눈에 보이는 사람에게 물었는데, 그 분 역시 같은 공동묘지를 찾고 있었는데 엉뚱한 전철역서 내렸다고 실토했다. 우린 목적지와는 정반대편으로 나와 있었다.

오래 동안 둘러서, 간신히 몽 파네스 묘지를 찾아 입구서 묘지 지도를 하나 얻어, Cesar Frank의 평범한 묘소와 인상적인 카밀 생상의 집 모양의 가족 사당을 찾을 수 있었는데, 그들은 각기 옆에 자리하고 있었다. 타고난 재능이 있었던 작곡가 Frank는 알지어에서 돌아간 생상보다 31년 전에 파리서 돌아갔다. Frank의 피아노 오중주 F단조와 생상 챌로 협주곡 A단조가 내 마음속을 드나들었다.

몇 년 후, 생상의 성경을 인용한 오페라 "Samson et Dalia"를 연습 3번, 공연 4번, 합쳐 7번을 서울서 감상했다. 그분들이 파리서 활동할 동안 친분이 있었을까? 혹은 이 세상을 떠나면 옆에서 쉬자고 유언을 준비했을까 라고 생각해 보았다.

비제, 쇼팽, 벨리니와 체류비니는 Pere Lachaise 묘소서 안식하고, 데뷔시와 Frank는 파리 Right Bank Trocadero 구역에 있는 파시 묘지에 안식하고 있다.

우린 프랑스의 아름다운 국립사당인 노트르담 대성당도 방문했다.

오스트리아 Vienna의 중앙공동묘지를 방문했는데 파리의 퐁피두 센터가 현대 예술박물관 이라면 중앙공동묘소는 묘비건축 박물관 같았다. 독일, 오스트리아의 작곡가들 외에도 국립영웅들과 훌륭한 분들의 고풍적이고 놀랄만한 사당들을 둘러보노라면 이 지구상의 문제들이 얼마나 하찮은가를 인식케 한다.

어느 한해, New Hampshire 주 해노브에 있는 Dartmouth College 캠퍼스를 걸어 다녀 보았다. 캠퍼스 코너에 있는 어둑하고 이끼낀 묘소에서 한 학생을 만났는데, 그녀는 한 묘비 옆에 편안히 퍼질고 앉아 비명에 쓰인 철자를 한자 한자 닦고 있었다. 생전에 묘비 청소하는 사람을 만난 적이 없어, 그녀의 동기를 알고 싶어 했다. 분명히 일은 방금 시작한 것 같이 보였고, 비명을 청소하는 봉사활동이 그녀에게 만족감을 준다고 했다. 얼마큼 인내심이 많던 간에 대학4년 동안 그녀의 여유시간 아니 그녀의 전 생애를 다 바쳐도 묘비명을 전부 청소할 순 없을 것 같아보였다. 그녀의 취미는 그녀의 운명이 아닐까 라고 생각했다.

2010년 봄 庚寅(백호해)

시카고Chicago 스카이라인 아래서

택사스 주, 샌 안토니오로부터 일리노이 주, 시카고로 우리가 여행가기 전날 밤, 나는 내가 가지고 갈 물건을 챙기느라 거의 밤샘을 했는데도 불구하고 다음날 오전 7시 항공기를 타기 위해 마지막 남은 여행 가방을 꾸리려고 새벽 4시30분에 일어났다. 우리가 사우스 웨스트 항공기를 탑승하고 이 항공사 특유의 스낵인 작은 봉지의 땅콩과 내가 선택한 오렌지 주스 한 컵을 마신 후, 나는 즉시 잠에 떨어졌다. 내가 약 2시간 후에 잠을 깼을 때 마치 20분밖에 잠을 못 잤던 것처럼 느꼈고 내 좌석 옆 창문 아래로 보이는 눈 덮인 도시가 첫 광경이었다. 모든 것이 너무 춥고, 조용하고 얼어붙은 것처럼 보였지만 나는 추석을 기다리는 아이처럼 흥분했다.

2007년, 12월 21일 금요일의 일정에 따라 우리들은 오전 9시 30분에 시카고 미드웨이Midway 공항에 도착했다. 짐을 기다리고 있는 동안 나는 짐 회전 대 바로 위에 큰 표지를 보았다. 그 표지에는 "시카고는 200개의 golf cours와 Fourtune 500개 중 29개 회사가 시카고에 있다."고 쓰여 있었다. 그 golf cours는 한국의 모든 golf cours 숫자와 거의 같지 않은가! 그런데 눈과 그 악명 높은 시카고의 겨울바람 때문에 11월초부터 눈 오는 날씨가 마지못해 봄꽃들에게 양보하는 4월말까지 일 년 중 약 6

개월 동안 문을 닫아야 한다는 의미이다.

공항은 내가 생각했던 것보다 크지도 밝지도 않았다. 어떻든 나는 시카고가 샌 안토니오보다 모든 것이 더 크고, 더 높고 좋다고 상상했었다.

우리 아들이 공항에 마중 나왔다. 우리가 짐을 챙기자마자 아들은 우리를 시내로 재빨리 데리고 갔다. 시내로 가는 도중에 우리들은 낡은 고가도로 밑을 지났고 낡은 공동주택 가까이에 있는 구멍이 뻥뻥 뚫린 도로 위를 지났다. 대도시 시카고에 이렇듯 미개발되고 문화적으로 낙후한 곳이 있다는 것에 나는 놀라지 않을 수 없었다.

조그마한 공항 미드웨이는 큰 공항보다 덜 중요한가? 나는 봄철과 가을철에 작은 공항들, 예를 들면 뉴욕 주 맨체스터 Manchester, New Hampshire, 뉴욕 주 이타카Ithaca, New York, 그리고 렉싱톤Lexington, Virginia 공항들을 가 본적이 있다. 공항을 둘러싸고 있는 봄철의 향기 나는 꽃나무들과 가을철의 형형색색의 단풍잎들은 나에게 긴 여행의 피로를 잊게하고 영혼을 맑게 했다. 웃음을 느끼게 하는 나의 첫 인상은 아직도 내 마음속에 남아있다. 그러나 미드웨이 공항은 딴판이었다. 예측하건데 공항은 그 도시의 관문이다. 그 도시를 방문하는 사람들을 환영하고 첫 인상과 마지막 인상을 좋게 하기 위해서 공항 주위를 왜 아름답게 하지 않는가!

차로 시카고의 낡은 지역을 약 30분 동안 지나온 후에 내 시야에 나타난 광경은 내가 앞에서 보았던 것과는 갑작스럽게 아주 대조적이었다. 마천루가 내 시야에 꽉 찼다. 빌딩숲, 훌륭하고 우아한 건축학적인 신기함과 시카고의 역사를 말해주는 장엄한 빌딩들이 어깨와 어깨를 맞서 시카고의 스카이라인을 뒤섞이고 있다. 이곳 도시엔 기반구축을 하는데 돈을 아끼지 않았다. 긴 겨울 털 코트를 입은 남여 보행자들은 샌 안토니오 보행자들 보다 더 빨리 걸었다. 동물 털 코트를 입은 사람들을 보는 것은 나를 이곳의 동물권리 옹호자들이 파업 중이거나 휴가 중이라고 생각하게 했다.

나는 세계에서 가장 높은 100대 빌딩 중 10개가 번쩍거리는 시카고가 자랑하는 빌딩이라고 읽었다. 110층 시얼스 타워Sears Tower가 아직도 이 도시에서 가장 높다. 이 빌딩은 1996년까지 세계에서 가장 높았다. 2000년, 빌딩 위에 세운 안테나까지의 높이 즉 '뾰족탑 위까지의 높이'가 세계에서 가장 높다고 선언하고 있지만 아시아의 새로운 마천루들이 이 높이를 능가하고 있다. 100층 존 핸콕John Hancok 빌딩(1969)과 다른 황홀하고 드라마틱한 사무실 빌딩들은 나를 난장이로 만들었다.

추운 날씨임에도 불구하고, 애견가들은 그의 개들과 같이 동면하고 있는 갈색 잔디 공원에서 걷기 운동으로 혹독한 추위를 이겨냈다. 대부분의 조그마한 개들은 그들 자신의 털 코트위에 색깔이 다양한 겨울 코트를 입었다. 나는 시카고 개들이 겨울을 나기 위해서 반드시 해야 하는 것 중의 하나가 겨울 코트를 입는 것이라고 믿는다.

모든 높은 빌딩들은 회전문 출입구가 있는 것 같다. 나는 회전문이 바깥의 찬 공기를 차단한다고 들었다. 내가 살고 있는 샌 안토니오 도심에서 회전문을 본 기억을 할 수 없다. 만약에 회전문이 바깥 찬 공기를 차단하는데 효과적이라면 이 또한 여름에 더운 공기도 차단할 수 있을 것이다.

우리들은 샌 프란시스코에 자리한 프랑크 게리Frank Gehry

의 추상적인 건축물인 구불구불한 타이태늄 보행자 다리를 건넜다. 2층 구조의 이 다리위에서, 긴 물결머리를 한 한 여성공원 안전원이 우리 이외에는 아무도 안 보이는, 뼈를 깎는 추운 날씨에도 불구하고 임무를 수행하고 있었다. 구불구불한 타이태늄 보행자 다리가 콜럼버스Columbus Drive를 요리조리 가로 질러 대일리 바이센테니얼 공원Daley Bicentenial Park에 연결되는 밀레니움 공원Millennium Park과 합쳐지는 비범한 건축물이다. 나는 밀레니움 공원이 2004년에 열렸고 그 도시에서 가장 최근에 만들어 졌으며 24.5 에이크의 놀랍고 우아한 놀이동산은 한때 버려진 철도부지에 세워졌고, 그 공원은 여행자들과 지방민들에게 가장 인기 있는 공원으로 재빨리 알려졌다고 읽었다.

어린 장미 관목들과 연청색 흰 수국이 얼은채 붙어 있었다. 잘 다듬어진 잔디밭위에 줄지어선 어린 낙엽수들은 나목으로 추운 날씨를 견뎌내고 있었다. 두 마리의 용감한 카튼 테일 야생토끼들은 날씨가 추위의 끝을 알리는 신호를 확인이라도 하려는 듯 덜덜 떨고 있는 관목 숲 밖으로 때 이르게 나타났다.

일요일 저녁에 우리 가족들은 루즈벨트 대학교 오디토리움 극장Roosevelt University Auditorium Theater에서 개최된 차이코프스키의 "호두까기 인형"을 관람했다. 그곳은 볼쇼이 발레단 Bolshoi Ballet, 키로프 발레단Kirov Ballet, 오페라의 "유령", "레 미제라블Les Miserables"과 "미스 사이공Miss Saigon" 등 유명한 국제, 국내 예술단이 공연을 한 곳이다.

겨울 추위를 막아내기 위해 긴 코트를 입은 발레 관람객들이 40년 전 혁신한 이 역사적인 건물을 꽉 메웠다. 천정이 낮고 불빛이 희미했지만 전혀 내가 익숙한 전형적인 대학 연주홀답지 않았다. 내부는 잘 꾸며져 있었고 아름다웠는데 그곳에는 사람들과 건물을 외부에서 보는 것과는 전혀 달리 깊은 연결을 느끼게 한다. 공연장 막은 관람객인 꽉 찬 저녁 7시에 신속하게 올라갔다.

시카고에 거주하는 Robert Joffrey 발레단과 마에스트로 Paul Freeman의 지휘로 Chicago Sinfonietta 올케스트라가 협연하였다. 호두까기 왕자와 클라라와 출연자들은 각 역에 아주 적합했고 무대장치도 내가 상상하는 것 이상이었다. 겨울 광경 중에서 눈송이와 눈 덮인 나무들은 환상적이고 내 마음에 감동을 주었다. 스페인 무용가, 아라비아 무용가, 중국 무용가와 뢰시아 무용가들의 복장이 정교하고 세련되었으며 경외심을 자아내게 했다.

Robert Joffrey는 그가 안무하고, 가르치고, 오리지날 발레를 전수시키고 귀한 고전 발레를 재구축하기위한 미국댄스들의 앙상블로 좌프리 발레단The Joffrey Ballet을 1956년에 설립했다. 이 발레단은 현재 알려진 중요한 국제적인 발레단 중의 하나로 예술의 묘기와 감동적인 오리지널 프로그램으로 알려져 있다. 좌프리 발레단은 1995년에 시카고를 그의 거점으로 정했고 현재에는 프로그램에서 언급했던 것처럼 루즈벨트 대학교 대강당 극장을 전용으로 하는 발레단이다.

햇빛 난 차가운 오후에, 우리가족은 시내 식품점에 갔다. 나에겐 시카고에서 처음으로 식료품 쇼핑 경험이었다. 두꺼운 오버코트를 입고 긴 목도리를 두른 손님들로 통로는 좁았고 복잡했다. 인상적인 치즈 카운터는 식품점 공간들을 거의 다 차지하고 있었다. 국내외 치즈 더미가 전시되어 있었고 치즈 샘플들이 많이 놓여 있었는데 농산물 구역에서 '부처님의 손Buddha's

Hand' 이라고 부르는 과일이 진열되어 있는 것을 처음 보았다. 레몬향이 나는 과일이 부처님의 손을 닮았다? 그것은 나에게 부처님의 한 환생인 팔이 넷 달린 중국부처 쿠안 인Kuan Yin을 생각나게 했다. 듣기로는 그 부처는 가장 자비스런 얼굴 모습을 가졌고 각 팔은 만물을 볼 수 있고 계몽하고 즉각적으로 구원을 베풀 수 있다고 했다. 그 부처님은 명상을 체험하기를 원하는 사람들에게 풍부한 영감을 제공해 준다고 한다. 그 과일의 값은 1파운드에 5달러 99센트이지만 부처님의 손에 눈길을 주는 고객들을 볼 수 없었다. 나는 시카고사람들은 이 부처님의 손의 영감이나 영혼의 도움이 필요 없는 사람들이라고 추측했다.

얼음이 꽁꽁 언 어느 날 오후에 우리들은 밀레니움 공원 야외 아이스 스케이팅 링크 군중 속에서 몇 시간을 보냈다. 거울같이 매끄러운 둥근 빈The Bean 장치로된 링크는 기억할 만한 곳이었다. 모든 사람들이 그것을 단순히 '빈' 이라고 부르지만 공식 명칭은 클라우드 게이트Cloud Gate임을 나중에 알았다. 링크는 복잡했고 스케이트를 타는 사람만큼 구경꾼도 많았다. 조그만 라커룸은 스케이트를 벗는 사람과 신는 사람으로 북적거렸는데, 나는 스케이트 하나를 빌리기 위해서 줄을 섰다. 한 종업원이 내 신발 사이즈를 듣고 난 후 "여성 사이즈는 없지만 이 소년 사이즈가 당신에게 맞을 것이다."고 말하면서 신고 있는 신발을 바꿔 신을 긴 레이스가 달린 딱딱한 스케이트 하나를 나에게 건네주었다. 나는 패드가 든 두꺼운 바지와 재킷과 양말을 신고 넘어질 것에 대비를 했었지만, 스케이트를 단단히 신고 얼음위로 발자국을 내 딛자마자 종업원들이 제일 미끄러운 스케이트를 준 것같이 느꼈다. 내 마음속 강한 아우성은 언제든지 맨 땅을 걷기를 원하고 있었다. 양쪽에서 도움을 받아 링크의 미끄러운 바닥을 몇 바퀴 돈 후, 나는 한껏 용기를 내어 다른 누구의 도움을 받지 않고 혼자 스케이트를 탈 준비를 했다. 그런데 그때가 아이스링크를 손질하는 시간이었다. 안도는 했지만 동시에 스케이트를 혼자 탈수 있는 기회를 놓친 것이 아쉬웠다. 어디서 나왔는지 The Zamboni는 링크의 곳곳을 살폈다. 나는 내 자신에게 다음 기회에 다시 스케이트를 시도하기로 마음먹었다.

우리들은 박물관에 오전 9시30분에 도착을 해서 박물관이 문을 여는 시간이 9시이기 때문에 우리가 가장 먼저 온 방문객들로 생각했다. 우리가 박물관 회전 정문을 통과했을 때 나는 내 판단이 너무 동 떨어졌다는 것을 알았다. 전시실은 이미 열렬한 애박가 어린이들과 어른들로 꽉 찼다.

야외박물관 맨 위층엔 다른 전시물 중, Tibet, 태평양 군도, 멕시코, 그리고 이집트에서 수집한 훌륭한 문화유물을 소유하고 있다. 나는 태평양 군도 지역을 다 모아도 알라스카Alaska 주보다 적다는 것을 읽었다.

엉뚱한 장소인, 박물관의 한쪽에서 나는 중국의 성인 라오쯔 Lao Tzu의 "도덕경Tao Te Ching" 81장 중 첫 장과 마주쳤다. 이 위대한 동양의 정신적인 철학은 몇몇 중국 불상이 전시되어 있는 뒤쪽 벽에 한자로 쓰여져 있었다. 나는 이것을 대단히 흥미있게 읽어 보았다. 왜냐하면 나는 이 장을 마음속에 새기고 거의 매일 암송하고 있기 때문이다. 나는 이 장의 끝에 있는 현의 세 글자가 현 대신에 원(으뜸원)으로 쓰여 있는 것을 발견 했다. 이것은 라오쯔의 실존 자체만큼 나를 혼돈 시켰다.

나는 "타오의 선Tao of Zen"의 책에서 이 신비스런 중국의 성인 라오쯔에 관해서 읽었는데 확실한 전기적인 출생과 실제와는 많은 모순과 상상이 혼재되어 있어 그의 실존이 논란이 되고 있다. 습관적으로 그는 아직도 라오쯔라고 불렀지만 그가 실존했다는 확실한 증거는 없다. 하나의 신화 같은 이야기는 라오쯔가 64년 동안 어머니의 자궁 속에 있었고 태어나서 81년 동안 살았다고 한다. 64는 라오쯔보다 더 오래된 중국 고전 문헌 중의 하나인 "이칭 I Ching" 속에서 육각 선형의 숫자이며 81은 라오쯔에 의해 쓰여 졌다는 현대판 도덕경의 총장의 숫자이다.

그가 태어날 때부터 머리가 백발이었고 말을 할 수 있었다. 태어났을 때 그는 그의 어머니가 기대서 있는 오얏나무를 가리키며 이르기를 "나는 저 나무로부터 이름을 가져왔다." 오얏리 Pulum(Li)에 귀 이Ear를 붙여서 이미 다 큰 그를 '리이LiEar' 라 부르게 되었다. 어떻든 간에 그의 머리가 이미 백발이었기 때문에 사람들은 그를 라오쯔(노자)라고 불렀다. 오늘날, 학술적으로 라오 Lao를 '노' 로 번역하지만 쯔 Tzu는 '마스터' 로 부른다. 그래서 라오쯔는 '노자' 가 되었다.

보석 홀 Hall of Gem은 낮은 천장에 희미한 불빛으로 된 방에서 빛나는 돌과 눈부신 광물들이 케이스 안에서 보는 사람들의 눈과 마음을 현혹했지만 그 때에 흘러나오는 음악인 쇼팽의 낙툰 9 Op. No.1 B Flat 단조가 내 마음을 사로잡았다. 나는 관객들의 한가로운 걸음을 따라 쇼팽 음악의 마디마디를 오로지 다 들었다.

우리들의 눈과 다리가 피곤해서 더 이상 관람을 할 수 없었을 때, 휴식을 취하고 약 4시간 동안 박물관 탐방을 마치고 우리는 퇴관하기로 결정했다. 그러나 우리를 놀라게 한 것은 손이 굳을 정도로 추운 겨울 날씨 임에도 불구하고 박물관에 입장하려는 애박가들이 회전문 안과 바깥에서 장사진을 이루고 있는 것이었다. 군중들은 모두 일반 방문객들이었다. 그리고 옆 세드 아쿠아리움Shedd Aquarium에서 입장을 기다리는 사람들은 더 긴 장사진을 이루고 있었다. 나는 시카고 사람들이 면학적이고 풍부한 문화적인 취향을 가지고 있는데 대해 감명을 받았다.

침실 창문 밖으로 나는 존 핸칵 빌딩John Hancock building, 미시간호Lake Michigan, 그리고 해군 부두Navy Pier와 세계 최초의 Ferris Wheel을 볼 수 있다. 나의 왼쪽 거실 창문 밖에는 그랜드 공원과 밀레니움 공원이 Randoph Boulevard을 가로질러 내 시야에 들어온다. 내 오른쪽에는, 놀라운 건축상인 시카고 스파이어Chicago Spire는 강을 가로질러 내 바로 앞에 솟아오르고 있지만 거의 보이지 않는 손으로 충분히 닿을 수 있는 가까운 거리에 있다. 이 건물 또한 지금까지의 시카고 스카이라인에 놀라움을 증가시키는 건물이다. 나는 시카고의 중심부에 서있었다.

박물관, 호수, 장엄한 빌딩과 회전문, 예술과 문화들, 애견가들이 살고 있는 시카고를 나는 사랑한다. 그 답례로 나는 시카고도 역시 나를 사랑하길 바란다.

우리들은 7일 동안의 여행을 마치고 집으로 돌아 왔다. 우리들의 가방은 샌 안토니오 스타일의 산만큼의 크기인 시카고 세탁물로 꽉 찼고, 그것들은 나의 즐거운 기억과 사랑의 작업으로 완전히 이틀 동안 해야 할 일이다.

2008년 1일

번쩍이는 마천루 아래 쇠퇴한 영상들

뉴욕의 타임즈 스퀘어, 7번가와 브로드웨이 교차로는 혼잡했는데, 무엇으로? 사람들, 사람들, 수많은 사람들로 붐볐다. 전 세계에서 모여든 관광객들이 이 번잡한 광장에 서로 부딪치지도 않고 누볐다.

세계무역, 재정과 유행의 중심지, 빛나는 불빛들로 화려한 내 주위는 수천 명의 관광객으로 활기를 뛰었다. 그곳에서 나는 한국의 세 산업 거물들인 삼성, LG와 현대의 번쩍이는 LED 야광과 빛나는 마천루들을 피할 수가 없었다.

내가 보기엔 약 8백만 주민과 최고급 음식점들, 흥행스런 예술장면, 브로드웨이 연극과 값비싼 디자이너 품목들로 찬 가게들은 세계적으로 알려진 타임즈 스퀘어 근방에 있었다.

호텔 주위 적응 걷기를 하는 동안, 나는 월 스트리트 저널, Fidelity Investments와 Internal Revenve Service를 지났는데 뛰어난 건축물들은 감탄의 동기였고 나를 난쟁이처럼 느끼게 했다. 처음 이틀간 타임즈 스퀘어 부근에 나는 단지 한 여성이 높은 구두를 신은 것을 보았는데, 그녀는 검정색 정장을 한 동양인이었다. 뉴욕인들은 영리하고 실용적이라고 생각이 들었는데 왜냐면 그네들은 높은 신발은 거리에서 신지 않기 때문이다. 뉴욕인들은 그들의 발을 아낀다.

1800년 후반기 타임즈 스퀘어는 마차상점과 마구간의 중심가였고 긴 광장Long Acre Square이라 불렀다는 것을 알았다. 19세기에 도시인구가 폭발함에 따라 말들은 전차와 4륜 마차를 끄는 일에서부터 제조업의 장비에 동력을 주었고 그 외도 수 많은 방법으로 쓰였다. 시가지는 말들로 꽉 찼었는데 전차와 자동차 등장에 의해 말들은 한쪽으로 밀려 나갔다. 1904년 그 광장은 뉴욕 타임즈 대일리의 본거지인 Adolph Ochs 타임즈 빌딩에 경의를 표시로 타임즈 스퀘어로 이름을 변경했다.

노점 상인들이 싸구려 복제품 스카프를 파는 것을 보았는데 그들은 번잡한 부산 시가지 노점 상인들이 파는 상품의 품질과는 경쟁할 수 없을 것 같았다. 한 최신유행 상점엔 최고의 디자이너 가방들을 갖추었는데 거긴 거대한 90% 세일 사인이 유리창에 붙었는데도 불구하고 미끼에 물리는 사람은 없었고 같은 거리서 두 구역아래 패물상점에는 손님들이 꽉 찼었다. 거긴 경제난 같은 것은 없었다.

Central Park는 1857년 미국 선 처음으로 계획된 공원이고 843 에이크 공원은 길이가 2.5마일 넓이가 0.5마일이며 맨해턴 중심부에 위치하고 공학자이자 조망건축가인 Fredrick Olmsted와 건축가 Calvert Vaux팀이 그들의 Greensward 계획으로 경쟁에 승리로 2,000달러를 획득했다고 읽었다. 그들의 디자인은 미래건축에 조화되었고 편편하지 못한 지형을 조절하기 위해 36개의 arched brdge, 632종류의 4백만이 넘는 나무, 815의 각색의 넝쿨과 관목과 꽃들을 심었다고 했고, 천만번 수레의 흙을 옮겼다고 했다.

공원에는 무소속의 화가들이 나무부근이나 아래서 초상화를 스케치 할 준비가 돼 있었다. 키 큰 나무 아래에는 도토리들이 깔려있었는데, 흥분해서 도토리 사진을 몇 장 찍었고 야생동물을 위해 엄격히 보존됨에도 불구하고 도토리묵을 만들려고 도토리를 줍는 한국 할머니들 생각이 났다. 뉴욕에선 도토리를 찾지 않아도 된다. Central Park에 오면 도토리들이 기다리고 있으니까. 뉴욕인들은 도토리묵을 먹지 않으니까 뉴욕 다람쥐들은 사람들과 경쟁을 안해도 된다.

메트로 폴리탄 박물관Metropolitan Museum 가는 길에 나의 첫 뉴욕전철 경험은 뉴욕의 형편없는 기관시설에 창피한 느낌을 받았다. 종종걸음으로 좁고 고풍스런 42번가 전철입구는 나를 걱정스럽게 만들었다. 입구엔 쓰레기가 보였지만 아무도 관심이 없었고 높고, 묵직한 야외동물원 입구 같이 보이는 철장입구가 나를 맞이했다. Headphone을 한 제일 편안하게 보이는 종업원이 갇힌 듯한 매표소에 있었다. 나를 들을 수는 없었지만 나를 보았을 때 headphone을 벗고 나에게 2개의 전철 표를 팔았다. 분명히 6번가에서 전철을 바꿔 타야 했다. 목적지 가는 첫 전철을 탔는데 바로 내 앞 좌석엔 환승객이 중국어 World Daily를 읽고 있었고, 다른 한 중년남자는 다리를 꼬고 편안하게 앉아서 고개를 올렸다 내렸다 힐끗힐끗 나를 봐가면서 때때로 메모를 하고 있었는데 나 역시 메모를 하고 있었다. 내 추측으론 아마도 그분은 작가나 신문기자인 것 같았다.

몇 구역을 지난 후 환승 지하철을 타기위해 내렸다. 승객들은 낡고 어둑하고 거스름이 달린 보들대 가운데 사방팔방으로 바빴다. 뉴욕전철이 그처럼 낡고 살풍경하고, 지하의 기간시설이 극도의 수리가 필요로 한 것을 나는 상상도 못했다. 그을음이 나에게 떨어질까봐 염려됐다. 해맑은 흰 타일 벽은 단조로웠다. 나는 6번가 사인을 따라 가야했는데 가파르고 좁은 에스컬레이터로 꼭대기까지 올라가, MET 박물관에 가려면 어디서 전철을 타야 하는지를 어떤 사람에게 물었다. 6번가 사인을 따라 아래로 내려가야 했다. 하행하는 에스컬레이터가 없어 승객들은 좁고 가파른 계단에 한 줄로 내려갔다. 내 위론 흰 페인트가 벗겨지고 천정에는 그을음이 매달려 있었다. 밑에서 나는 다시 위로 가는 에스컬레이터를 탔다. 꼭대기에 다다랐을 때 주위가 낯익은 것 같았다. 거긴 또 좁은 하행계단이 있었다. 나는 그 그을음을 알아보았고 내가 꼭 같은 계단에 있다는 것을 인식했다. 나는 빙빙 도는 햄스터 장 안에 든 느낌이었다. 다시 한 번 6번가 사인을 따라갔다. 난간도 없는 철로 바로 옆 왼쪽엔 흰 건물을 옆으로 걸었고 철로가 너무 가까워 불안을 느꼈다.

최근 오바마Obama 대통령은 파키스탄에 5년에 걸쳐 7,500만 달러를 약속했다. 그 외도 국민세금의 거액으로 AIG, Bank of America, Wells Fargo, 자동차 산업들을 장악했다. 국내 실업자율이 26년 만에 최고인 10.2%이다. 그럼 왜 그 7,500만 달러로 뉴욕의 마천루 아래 구간을 수리해 국내 강철공, 공학가, 건설업자들을 위한 직업을 창조하지 않은가? 파키스탄인보다 뉴욕인의 마음과 신임을 얻어야 하지 않는가? 물론 국회의원들은 그들 자신의 호주머니를 털어 국내 정부 계획에 지불하진 않는다. 그 돈은 세금을 내는 일반국민의 것이다. 그러면 정부는 왜 돈이 절실히 필요한 곳에 쓰지 않는가? 뉴욕인들은 긍지와 자존심도 없는가? 만일 개인이 이런 짓 즉 다른 사람의 돈을 엉뚱한데 주었다면 아무리 동기가 좋아도 그것은 잘못된 것이다.

전철 바깥 아침공기는 상쾌하고 마음을 끌었다. 노점 과일상에서 바나나를 4개 사서 하나는 걸으면서 먹고 나머지는 종일 들고 다녔는데 후회스러웠다. 눈에 확 트이는 으리으리한 박물관 건축물과 마주칠 때까지 걸었고 그 유명한 계단들은 방문객으로 혼잡했다. 일단 박물관 안에 들어가서는 국제적 관람객들과 어울렸고 나의 가뿐한 발걸음은 전시실마다 나를 인도했다. 내 관람은 오전 10시 반에 시작됐다.

Van Gogh, Watteau, El Greco들의 작품과 Renoir의 "피아노에 앉은 두 소녀" 화폭들을 감상했다. 내가 즐긴 전시실 중 하나는 인디아, 캄보디아, 네팔, 티벳 그리고 중국으로부터 훌륭한 콜렉션이 된 불상들이 있는 곳이었다. 부근에 작고 조용한 전시실엔 내 모국 한국에서 온 불상들이 전시된 곳이 있었다. 고려시대(919~1392)의 도자기와 석기들을 포함한 약 80점의 예술품이 전시되어 있었다.

19세기 한 열폭 병풍은 실크에 새와 꽃 디자인으로 돼있었고 오직 하나의 둥근 연적과 조선시대 흰 도자기 한 점이 있었다. 한국의 전시실 앞 벽에 수건크기의 3점의 헝겊조각 세공이 있었는데 별로 특이하지도 않았고 보기엔 방치된 것 같았다.

내가 박물관서 본 모든 예술품 중 한 작품이 두드러지게 나타났는데 그것은 단풍나무와 스프르스로 된 1694년 이태리 크레모나에서 안토니오 스트라디바리가 창작한 Francesca violin이었다. 그것은 닫힌 진열장에서 그 풍부한 아름다움을 충분히 표현하기는 어려웠다. 그 Francesca violin은 뉴욕의 마천루 아래 쇠퇴된 영상을 나로 하여금 거의 잊게 했다.

2009년 10월 중순 뉴욕에서

제 3 부

벨지움에서 온 이야기

미스 미아우, 사랑스런 벨지움 농장 고양이

1982년 늦은 밤, 우리가 벨지움 브루셀Brussels, Belgium에 있는 오페라극장 Theatre Royal de la Monnaie에서 오페라를 감상하고 집에 도착한 직후, 자정이 가까워 차고 문이 올라갔을 때, 검정고양이 새끼 한 마리가 허겁 지겁 안으로 뛰어 들었다. 나는 그 고양이를 이웃 빈터 좁은 길목에서 먼저 몇 번인가 본적이 있어 금방 알아보았다. 우리는 그 고양이를 집안에 그날 밤 머물게 했다. 그 다음날 우리는 고양이를 큰 손잡이가 달린 필리핀Philippines에서 사온 바구니에 넣고 주인을 찾기를 바라면서 집집마다 걸어 다녔지만 우리의 좋은 의도는 실패했다. 우리는 바구니에 든 검은 고양이 새끼와 함께 집으로 되돌아왔다. 그리고 우린 그를 '미스 미아우'로 이름 지었다. 왜냐하면 그의 뚜렷하고 맑은 고양이 소리는 매혹적이었기 때문이다.

그런 후 곧, 길 건너 쪽에 사는 B부부를 포함해서 이웃들을 위해 야외 파티를 열었다. 파티 중에, B여사는 그 고양이가 암컷이 아니고 수컷이라고 알려 주었다. 그러나 우린 이미 고양이 씨라 하지 않고 고양이 양 이라고 부르기 시작했다. 왜냐하면 우리 어린 가족들은 아직 고양이의 성별을 확인할 수 없었기 때문인데, 그는 건강하고, 황금색 눈동자와 새까맣게 윤기나는 털을 가진 숫고양이었다.

미아우양은 아주 특이했다. 그는 고양이가 할 수 있는 것 이외도 개의 개성과 욕구를 갖고 있었다. 뛰뛰기, 달리기 그리고 나무타기 이외에도 가족과 같이 동네주위 걷기를 즐겼다.

미아우양은 건강 전문가였다. 그는 걷기운동이 건강에 좋다고 이미 알고 있었다. 나는 불어로 하는 샌 삼포리엔St. Symphorien에 자리하고 있는 지방 탁아소L'Ecole Maternalle Communal에 두 살 된 아들과 걸어 다니곤 했다. 우리는 붉은 화강암 자갈로 된 보행로 길을 걸어갈 때 매끈하게 포장된 갓길로 다른 한 가족이 걸어가고 있었다. 그는 최근에 새 식구로 삼은 벨지움 농장 고양이 미아우양이었다. 탁아소는 우리 집에서 약 반마일의 거리에 위치해 있었다. 조용한 이웃을 몇 블록 걸은 후, 우리는 브루셀로 가는 아주 오래된 중앙로인 루 드 브루셀 길로 건너야 했다. 건널목에는 교통신호등이 없었다. 그래서 안전하게 길을 건너기 위해서는 자신이 예측해야 했다. 나는 우리의 예측이 미아우양의 예측과 다르다는 것을 알았다. 때로는 우리가 길을 안전하게 건넜는데 미아우양은 다른 쪽 관목 뒤에서 숨어 주위의 차량소음을 자세히 듣고 있다가 그가 안전하다고 생각할 때, 차량 소음이 사라 진후, 옛날 고속도로를 건너가 싱싱하고 키가 큰 사철나무 군락지에 기다리고 있는 우리들과 만났다. 거기로부터, 다시 3인조로, 우리는 가까이 있는 가스토 부인Madame Gasteau의 수수한 단층으로 된 교실로 나머지 거리를 걸어갔다. 어느 날, 그는 교실 안까지 들어갔다! 가스토 부인이 검정새끼 고양이를 큰 미소로 환영했다. 그 부인은 고양이를 사랑스럽게 안았고 교실에서 흥미있어 하는, 반짝이는 눈을 가진 몇몇 어린이들에게 소개했다. 그런 다음 어린이들과 헤어지고, 미아우양은 나를 따라 집으로 돌아 왔다.

우리는 우리집 26 루 기 데 브레Rue Guy de Bres서 약 20분 떨어진 다브레 숲속 Bois d' Havre을 건곤했다. 어느 날 오후, 우리가족과 한국에서 오신 나의 어머니와 숲속을 산책할 때도 미아우 양은 뒤따라 왔다. 미아우양은 무엇이 움직이거나 기어가는 것들에 쉽게 정신이 팔리기 때문에 때때로 우리는 그를 감언으로 달래야 했다. 우리가 숲속 깊이 출입을 금지하는 그 집 가까이에 들어갔을 때 갑자기 미아우양은 높은 담을 뛰어 올라 재빨리 어디론가 사라져버렸다. 우린 의아해하고 믿기지 않는 표정으로 서로를 바라보았다. 이름을 부르고 기다렸으나 미아우양은 어디에서도 볼 수가 없었다. 우리 가족들은 기가 꺾였고 미아우양 없이 내키지 않는 발걸음으로 집으로 돌아왔다.

말할 나위도 없이, 우리 가족은 미아우양을 못 찾고 혼자 숲속에 두고 온데 마음이 산란해졌다. 약 3시간 후 우리는 다시 돌아가 보기로 결정했고 Dad는 정찰자였다. 얼마가 지난 후, 그는 미아우양과 집으로 돌아왔다! 그가 차로 고립되고 출입할 수 없는 집근처에 도달했는데 미아우양이 자동차의 엔진소리를 알아듣고 그는 마치 기다리기나 한 것처럼 어디선지 나타났다고 했다. 그는 역시 영리한 고양이었다.

미아우양은 세계 여행가다. 우리가 1985년 여름 벨지움에서 미국으로 돌아 왔을 때 그는 대서양을 건넜다. 우린 샌 안토니오서 집 한 채를 구할 때까지 어린이들과 미아우양을 알라바마주 Huntsville, Alabama에 계시는 할머니 댁에 두기로 결정했다. 집을 찾는 일은 벨지움에서 갖 이사 온 우리에게 결코 쉽지는 않았다.

고대 이집트에서는 고양이를 숭배했지만 중세기에는 한국과 같이 고양이를 두려워했고 꺼려했다. 내가 자랄 때 나는 영화 한 편을 본 기억이 있는데 그것은 검은 고양이가 시신의 관 위로 뛰어 넘어 관이 바로 서는 영화였다. 그 당시 한국에서 고양이는 악을 예측하는 상징이었다. 그러나 지금은, 고양이 애호가나 양육자는 사회 어느 층이든 있다. 그리고 한국은 이 점에서 서구 문화와 다를 게 없다. 그러나 몇 년이 지나는 동안 한국의 상황은 극히 변했다. 나는 샤움Shaum 고양이라고 부르는, 들어본 적이 없는 고양이 한 마리를 한국의 내 친구가 백만 원에 산 것을 알았다. 그리고 그녀는 아메리컨 이글American Eagle이라고 부르는 특별한 종의 고양이새끼를 사기위해 기다리는 사람들의 목록에 있고 그 새끼 고양이 값은 삼백만 원이 될 것이라고 말했다. 최근 한국 방문 중 나는 부산이나 서울의 큰 도시에서 애완동물 shop이 콩나물처럼 많이 생겨났고 supermarket 선반에는 사람이 먹는 음식과 병행해서 내게 익숙한 미국 브랜드와 같은 알려진 고양이, 개 음식이 진열되어있는 것을 보았다. 이런 사실들은 내가 자랄 땐 상상도 못할 일이다.

미아우양은 좋은 동반자이다. 우리 아이들이 오후에 숙제를 하는 동안이면 그는 마치 사기를 북돋아 주는 양 그들의 옆에 귀엽게 붙어 있었다. 그는 항상 애들의 친구들과 함께 어울리기를 즐겼다.

미아우양은 타고난 사냥꾼이다. 우리 집 밖에는 여러 개의 새 먹이 주는 집이 숲속에 혹은 나무아래 걸려있다. 어느 창문으로 내다보든지 나는 새 먹이 집들이 새를 유인하는 것을 볼 수 있다. 그러나 그것은 둔감하고 눈먼 새들만 유인한다. 왜냐하면 미아우양이 어느 기회든지 노래하는 새를 잡기위해 새 먹이 집에서 새 먹이 집으로 노력 없이 살금살금 다니기 때문이다. 어떤 때는, 그가 노래하는 새를 잡았을 때 털을 다 벗긴 초라한 새를 대문 바로 앞에 가져다 놓는다. 그는 누군가가 밖으로 나와서 그가 한 것에 칭찬할 때까지 의기양양한 소리로 우릴 부른다. 나는 죽어가는 새를 볼 수 있는 심장이 없는데, 미아우양은 다르게 생각했다.

미아우양은 교육자였다. 1990년 후반 어느 공휴일에, 우린 미아우양과 Huntsville에 사시는 할머니를 보기위해 1,000마일의 여행을 했다. 미아우양은 특히 차에 타는 것을 좋아하지 않았다. 그는 나의 Cadillac STS 안에서 앞뒤로 다니며 전 여행 동안 침착하지 않고 불안정했다. 나는 그의 불편함을 덜어줄려고 내 무릎위에 앉혔는데 그것은 아무 것도 도움이 되지 않았다. 그는 내 무릎에 오줌을 싸 버렸고 가죽인테리어를 발톱으로 긁는 도구로 사용했다. 그를 감금 없이 먼 여행에 데리고 간다는 것은 큰 실수였다. 그는 나에게 좋은 교육을 가르쳐줬다.

미아우양은 기회주의자였다. 우린 모두 단점과 비행이 있는데 미아우양 역시 예외는 아니었다. 타고난 사냥꾼과 기회주의자처럼, 그는 날쌔고 대담하고 사람들의 음식을 먹고 싶은 욕망을 감추지 못해 기회가 올 때면 누가 도착하기 전에 아침이나 저녁 테이블에 뛰어올랐다. 그는 고양이 음식보다 사람들의 음식을 더 좋아했다. 그는 치즈, 핏자 그리고 달콤한 옥수수를 좋아했는데 특히 우리가족의 저녁 쟁반에 놓인 닭고기 가슴살 요리를 굉장히 좋아했다.

미아우양은 구경꾼이었다. 핼로윈 저녁Halloween night, 사람들은 고양이의 안전을 위해 검정고양이는 집안에 두어야 된다고 생각한다. 그러나 미아우양은 캔디 얻으러 오는 애들의 모든 소음과 가장복을 매우 즐겨보았다. 그는 집 앞 관목아래 숨어서 그때 일어나는 일을 즐겼다. 캔디 얻으러 오는 애들이 밤늦게 사라질 때면 그의 밤 활동을 하기위해 다시 관목으로부터 나왔다.

미아우양은 태양 숭배자였다. 게으른 날이면 그는 지붕위에 올라가 태양을 즐겼다. 그가 좋아하는 장소는 두 쪽의 지붕이 맞닿은 코너였다. 먼 곳에서 볼 때 그는 마치 윤기 나는 검은 털공같이 보였다. 그러나 그는 동작이 항상 기민했고 그의 눈은 조그마한 소음에도 게슴츠레 뜨곤 했다. 그는 이 집에서 누가 가고 오는지 다 알고 있었지만 말하지 않는 쪽으로 선택하고 있었다.

미아우양은 나의 걷기운동 짝지였다. 미아우양과 나는 우리의 밤 관례를 가졌다. 나는 잠자기 전 Fallbrook을 걸으며 밤하늘에 있는 별들과 달을 보기를 좋아했다. 미아우양은 내가 걷기 시작하면 어디선지 나타나 나의 걸음을 따라오곤 했다. 그가 뒤로 처지면 나는 도움말을 했고 그러면 그는 뛰어서 나의 발걸음에 맞추었다.

미아우양은 타고난 위생관리자였다. 그는 고양이의 질환과 병으로부터 멀리했고 벼룩 문제는 평생 한 번도 없었다.

그는 독특한 것이 하나뿐이 아니었다. 우리 집엔 '6×9' 크기의 양털로 된 카펫이 음악실 한가운데 있다. 그가 음식접시에 가기위해서는 거실을 거쳐 가거나 음악실을 거쳐야 했다. 보통 음악실을 거치는 것이 그의 선택이었다. 흥미 있게도 그는 단 한 번도 양털 카펫트 위에 발을 디뎌 본적이 없고 항상 고의로 그 주위로 다녔다. 아마도 그는 카펫을 위해 죽은 양들에게 조용히 존경을 표하는 것 같았다.

미아우양은 사진발을 잘 받았다. 그는 생각지도 않는, 가장 흥미있는 곳들을 찾아 낮잠을 자거나 휴식을 취했다. 몇 해에 걸쳐 찍은 미아우양의 사진들이 그 증명이다.

그가 스물 몇 살 때인 2002년 늦은 봄에, 미아우양은 식욕을 잃기 시작했고 그 때문에 체중이 줄기 시작했다. 그는 천천히 움직였고 밖으로 나갈까 집안에 있을까 결정도 잘못했다. 그의 윤기 나던 검은 털은 희미하고 거칠게 됐고, 그의 황금색 눈동자는 부서진 핏줄기로 흐렸으며 그것은 목적을 잃고 초점도 잃었다. 그는 보통 먹는 음식을 거절했다. 나는 그가 좋아하는 닭고기 가슴살을 스토브 위에서 요리해서 그 요리를 식힌 다음 먹을 수 있는 크기로 잘라서 그의 밥그릇에 넣어 주었다. 그는 천천히 내키지 않게 먹었다.

미아우양을 진찰한 수의사는 미아우양이 호흡하는데 문제가 있다고 했다. 그래서 그는 냄새도 맡을 수 없고 먹지도 못한다고 했다. 한 때는 9파운드라는 건장하고 날쌘 고양이는 6파운드로 된 병든 고양이가 되었다. 가엽은 미아우양은 매일 살기위해 고통스러워했다.

별로 차도가 없이 두 달이 지났다. 어느 여름날, 우린 가축병원에 다시 미아우양을 데려갔는데 의사는 고양이가 고통당하느니 차라리 그냥 눈을 감게 하자고 제안했다. 할 수 없이 우린 가축병원 의사의 제안에 동의하기로 했다. 주사 놓는 테이블 위에서 미아우양은 갑자기 한줄기의 힘을 찾았고 그는 그의 몸을 돌보기 시작했다. 그것은 마치 그가 아직도 정신을 차리고 있고 그 자신을 돌볼 수 있는 능력이 있다고 말한 것 같았다. 그래서 우리는 최후에 우리들의 마음을 변경했고, 새 희망으로 미아우양을 집으로 데리고 왔다. 다시 닭고기 가슴살 요리가 시작 되었으나 그는 계속 먹기를 거절했고, 계속 체중을 잃었다.

9월 7일 늦은 토요일 밤, 미아우양은 나에게 안기기를 꺼려했다. 비는 밤과 낮으로 끊임없이 내리고 있었다. 나는 비가 퍼붓는 소리를 지붕 낙수 흠통gutter을 통해 들을 수 있었고 미아우양은 앞문 부근에서 앞뒤로 왔다갔다 안절부절 못하며 울었는데, 그 소리는 전에는 들어 본적이 없는, 마치 그가 절실히 도움이 필요해서 우는 소리나 혹은 그가 저 세상에서 어떤 사람과 대화하는 소리 같았다. 그 우는 소리는 나에게 소름을 끼치게 했고 가슴에 한기를 가져왔다. 나는 어떤 무엇이 일어나고 있는 것을 직감했고 내가 어떻게, 그 불길한 울음소리를 해석할 수 있었겠는가? 나는 미아우양과 밖에 발을 내디뎠다. 그는 흔들거리며 고통스레 걸었다. 나는 그가 비에 젖지 않기를 원했지만 그는 무관심했다. 내가 그를 폴치porch 위에 얹어 놓으면 그는 빗속에 다시 발로 내딛었다. 나는 다시 그를 폴치 위에 놓았는데 다시 그는 빗속으로 들어가기를 고집했다. 그 일은 내가 피곤할 정도로 반복되었다. 나는 미아우양에게 '잘 자라' 하고 집안으로 들어왔다. 그 비 오던 밤은 새로운 날로 변했다. 아침에 첫 일이, 나는 미아우양을 찾는 일이었다. 내가 그의 이름을 불렀으나 응답이 없었다. 비는 전날 밤부터 계속되었다. 우산을 받쳐 들고 나는 미아우양을 샅샅이 찾아 헤맸다. 나는 그가 어젯밤 빗속에서 걷기를 했을까 생각하고 우리의 밤 관례 장소인 길거리로 나갔다. 내가 집으로 돌아오는데 나는 왼쪽 차고 창문아래서 미아우양의 가냘픈 울음소리를 간신히 들을 수 있었다. 미아우양은 간밤에 내린 비로 축축이 젖은 낙엽 속에 자신을 반쯤 파묻고 관목아래 있었다. 나는 타월로 그를 안아 올렸다. 그는 숨을 겨우 쉬었고 그가 발견된 것이 감사하기나 한 듯이 나에게 적은 소리로 울었다. 나는 미아우양을 집안으로 데리고 들어왔고 거실에 있는 흔들의자에 그를 안고 있었는데 잠시 후 그는 그의 마지막 숨을 내 무릎 위에서 거두었다.

Stephen과 그의 아빠는 한 자리를 찾았는데 거긴 미아우양이 즐겨 놀던, 뒤뜰의 꽃박스 코너였다. 그들은 타원형의 약 3피트 되는 깊은 구덩이를 배롱나무 그늘아래 팠다. 땀과 눈물과 그리고 슬픔들이 미아우양의 무덤 속에 함께 들어갔다. 갑자기 아빠는 집으로 들어가 그가 즐겨 입던 벨지움 좌깅 T-셔츠를 가져나와 요리 조리 미아우양에게 입혔다. 그는 미아우양에게 그의 벨지움 뿌리roots를 잊지 않기를 원했다. 그의 몸뚱이는 지금은 굳었고 반응이 없으나 그는 두개의 옷에 감싸였다. 그는 그의 최종의 휴식처로 천천히 그리고 조심스레 내려졌고 그의 무덤은 슬픔의 눈물로 물을 주었다.

사람들은 고양이의 생명은 약 15년간이라고 한다. 그러나 미아우양은 그것이 옳지 않다고 증명했다. 왜냐하면 그는 20년이 넘게 우리 가족의 한 식구였기 때문이다.

Kathryn은 미아우양이 우리를 떠나갔다는 소식을 늦게 듣고, 미아우양의 아름다운 추억과 사랑을 다음과 같은 비명으로 썼다.

여기 쉬고 있는 미아우양, 우리의 사랑스런 벨지움 농장 고양이 그리고 20년이 넘게 우리 한 가족의 멤버이었다. 그는 '사람들의 음식', 핏자, 단옥수수, 치즈를 좋아했고 그리고 노래하는 새를 잡았고, 지붕에서 아래 길거리를 내려다보며 태양을 즐겼으며 항상 우리 집에 오가는 것에 기민했다. 부드러운 9월 달의 바람이 배롱나무 사이로 불 때 미아우양의 큰 '행복한 소리'를 들을 수 있다.

미아우양 1982~2002 9월8일

2007년 2월 26일 월요일

여왕과 지휘자

벨지움 몬스Mons는 나와 특별하게 문화적인 관점에서 볼 때, 해외에서 가장 행복한 추억이 있는 곳이다. 벨지움은 면적이 약 30,500 평방미터이고 인구가 약 1천만 명이며, 룩셈붉, 프랑스, 네델란드, 그리고 독일과 국경을 맞대고 있다. 그 나라는 조그마한 나라이지만, 역사적으로 볼 때 하나의 작은 거인이다. 그곳 사람들은 중요한 역사적인 장소를 보는데 차로 20분도 걸리지 않는다고 말하곤 하는데, 나도 그 말에 동의한다.

어느 날 나는 로얄 몬스 음악원 올케스트라Royal Mons Conservatory Orchestra 지휘자로부터 한 장의 초청장을 받았다. 그 내용은 다음과 같았다.

"킨슬로 부인, 부디 우리 올케스트라가 연주하는 모일의 연주회와 연주 전에 실시하는 두 번의 연습회를 도와 주시고 협연해 주십시오. 먼저 감사 드립니다."

그것은 나를 올케스트라 협연에 초청한 지휘자가 불어로 간결하고 정중하게 친필로 쓴 초청장이었다.

나는 그 초청과 새로운 사람들을 만난다는 기대감과 새 지휘자의 지휘봉 아래서 음악을 만들 수 있다는 것에 흥분했다. 그런

데 이 지휘자가 어느 음악 파에 속하는지, 즉 악보를 존중하는 참피온인 전설적인 토스카니니Arturo Toscanini, 혹은 그런대로 작곡가의 악보에 충실하게 연주하는 대표적인 음악가인 스트라우스Richard Stauss 학파에 속하는지, 아니면 그 반대로 음악을 자유스럽게 해석하는 말러Gustav Mahler와 와그너Richard Wagner 학파에 속했는지, 혹은 눈을 감고 지휘하는 카라얀Herbert von Karajan과 같은 음악파인지 궁금했다. 또, 불어로 말하는 지휘자가 연습 중에 지휘봉을 손에 쥔 모습은 어떤가를 상상해 보았다.

내가 연습 무대에 도착했을 때, 모든 올케스트라 단원들이 이미 자리를 잡았고 이제 막 연습을 시작하려고 했다. 나는 그 무대로 발걸음을 내디뎠을 때, 다른 행성으로 걸어 들어가는 것과 같은 느낌이었다. 불어를 말하는 음악가들 가운데 나는 유일한 한국인이었지만 외국인이 꽉 찬 홀로 걸어 들어가 보는 것이 처음이 아니었고, 그렇다고 마지막이 될 수도 없는 것이다. 사실은 자주 있는 일이다. 나의 초점은 훌륭한 우주 언어인 음악이었지 음악가들의 국적이 아니었다.

지휘대에 있던 지휘자는 무대에서 나를 보자 먼저 인사를 하고 나서, 손을 내밀어 한자리가 비어있는 제1 violin구역으로 나를 안내했다. 그는 계속해서 불어로 이야기했지만 나는 별 어려움 없이 모두 알아들었다.

경애하는 벨기에 여왕을 위한 연주회는 특별한 경우였다. 지휘자가 올케스트라 단원들에게, 여왕은 극장에서 일곱 번째 줄에 자리할 것이라고 알려주었다.

제1 violin구역에서 내 옆자리에 앉은 파트너는 내성적으로 보이는 벨지움 남자였다. 아마도 그는 이 한국인이 불어로 그와 의사소통을 할 수 없다고 생각한 것 같았다. 그러나 음악 그 자체가 우리 둘 뿐만 아니라 우리 모두에게 의사 전달원인 것이다. 그의 조용한 성격에도 불구하고 우리들은 중요한 팀이고, 둘은 하나가 되는 감각이어야 하고 최선의 목적인 음악을 만들기 위해서 계속적으로 연습을 했다.

우리 모두는 짧은 벨기에 국가인 "브라방Brabant"이 포함된 몇몇 래퍼토리를 연습했다. 올케스트라는 준비가 잘되었고 지휘자의 지휘에 잘 따르는 것 같았다. 마지막 리허설이 어려움 없이 끝났고 지휘자는 만족하는 것 같았다.

연주회 날 밤, 커튼이 올라가기 전에 지휘자는 밝고 강한 무대 조명 불빛 때문에 올케스트라 단원들 앞에서 많은 땀을 흘렸다. 그는 정장 바지 주머니에서 의식용 까슬까슬한 새 흰 손수건을 꺼내서 더 이상 땀이 흐르지 않게 닦았다. 무대 조명 불빛이 너무 뜨거워서 내 violin 줄에 이상이 생길까 봐 걱정을 했다. 지휘자는 단원들이 해야 할 일과 해서는 안될 일을 악보를 재빨리 훑어 보면서 주지시켰고, 우리들의 특별한 손님인 벨기에 여왕

면전에서 아름다운 음악을 만들 수 있도록 모든 단원들이 자기 기술을 최대한 발휘하고 헌신해 줄 것을 다시 한번 이야기 했다.

커튼이 올라가자 지휘자는 단원들을 등지고 청중들을 향해 서서 이 특별한 상황을 설명했다. 뒷짐을 지고 있는 그의 손에서는 땀이 흠뻑 젖었다.

그는 리허설 할 때와는 똑 같은 지휘자가 아니라고 생각했다. 단원들에게 symphony의 문학적 흐름과 일정한 소절들의 상세함, 다이나믹, 프레이징 등을 거듭 요구했던 당당한 모습과 그의 사력은 긴장 아래 시들어 갔다. 그는 엄청난 중압감에 있었고, 그의 기질, 허세와 charisma는 여왕 앞에서 흔들렸다.

단원들이 국가를 연주할 때, 군중들은 감정적으로 가사를 따라 불렀는데, 그로 인해 올케스트라와 청중 사이의 긴장감이 풀렸다. 그리고 신기하게도 에너지와 열정이 멋지게 되돌아 왔고 지휘자는 charisma를 다시 얻어 자신있게 지휘를 했다. 우리들의 연주는 훌륭했다.

차이코프스키P.I.Tchaikovsky(1840~1893)는 그의 작곡을 고국인 소련과 미국을 포함한 해외에서 지휘했다. 그는 무대공포가 너무 심해서 지휘를 할 때 그의 머리가 떨어질 것 같이 느꼈다. 그의 숨은 멈출 것만 같았고 질식할 것만 같다고 실토했다. 지휘의 불안과 고통을 달래고 그의 마음을 위로하기 위해서 종종 목적 없이 어두운 거리를 방황하곤 했다. 그는 사람들을 만나고 관중 앞에 서는 것을 두려워했고 관중이 그의 불안을 느끼지나 않을지, 그의 곡을 미워하지나 않을지, 걱정했다.

이 세상에서 가장 위대한 음악가이자 인도주의자 중의 한 사람인 카잘스Pablo Casals는 그의 전기에 다음과 같이 썼다. "나는 연주회를 하기 전에 항상 엄청난 불안을 느끼고 있었다. 나는 내 활이 첫 음표를 연주하기 위해 줄 위에 닿았을 때, 갑자기 경직되어 내 손가락으로부터 활이 미끄러져 나가는 것을 느꼈다. 활은 내 손에서 튕겨 나갔고 어쩔 수 없는 공포를 바라만 보고 있을 때, 그 활은 청중석의 첫째 줄 앞쪽으로 날아갔다. 그 활은 적막이 흐르는 고요 속에 한 사람씩 한 사람씩 건너서 조심스럽게 나에게 넘겨줬다. 이 사건이 일어난 곳은 비엔나 뮤직프룬데홀 Musickfreunde Hall에서 헝가리 작곡가 임마누엘 무어 Emanuel Moor의 첼로 콘체르토 C# 마이너를 연주 할 때 일어났다." 또, 그의 전기 "즐거움과 슬픔Joys and Sorrows" 1장 중에 다음과 같이 썼다. "때때로 드물게 나의 어머니께서는 나의 연주회에 참석하신다. 어머니는 내가 얼마나 신경이 예민한 지를 아시기 때문에 연주회 참석 자체가 고통스러웠다. 어머니께서는 연주회가 끝난 뒤에 내가 돌아 오기를 집에서 기다리곤 하셨다."

여왕은 왕의 상징색인 진한 자주색 드레스를 입고 똑바르고 우아한 자세로 7번째 줄 가운데에 자리 잡았고, 경호원들에게 둘러 싸인 것처럼 보였으며 주위에는 빈자리가 없었다. 나는 청중석을 내려다 볼 수 있는 무대에 있었기 때문에 여왕과 그의 정규 경호원들을 쉽게 볼 수 있었다.

여왕과 청중과 단원들은 그날 밤 적어도 한가지 공통점이 있었는데 아름다운 음악에 둘러싸여 훌륭한 연주 홀에서 한 가족의 일원 같이 분위기를 창조하고 있었다.

2008년 가을

"말썽꾸러기 두 살짜리"의 한 이유

벨지움의 봄은 안개 낀 아침에 거북이 걸음으로 다가오곤 했다. 수선화와 튤립은 차가운 땅의 동면에서 내키지않게 나왔고 고풍의 등나무 넝쿨은 햇볕이 닿는 데는 딱딱한 줄기에서 연보라 꽃을 보이기 시작했고, 봄바람은 분홍빛 벚꽃잎을 휘날려 우리집 앞길을 덮었다. 흰 아스파라가스와 시콩도 큰 광장 시장에 선을 보이기 시작했다.

주일에 한 번 가는 식료품가게는 집에서 약 20마일 떨어진 Chievres라는 시골에 있었고, 그 쇼핑은 한나절 일거리였는데, 2차선의 직행길보다 항상 나는 좁고 선이 없는 농장길을 택했다.

꽃꽂이 야생재료를 위하여 만일의 경우, 가위를 가지고 다니는 습관을 길렀는데, 봄날 벨지움에는 안목만 있으면 싱싱한 재료들이 얼마든지 있었다.

그때 우리 두 살 난 꼬마는 식료품 쇼핑을 갈 때면 당시 세계에서 제일 안전도가 높은 하늘색 Volvo 뒷 자석 어린이 안전보조의자에 타고 어머니 따라 어디든지 같이 다녀야 했다.

어느 날, 식료품 쇼핑에서 돌아오는 길에 농촌길 옆 들판에 야생화를 꺾기위해 차를 세웠다. 시동을 끄고 차 열쇠는 지갑 속에 넣고 가위만 가지고 내렸다. 내가 벌판에서 야생꽃을 얼마나 정신없이 꺾었는지 기억이 없다. 도랑을 뛰어넘어 차에 돌아 왔을 때 놀랍게도 차문이 다 잠겨 있었다. 내가 야생꽃을 모으는 동안 영리한 내 두 살짜리 아들이 안전의자에서 나와 문을 다 잠가 버리고, 어머니를 쫓아내었다. 걱정스러워 가슴이 쿵덕거렸고, 애 이름을 부르고 문을 열어 달라고 애원해도 엄마가 왜 열성 나게 고함을 지르는가하고 의아해 했다. 차 안에 못 들어가면 어떨까하는 생각에 공포증이 났다. 애는 혼자서 그 안전의자에서 나오지 못하는 것으로 알았는데.

엄마가 무슨 말과 몸짓을 하던 애는 막무가내였다. 나는 필사적으로 애와 식료품이 가득한 차안에 들어 가야하는데 어떻게 해야 할지를 몰랐다. 그 좁은 농촌길 푸른 들판엔 풀을 뜯는 큰 암소들과 우리들뿐이었다.

얼마동안 내가 한 짓에 고민하며 무력하게 차안을 들여다보며 애와 대화를 시도해 보려고 했는지 모르지만, 하루가 지나간 것 같은 느낌이었다. 먼 거리에서 차 한 대가 다가오는 것이 보였다. 그 답답한 시간에 무엇이든 움직이는 것은 도움이 될 것 같아 반가웠다. 길 한 복판에 서서 손을 흔들었다. 그래서 그 운전수한테 내가 잠시 맑은 공기를 마시려고 휴식을 취하고 있는 것처럼 보이지 않기 위해서였다. 그 운전수는 미국 숙녀였고, 차 옆에서 내 상황을 보았는데 그녀 역시 쇼핑에서 돌아오는 길이었고 우연히도 Volvo를 운전하고 있었다. 자기 열쇠로 나의 차문을 열었다. 그 때의 구출된 느낌은 말로 이루 표현할 수 없을 정도였고, 충분히 그녀에게 감사를 표시한 후 우린 제 각기 헤어졌다.

여름 동안 미국 시어머니께서 처음으로 벨지움 여행을 오셔서 우린 이웃나라로 몇 번이나 관광과 쇼핑을 다녔다. 몬스에 있는 집에선 시어머니께선 동네 산보를 즐기셨는데 하루는, 산보

나가셨다가 즉시 되돌아 오셔서 말씀하시길 "이 차림으로 못 나가겠다, 여기 이웃들은 산보하는데도 정장을 하고 다니니." 시어머니는 좀 더 나은 옷차림으로 다시 산보를 나가셨다.

엄마도 한국에서 방문 오셨다. 다시 함께 이웃 나라로 관광을 자주 다녔는데, 우리가 독일을 방문 했을 때 엄마는 김치 병을 가지고 다니셨다. 아무리 맛있는 음식이건, 서양음식은 엄마 식성에 맞지 않아 항상 김치로 음식을 끝내셔야 하셨다. 몬스에선, 딸 외는 아무하고 대화를 할 수 없어 지루해 하시기 시작했다. 지루함을 달래기 위해 집 옆에 상추밭을 가꾸기 시작하셨고, 작은 상추 밭을 돌보는 것이 잠시나마 고향생각을 잊을 수 있게 했다.

이른 여름 우린 자주 가까이 위치한 숲 속을 거닐었다. 여러 번, 엄마와 나는 고사리를 작은 손수레에 가득 싣고 집으로 돌아오곤 했다. 집 뒤 테라스 전체에 고사리를 풀어 헤치고 태양 아래서 말렸다. 엄마는 그렇게 크고 연한, 벨지움 사람은 먹지 않은 고사리를 생전에 보신 적이 없다고 하셨다. 나는 약 25년 전 그때 그 고사리를 아직도 간직하고 있다.

벨지움의 여름은 짧았다. 이웃들은 갠 날이면 빨래를 줄에 말리기도하고, 한 이웃은 매일 아침 집 앞 유리 창문을 쉴새없이 닦곤 했는데 나는 그 분이 네델란드 인으로 추측했다. 집 앞길엔 가끔 사람들은 말을 타고 속보로 다녔고 큰 두 암소는 종일 목장에 나와 연한 풀을 뜯고 있었다. 벨지움의 여름은 덥지 않아 한 여름에도 에어콘디션이 필요 없었다.

여름이 끝나면 새 학기 준비가 시작됐다. 우리 딸은 그때 불어로 하는 캐나다 중학교에 다녔고 Girl Scout에 활동 했었는데, 새 학기엔 다시 Girl Scout에 등록을 해야만 했다.

우리 가족은 지도를 가지고 집에서 약 20분 떨어진 유럽연합군 최고사령부SHAPE 안에 거주하는 Girl Scout 지도자 집에 찾아 갔다. 그 집에 도착해서 정문에 벨을 눌렀는데 내가 만나야 하지 않을 사람을 만났다. 그 문을 연 사람은 내가 차 안에 못 들어가 곤경에 빠져있을 때 나를 구출해준 바로 그 분이었다. 우린 서로 아는 척은 했지만 그 정신적 쇼크를 받은 사건에 대해선 언급하지 않았다.

그 어느 봄날 외딴 농촌 길에서 일어난 사건에 대해 남편한텐 이야기하지 않았다. 만일 이야기를 했다면 나의 보통상식에 대한 그의 신뢰감이 사라져버릴 테고 내 걱정을 하기 때문이었다. 그래서 남편이 아는 한 그 지도자와 나는 만난 적이 없었다.

남편은 대문에서 그녀를 보는 나의 행동에 정말로 의아해 했다. 내가 그 지도자를 만난 적이 없는데도 안면이 있게 보인 것이었다. 아들은 그때 농촌길 한 가운데서 무슨 일이 일어났는지 전혀 몰랐다. 그래서 그 분과 나는 그날에 대해 무언의 약속으로 언급하지 않았다. 어떤 때는, 그대로 내 버려두는 일이 최고인데 그 사건이 그런 경우였다.

Z 부인과 토끼탕

우리는 한때 벨지움의 몬스Mons, Belgium에서 4년 가까이 살았다. 그때 아주 특별한 벨지움 가족 데물란Demoulin과 친근해졌다. Z부인은 데물란 가족의 가장이고 아름답고, 조용한 그녀의 이웃에 우리가 이사를 했을 때 싱싱한 노랑 튜립 한 다발로 우리를 환영했다. 그녀의 두 층으로 된 하얀집은 우리집 왼쪽에서 두 집 떨어진 30 루 기 데 브레Rue Guy de Bres였다.

그녀는 미국인들을 사랑하는데, 왜냐하면 제2차세계대전 때 침략해오는 나찌Nazi 독일군들로부터 미국군들이 해방시켰기 때문이다. 그녀가 겪은 전쟁의 아픔을 감동적으로 마치 그녀의 생명이 모든 미국인에게 빚지고 있는 것처럼 말했다. 그녀가 전쟁이나 유럽 역사에 관해 이야기를 할 때면, 진지하게 되고 감명을 주는 연설은 역사 교수 Z같이 들렸다.

미국으로 돌아온 5년 후에, 우린 벨지움 가족을 방문하러 다시 갔다. 그건 크리스마스 때였다. 연해의 날씨는 어둑했고, 춥고 그리고 비가 자주 왔다. 우린 어둠속에서 아침에 깨었고 다시 어둠속에 잠들었으며 한나절 하늘의 색깔은 별로 다를 게 없었는데, 북해North Sea와 병행하고 있는 벨지움이라고 부르는 작은 역사적인 나라에 마치 태양은 떠오르기를 잊어버린 것 같았다.

크리스마스 이틀 전, 이야기 주제는 그리스마스 정찬으로 변했다. 그들은 미국서 방문 온 가족을 특별한 저녁 식사로 대접하려고 했는데, 그건 토끼탕이었다! 나는 Z여사의 가족이 가정에서 기른 토끼가 상점에서 파는 것보다 더 맛이 있다고 이야기하는 것을 엿들었다.

그날 늦은 아침, 우린 그녀의 작은 복스웨간 VW Golf를 타고 마음에 드는 적당한 토끼를 찾으러 갔다. Z여사는 우리 길잡이였고, 운전 중에도 즐겁게 지속적으로 이야기를 했다. 나의 수박 겉핥기 불어와 그녀의 짧은 영어 실력으로 우리의 대화는 만족하지 못했지만 그것쯤은 아랑곳없었었다.

내 가슴 깊숙이 나는 Z여사가 행운이 따르지 않기를 바랐고, 그래서 토끼를 고통을 주거나 죽이지 않기를 원했다.

우리가 별로 멀리가지 않았을 때, 길고 좁은 보도가 있는 별로 특징이 없는 집 앞에 멈추었다. 두터운 겨울 코트를 입은 Z부인은 자동차에서 나왔다. 그 두터운 겨울코트는 그녀가 문을 향해 걷는 걸음걸이를 느리게 했다. 조수석 창문 너머로, 나는 그녀가 토끼를 사는데 성공하지 않을 것을 희망하며 그녀의 움직임을 조심스럽게 보았다. 그녀는 앞문에 노크를 몇 번 했다. 그 문은 아주 적게 열렸고, 길고 흰 앞치마를 입은 여인이 천천히 나타났다. 그들은 잠시 인사를 나누었다. 그 여인이 고개를 좌우로 흔드는 것을 본 뒤, Z여사는 풀이 죽은 듯이 자동차 쪽으로 되돌아 왔다. 그녀의 표정으로 보아 무슨 일이 일어났는지를 알 수 있었다. 내 가슴 깊숙이, 나는 안심이 되었다. 토끼 요리 없는 정찬!

그런데 아뿔싸, 신비스럽게도 토끼탕이 크리스마스 저녁식사 테이블에 나타났다. 나는 즉시 데물란 가족이 둘째 공급처가 있었다고 추측했다. Z부인 모든 가족, 큰 눈을 가진 긴 휘날리는 머리의 아름다운 두 딸, 그리고 그녀의 아들과 핸섬한 가족들은

긴 직사각형의 테이블에 모였다. 그녀의 좋은 차이나china와 크리스탈crystal은 테이블을 빛나게 했다. 식사 전의 간식과 가족 지하 저장고에서 나온 포도주가 테이블 위에서 몇 번 돌아갔을 때 그녀가 자랑스럽게 그녀의 전문인 토끼탕에 대해 이야기 했다. Z여사는 토끼는 눈 주위가 제일 맛이 있는데, 뽈살의 맛은 더 있다고 했다. 갑자기 백 마리의 나비가 내 배 안에서 나부끼고 있는 것을 느꼈다. 만일 내가 그날 저녁 토끼고기를 먹었다면, 나는 그게 어떤 맛이었는지 희미한 기억뿐이다.

2004년 여름, 우린 C-5로 독일을 거쳐, 거기서 기차로 벨지움 가족들을 다시 방문 했다.

나의 취미를 알고 계시는 Z부인은 어느 날 중세기의 작은 마을인 반쉬Binche에 있는 국제 카니발과 탈 박물관의 방문을 제의했다. 반쉬는 단지 50km 떨어진 브루셀의 남쪽에 위치하고 있다. 그곳은 연중 축제인 길Gilles로 유명하다. 그녀는 몬스로 부터 우리 모두를 태우고 갔다. 그곳은 즐겁고 한가로운 시골길로 한 시간도 못 걸렸다. 그 3층 고 건물은 이 마을에선 아마도 유일한 하나의 신호등에서 오른쪽으로 꺽은 뒤 어디선지 모르게 탈 박물관이 눈앞에 나타났다. 우리가 박물관에 도착해서 들어갔을 때 눈에 띄는 사람은 없었고, Z 부인과 갈라졌다. 놀랍게도 나는 내 고향인 고성에서 온 탈을 보았고, 내가 고성 사람임이 자랑스러웠다.

그 박물관은 유럽에서 유일하고 전 세계에서 온 탈과 카니발의 주목할 만한 풍부한 컬렉션이 있었다. 아래층으로 내려왔을 때, Z부인은 기념품점 카운터 뒤에 있는 종업원과 이야기 하시고 계신걸 보았다. 그녀는 나에게 줄려고 2개의 포스터를 구입했다. 돌아오는 길도 몇 시간 전에 우리가 여행했던 같은 즐거운 시골길이었는데, Z부인은 우리 왼쪽에 있던 한 농가 집 앞에 자동차를 세웠다. 낡고 큰 쇠문이 활짝 열려져 있었다. 그녀가 차에서 나왔을 때 소와 말에서 나오는 신랄한 냄새가 자동차 문 열린 틈으로 들어왔다. 그녀는 흙 마당위로 걸어갔다. 작업복을 입은 농부는 그녀를 친절하게 반겼고, 그분이 잠깐 사라졌다가 다시 나타났을 땐 일 년 동안 건장한 전 가족을 먹일 수 있는 감자가 든 큰 거친 포대기를 가져나왔다. 갑자기, 1885년 반 고흐Van Gogh가 누넨Nuenen에서 초롱불 아래서 그린 화폭 "감자먹는 사람들Potato Eaters"이 나의 환상에 무의식적으로 들어왔다. 우리는 오후 7시에 맛있는 국수, 연어 그리고 과일 살라드와 후식을 저녁으로 먹었는데 이상하게도 감자요리는 포함되지 않았다.

때는 2004년 6월 23일 수요일이었다. Z부인은 그녀의 새 자동차로 바람 불고 거친 날씨에 우리들을 브루셀로 태워갔다. 브루셀은 유럽연합 EU와 북대서양조약기구 NATO의 본부가 있고 그 나라의 정치적인 중심지가 되는 첫 도시이다. 그러나 거친 날씨도 우리의 강한 의지를 꺽진 못했다. 우리의 목적지는 브루셀에 있는 음악 악기박물관이었다. Z여사는 악기박물관 방문은 어쨌든 내가 violin을 가르치는데 역사와 이론에 도움이 될 것으로 생각했다. 그리고 나는 언제나 그녀의 나에 대한 자라는 연민에 고맙다고 생각했다. 건물과 박물관 내부의 사운드 시스템은 현대적이었고 예술적으로 장식된 건물들을 볼 때 박물관은 최근에 문을 연 것 같았다. 우리는 다리가 지칠 때까지 배우고 감탄했으며 박물관 기념품상점을 둘러보고 에스컬레이터에 오르기 전 현악기에 대한 책 한 권을 샀다. 에스컬레이트는 우리를 아늑한 음식점이 있는 6층으로 데리고 갔다. 브루셀을 아래로 보며 잊지 못할 벨지움 점심으로 가장 좋은 시간을 보냈다.

벨지움 방문은 세계에서 제일 잘 조화된 광장 중의 하나인, 브루셀에 있는 대 광장Grand Plaza를 방문하지 않고는 불완전하다. 거긴 오묘한 고틱Gothic과 바로크Baroque 스타일 건물들이 광장을 장식했다. 우리는 흐린 날씨 속에 대광장까지 몇 블록을 걸었다. 오래전에 모짤트W.A.Mozart가 머문 그 부근, 루 드 레티브Rue del' Etive와 루 드 시엔Rue de Chene에 있는 유명한 청동의 마내킨피스little Man가 광장 반대편에 위치한 번잡한 음식점 가에 자리를 잡았다.

우리가 떠나기 전 일요일에 벨지움 가족을 파리 모가도 극장Mogador Theatre in Paris서 열린 한국 오페라 "춘향전"에 초대했다. 우리는 미니밴을 타고 아침 10시 30분 몬스를 떠나 파리로 갔다. 눈에 익은 풍경을 지나 파리까지 3시간 가는 동안 우린 상상할 수 있는 한 모든 주제에 대해 이야기를 나누었다. Z부인은 베네네다Vanenenda 음식점에 예약이 되 있었고, 파리의 그 지역을 자기 집 같이 느꼈으며 정확히 어디에 주차해야 하는지를 알았다.

음식점 내부 실내장식은 전형적인 유럽식이지만 독특했다.

손님들은 일요일 의상을 입었고 분위기는 장엄하고 격식을 갖추었다. 그것은 미국에서 경험과는 극히 달랐다. 점심식사 후 우리는 급히 한국 "춘향전" 오페라를 보기위해 모가도 극장으로 달려갔다. Z부인은 그녀의 첫 한국오페라에 감동을 받았고 고마운 마음에 적절한 말을 찾지 못하고 감사하다고 충분히 말했다. 우리 가족 파리여행은 14시간 후, 자정이 가까울 때 몬스로 돌아왔다.

어느 해, Z부인은 샌 안토니오를 방문했다. 우리는 그녀를 몹시 기다렸고, 그녀가 통로에서 나왔을 때 열열히 환영했다. 그녀는 긴소매의 붉은 재킷을 드레스위에 입고 있었다. 그녀의 연갈색 머리는 이 여행을 위해 손질하신 것 같이 보였으며 그것은 그녀에게 잘 어울렸다. 큰 가방이 그녀의 오른쪽 어깨에 매달려 있었고 다른 한손은 더 큰 가방으로 차 있었다. 그녀의 큰 미소와 당당한 품위는 마치 대사가 자매도시 샌 안토니오를 큰 과시없이 방문하는 것을 상기했다.

그녀는 박혼홀Buckhorn Hall 박물관을 무척 좋아했다. 엘 멀카도El Mercado에선 벨지움에 있는 가족을 위해 나무로 만든 부엌용구를 찾았다. 그녀는 샌 안토니오의 혹독한 여름 태양 아래 알라모Alamo 앞에서 사진 찍기 위해 몇 번이고 포즈를 취했다. 벨지움에는 햇볕나는 날이 드물기에 그녀는 태양에 감사했다. 그렇지만, 그녀는 공항 서쪽 부분의 10차선의 고속도로를 좋아했다. 우리가 그 길을 달릴 때면, 그녀는 우렁찬 목소리로 "아, 이곳이 미국이다!"라고 외쳤다.

그녀의 샌 안토니오 두 번째 방문에, 우리는 그녀를 미 티에라Mi Tierra에 모시고 갔다.

초여름 공기는 차지도 덥지도 않았다. 멕시코 만Gulf of Mexico에서 북쪽으로 살랑살랑 부는 바람은 아직까지 연초록 어린 가로수 잎들을 포옹했다. 우리는 몇몇 느린 걸음의 보행자들을 보았다. 그곳은 생각보다 붐비지 않았고 사람들이 모두 음식점 안에 있을 것이라고 생각했다. 미 티에라Mi Tierra 음식점은 텍스-멕스Tex-Mex 요리로 이 도시에 잘 알려져 있고, 정치인들은 약속을 하고 사업가들은 일을 만들고 연인들은 마리아찌mariachis음악에 응석 받는 집합소다. Z부인은 그 분위기와 신선한 톨티야totillas가 만들어지는 것을 보기를 즐겼고, 우리 모두 식사 후 매운 땅콩캔디peanut brittle를 나누어 먹었다.

그녀가 우리를 방문하는 동안 그녀를 위해 야외 파티를 열어주었다. 우리는 친구들과 이웃을 만날 기회를 드렸고, 그녀는 그 아이디어에 열광하셨다. 그녀가 좋아하는 아침식사, 두 조각의 통밀whole wheat 토스트와 굵은 카테지cottage치즈 식사 후, 우리는 파티를 준비하느라 부엌에서 바빴다. 두 개의 큰 야외 테이블이 수영장 옆에 있는데, 이 파티를 위해 그 테이블을 장식했다. 친구들과 이웃들이 도착했을 때 그녀는 바로 그들과 어울렸다. 그녀의 자녀들이 참석 안했지만, 그녀는 그들과 벨지움 생활에 대해 자랑스럽게 이야기했다. 그녀는 미국의 달고 연한 옥수수를 무척 좋아했지만 그것을 먹을 줄 몰랐다. 벨지움에서는 농부들이 단지 가축을 위해 옥수수를 기른다고 했다.

벨지움에서 살던 첫해, 우리가족을 양자로 삼았던 우리의 벨지움 농장 고양이, 미아우양을 보고, Z부인은 마치 오랫동안 잃어버린 아이와 재회하기나 한 것처럼 감정적이었다. 그녀는 고양이를 마치 아기를 안은 것처럼 애지중지 안고, "아 얼마나 호강스러운가! 얼마나 호강스런 삶인가! quelle vie, quelle vie!"하고 연달아 외쳤다. 나는 확신했다. 벨지움에서 지금은 쓸모없는 탄광무더기나 옥수수밭을 떠다니는 고양이보다 킨슬로 가족이 된 것이 훨씬 낫다고 생각했기 때문이다. 그녀는 관습적으로 3번의 키스를 고양이 얼굴에다 했고 그를 껴안고 앞뒤로 흔들어 토닥거렸다.

그녀는 미아우양이 연한 깡통 음식을 먹는 것을 보고 "그것은 이빨 건강에 좋지 않다."고 했다. 그 다음 날 그녀는 스스로 우리 집 요리사가 되기를 원했고, 우리는 그녀와 함께 가까이 있는 supermarket에 갔었을 때 필요한 재료의 선택이 풍부하다고 감탄했다. 우리가 돌아 왔을 때 그녀는 고기를 스토브 위에 요리했는데, 고의로 고기조각을 미아우양을 위해 남겨 두었다. 미아우양이 고기를 맛있게 먹는 것을 보고 그녀의 얼굴에 만족감이 떠올랐다. 나는 그녀가 미아우양을 먹이기 위해 우리 집 요리사가 된 것이 아닌가라고 의아해 했다.

Z부인이 우리가 그녀를 사랑 하는 것보다 그녀가 우리를 더 사랑한다는 것을 믿는다. 그 증거는 우리가 벨지움으로부터 이사를 왔을 때 지난 21년 동안 빠짐없이 벨지움 고디바Godiva와 리오니다Leonidas 쵸코릿을 부활절에 보내왔다. 그게 바로 사랑이다!

어느 날 하루는, 샌 안토니오 River Walk으로 모시고 갈 예정이었다. 그녀는 얼마나 시간이 걸리느냐고 물었다. "약 25분 걸립니다."라고 내가 대답하니까 "거긴 운전하기가 너무 먼데!" 라고 동정심을 가지고 말씀하셨다. "전혀 그렇지 않습니다."라고 나는 말씀드렸다. "나는 작은 나라에서 왔기 때문에, 생각도 작게 한다."라고 그녀는 대답했다.

우리에게 사랑을 느끼게하고 사랑을 끄는 그녀의 인성은 말할 것도 없이, 자신을 낮추는 휴머, 온정 있는 마음과 특이한 솔직함 등은 그녀의 많은 매력 중의 몇몇일 뿐이다.

2007년 2월 4일 일요일

제 4 부

소중한 우정

미국에서 나의 첫 한국인 친구

최근 부활절에 나의 귀중한 친구를 꿈에서 보았다. 미국에 사는 나의 첫 한국인 친구 KJ와 그녀의 가족은 1970년 초에 한국의 우리 집에 찾아왔었다. 단층으로 된 전형적인 한국식 우리 집은 완성되지 않았고 안채 외도 미래에 들어설 건물을 위해 토대가 마련되어 있었다. 이웃의 애들이 뜰에서 노는 소리가 들렸지만 보이진 않았다. 그 소리를 듣고 KJ의 남자아이 M이 세발자전거를 타고 가고 싶어했다. 우리의 처음 응답은 못 간다고 했지만 나는 M에게 만일의 경우를 대비해서 휴대용 전화를 가져가기를 권했다.(휴대용 전화는 1970년 초엔 아직 사용되지 않았지만 내 꿈에는 있었다.) KJ는 그게 좋은 아이디어라고 생각했지만 어린애가 우리집 전화번호를 어떻게 알 수 있을까? 전화번호를 KJ의 휴대용 전화에 입력하기를 제안했는데, KJ는 의아한 표정으로 나를 보았다. 우리가 전화번호 입력을 시도하는데, 안타깝게도 갑자기 꿈이 끝나고 말았다.

지난 1970년 초에 알라바마주 Huntsville에 있는 산부인과 의사 롸이스 대기실에 앉아 있었다. 그 대기실의 불빛은 희미했지만 몇몇 의자 저쪽에 한 동양인이 앉아 있는 것이 눈에 띄었다. 그녀도 역시 나를 보았는지 영어로 "어디서 왔어요?"하고 진심으로 물었다. "한국에서 왔어요!"라고 대답하자 그때부터 그녀와 한국어로 대화를 시작했다. Huntsville에서 그때까진 한국말을 하는 사람은 아무도 알지 못했고, 이로써 우리의 오랜 우정이 시작 되었다.

시간이 흐름에 따라 그녀에 대해 더 알게 되었는데, 더 이상 가족이나 친척은 한국에 없었고, 남편은 미국인으로 컴퓨터 과학 교수였다. 그들 사이엔 아들이 하나 있었고 내가 그녀를 만났을 땐 그들의 둘째 아들을 기대하고 있었다. 그녀는 테네시주에 있는 Vanderbilt 대학교에서 수학전공으로 졸업한 첫 동양인이었다. 그녀의 많은 좋은 점들은 학문을 좋아하고, 지적이고, 연민이 많은 것이며 이 외에도 누구한테나 생기를 북돋아 줄 수 있는 분이었다.

미국에 처음 온 나에게 바느질과 요리 그리고 미국 문화를 가르쳐 주었다. 수 차례에 걸쳐 미 항공우주국과 박물관, 공원과 쇼핑 외에 흥미있는 곳에 나를 데리고 다녔다. 때로는 그냥 전화로 얘기하며 시간을 보내기도 했다. 그녀의 영어는 순조로워 언젠가는 나도 그녀처럼 영어를 할 수 있기를 원했다. 나의 첫 몇 달 동안은 한국에서 교과서 위주로 배운 영국식 영어를 아무도 이해하지 못했고 나 역시 내 주위 사람들을 이해하기 어려웠다.

그녀는 드레스본이 두 개 있으면 하나는 나에게 주었고, 많은 천을, 심지어는 옷까지도 자긴 충분히 있다면서 내게 주었다. 우린 같은 드레스본을 사용해 옷을 만들었기 때문에 같은 디자인으로 된 옷을 입은 적도 있었다. 여러모로 그녀는 내가 우러러 보는 분이고, 고향에서 멀리 떨어진 내 언니 같은 느낌이었다. 어느 날, 그녀는 다용도 청소기가 두 개 있다면서 하나를 우리에게 주었다. 몇 해에 걸쳐 내가 구입한 여러 개의 청소기들은 고장이 났지만 그녀가 준 다용도 청소기는 아직도 사용하고 있는데 그 청소기는 항상 그녀의 관대심을 생각나게 한다.

우리가 처음 만난 얼마 후, 그녀의 아들 M은 나의 첫 미국 violin 제자가 되었다. 그때 나는 Huntsville에 있는 알라바마 대학교에서 페일스 박사 아래 volin 공부를 하고 있었다. 어머니한테 실망스럽게 M은 violin 공부에 별로 의욕이 없었고 violin 공부대신 밖에 나가 놀기를 원했다. KJ는 좋은 안을 생각했었는데, M의 좋은 렛슨 보상으로 사탕을 호주머니에 준비했고 아이스크림을 냉장고에 두었다. 그 방식이 별로 효과가 없어지자 KJ 자신이 나의 두 번째 제자가 되었다. M의 violin 공부를 격려하기 위해서였다.

여러 해 동안 우리 가족은 이사를 몇 번 다녔지만 연말 휴일엔 가족 상황뉴스를 교환하곤 했다. 우리가족이 벨지움에 살 때 그네들은 달라스에 살았고, 우리가 샌 안토니오로 이사를 왔을 때 그네들은 뉴올리언즈로 이사를 갔다. 그 내외는 안식년을 벨지움에서 보냈다.

몇 년 전 늦은 일요일 오후 뜻밖에 KJ로부터 전화가 왔다. 그녀는 우리 동네에서 가까운 호텔에 벌써 여장을 풀었다. 다음날 나는 그녀를 방문해 우린 택스-멕스(택사스식 멕시칸) 음식점에서 식사를 즐겼다. 그녀는 남편이 소속된 오토바이클럽 모임이 부근 힐 칸츄리 지역에 있어서 남편을 동반한 것이었다. KJ 남편이 뉴올리언즈 주 튜레인 대학교에서 교수직을 수행하고 있는 동안 그녀는 딜러드 대학교에서 수학교수로 일했다. 자기 가족 전부는 박사학위를 받았는데 자기는 예외라고 유감스러워 했다.

몇 해가 더 지나가버린, 2007년 2월 어느 날, 전화가 왔다. 그 전화는 KJ로부터 왔고, 그녀의 아들 M이 여기 샌 안토니오에서 열리는 TMEA(택사스 음악교육자들 연합)에서 자기 대학교를 대표해서 참석할 것이라고 일러 주었다. M은 루이지애나 주에 있는 주립대학교 violin 교수가 되었다. 지금은 교수가 된 M을 우리 집으로 한국점심 식사에 초대했었다. M이 아이였을 때 환상이 내 머리를 스쳤고, 만나 볼 때까지 가까스로 기다릴 정도였다. 그는 핸섬하고, 자부심과 예의 바르고, 그의 온갖 생활에 관해 조리 있게 얘기했다. 그 모든 것 중에도, 그는 violin 교수직을 즐기고 있었다. 삼십 몇 년이 지난 후에도 어릴 때 별로 흥미없어하던 violin 제자 때 그 모습을 알아볼 수가 있었다. 우린 그의 어린 시절 violin 공부에 대해 얘기해 놓고 마음껏 웃었다. KJ가 옳았다. 그녀는 아들의 재능을 일찍부터 인식했었다.

KJ의 영상은 항상 나에게 새로운 생기의 원천이고, 나의 가슴속 특별한 곳에 자리하고 있다. 항상 그러했듯이 지금까지도 내가 KJ를 생각할 때면 그녀는 나의 행운이고 나의 많은 축복 중의 하나로 꼽고 있다.

2009년 추수감사절 일주일전
샌 안토니오

기젤라Gisela

내가 수년 전에, 한국 부산에 살 때, 이름이 기젤라Gisela라고 하는 한 귀중한 독일 친구가 있었는데, 그녀도 역시 부산에 살고 있었다. 기젤라는 직업이 간호사였지만 내가 그녀를 만났을 당시에는 세 가족을 돌 보기 위해서 간호사 일은 포기했었다.

그녀는 부산 동래 칸츄리 클럽 부근의 부유한 동네에 살고 있었다. 그녀의 빨간 기와 지붕인 전통적인 한국형 집은 높은 언덕길 바로 아래에 자리 잡고있었고, 나는 언덕길에 차를 주차 한 후 그녀의 집에 가기 위해서는 길고 가파른 계단 아래로 내려가야만 했다.

그 당시에 나는 아마도 75마력보다 적고 스틱 변속기인 하늘색 Volkswagen을 몰았는데 그 차는 연비와 운전이 간단한 좋은 차였다. 나는 그 차로 차량이 뜸한 국도와 시골길과 고속도로를 따라 산, 계곡 그리고 작은 마을들을 다녔다. 그러나 나는 산속의 사찰 출입 매표소에 차를 멈춰야 할 때는 나의 위가 요동치기 시작했다. 왜냐하면 내가 차의 클라치를 앞쪽으로 옮기기도 전에 내 차는 뒤쪽으로 항상 미끄러졌기 때문이다. 나는 기젤라 집을 방문하는 것을 좋아했지만 언덕길에 주차하는 것은 두려웠다. 지금도 내가 그곳 경사진 언덕길에 주차한다고 생각하면 무릎이 후들거리는 느낌이 든다.

그녀는 훌륭한 요리사이고 우아한 hostess이었다. 그녀는 우리가족을 여러 번 만찬에 초대했다. 나는 우리가 아름다운 만찬 테이블에서 어떤 토론을 했는지는 잘 회상할 수 없지만, 매력적이고 우아한 그 집 hostess는 내 기억 속에 남아있다.

기젤라는 나와는 다른 강한 독일어 억양으로 말을 했지만 우리들은 제 2의 외국어인 영어로 이야기해서 이해하는데 문제는 없었다. 그녀는 사려 깊고, 지적이며 말을 조리있게 잘했고, 한국의 문화와 한국생활에 익숙해지려고 매일 노력했다.

기젤라는 생화, 요리, 양장점 맞춤옷을 좋아했고, 특히 집 없는 거리의 사람과 아픈 사람들에 대해 연민을 가지고 있었다. 그녀의 타고난 인간애는 천성적이었고 국경을 초월했다.

전형적으로 그녀가 볼 일을 보러 갈 때, 그녀는 집에서 준비한 음식과 응급처치 기구를 차에 싣고 가곤 했다. 그것은 도움이 필요한 아픈 사람이나 불쌍한 사람들을 도와주기 위해서였다. 그 당시 부산 서면 부근의 습기 찬 보행자 다리 주위는 깊은 구덩이 투성이였다. 그 지역은 비가 올 때면 하수도가 길거리로 넘쳐흘러 비위생적이었다. 우리들은 종종 습기 찬 다리 아래에서 집 없는 사람들과 부근의 구름다리 위에서 거지들을 쉽게 볼 수 있었다. 그녀는 구름다리 계단에 앉아 있는 거지에게 돈을 주지 않고서는 지나가지 않았다.

한 번은 허벅지가 감염되어 곪고 몹시 병든 사람이 있었는데 그의 다리는 피범벅이었고 부어 있었다. 기젤라는 마치 길거리 사람들을 돌보는 것이 그녀의 임무인 것처럼 행동했다. 그녀는 차를 인도 가까이 붙여놓고 응급기구를 꺼내서 환자를 치료하기 시작했다. 그녀는 며칠 뒤 그 환자의 상태가 어떤지 알아보기 위해 다시 그곳에 가보곤 했다.

나의 자원봉사 경력은 짧은데, 과거 벨지움에서 SHAPE병원 이벤트에서 일했고, 미국에서 Girl Scout과 Boy Scout 기금마련 행사에, 그리고 미국 적십자 회원으로, 여성골프클럽 좌장으로 봉사활동을 하였으며, 지금은 우리 동네 연말 불빛 장식 경연대회 심판관으로 봉사활동을 하고 있지만 기젤라가 한 것처럼 길거리 환자를 도우러 나가는 것을 생각하지 못한다.

우리들은 종종 부산에서 야외 꽃 시장, 옷 가게, 그리고 식료품 시장에 장 보러 가곤 했다. 쇼핑 후 우리들은 시장에서 한국 style 더운 국수와 작은 꼬챙이에 꽂아 놓은 어묵과 오뎅과 감자들을 점심으로 먹는 것을 즐겼다.

우리가 쇼핑을 하러 나갔을 때 기젤라는 가게 점원과 물건값 깎기를 즐겼다. 어느 날, 나는 그녀와 함께 생화를 사러 서면 꽃가게에 갔었다. 그 당시 조그만 부케 가격은 기껏해야 100원 남짓했었다. 어떻든 간에 기젤라는 그가 사는 것은 모두 값을 깎아야 한다고 생각하고 100원하는 꽃값을 깎아 달라고 요구했다.

나는 이 외국인의 모욕적인 요구에 분명히 당황해 하는 한국점원에게 거북한 느낌을 받았다. 그 점원이 한국말로 중얼거리는 것을 나는 그녀에게 통역하지 않았기 때문에 그녀는 모든 것이 순조로운 것으로 알고 있었다.

기젤라는 쇼핑백들, 식료품백과 신문지 등 어떤 것이든지 모든 것을 절약했다. 그러나 그녀의 좋아하는 재활용 아이디어는 옷감들로부터 나왔다. 그녀의 드레스는 양장사가 옷감 자투리로 몇 개의 옷을 만들었는데, 그녀는 천 자투리가 항상 풍부했다. 나는 그녀의 검소함과 환경에 관한 아이디어에 놀랐다. 그러나 그 당시에 그녀의 생각은 나에게 공감을 주지 못했다. 사실, 그 당시에 비닐 백을 절약한다는 것은 우스운 일이었다.

몇 년 뒤 내가 스위스를 방문했을 때 기념품을 사기위해 지방 supermarket에 들렀다. 쇼핑하러 오는 사람들이 자기 쇼핑백을 가지고 와서 식료품을 손수 싸는 것을 보고 나는 놀랐다. 내가 미국에서보는 것처럼 쇼핑하러 오는 고객들의 식료품을 싸주기 위해 기다리는 종업원들이 없었다. 그 supermarket에서 나의 경험은 나로 하여금 기젤라 친구를 생각나게 했다. 그 당시 자신의 식료품을 손수 백에 담는 일은 미국에서는 상상도 할 수 없었다. 반대로 미국에서는 supermarket에서 식료품을 백에 싸주는 일은 고등학교 학생들에게 인기 있는 part-time 직업이다.

금년에 나는 한국방문을 하기 전에 잠깐 주 일회 쇼핑을 하기 위해 이곳 건강식품 가게인 Sun Harvest에 갔다. 처음으로 나는 가게에서 나온 튼튼한 손잡이가 달린 종이bag 몇 개를 가지고 갔다. 나는 기젤라를 생각했고 재활용을 함으로써 나무와 지구를 보호하는 것이 나의 의무 중의 하나라고생각했다. 물건값을 계산하는 사람이 나의 식료품들을 내가 가지고 온 종이bag에 넣어주고 나머지 bag은 다시 돌려 주었다. 내가 계산을 한 뒤에 내 영수증에 10센트를 환불해 준 것을 처음으로 알았다. 그녀가 말하기를 Sun Harvest는 손님들이 자기 자신의 bag을 가져오도록 권장하는 인센티브를 주고 있다고 말했다. 그래서 기젤라가 거의 30년 전에 이미 실행했던 것을 나는 이제야 실행하고 있었다.

최근에 미국에서 나는 evening news를 보고 미국의 가장 큰 수출품목은 재활용품이라는 것을 알았다. 보통 집에서 일상적으로 나오는 폐품들, 특히 시카고나 뉴욕과 같은 큰 도시에서 나오는 폐품들이 중국으로 수출된다고 했다. 수만 톤의 압축 쓰레기가 수출된다고 누가 생각할 수 있었겠는가? 우리 모두는 "어떤 사람의 쓰레기는 다른 사람에게는 보물이다."는 옛날 격언을 알고 있다. 그러나 아직까지도 버리는 물건들이 그렇게 돈벌이가 되는 것임을 나는 알지 못했다. Evening news는 중국인들은 미국의 쓰레기를 새 제품으로 재활용해서 그것들을 다시 미국의 소비자들에 되판다고 보도를 했다.

수년 동안, 불행하게도 나는 나의 친구 기젤라와 연락이 끊어 졌지만 우리가 함께했던 즐거운 추억들은 나의 가슴속 특별한 구석에 자리 잡고 있다. 내가 지난 날을 뒤돌아 보면 그녀는 거의 30년 앞선 생각을 했고 행동을 했었다. 그녀는 한 사람의 환경보호론자이자 타고난 인도주의자다. 타고난 인도주의자, 기젤라는 이 세상이 필요로하는 사람이다.

나는 기젤라와 함께 부산에 있는 오픈 마켓에 다시 한 번 쇼핑 가기를 얼마나 원하는가!

보고 싶은 기젤라!

2008년 7월 부산

내가 알고 있는 가장 자존심 강한 파리 사람

나는 J를 내가 벨지움의 몬스Mons에 살 때 SHAPE(유럽연합군 최고사령부) Garden Club의 월례 모임 중 한 모임에서 만났다. SHAPE는 NATO(북대서양 조약기구)의 군사적인 한 부분으로서 다국적군이 주둔해 있는 곳이며, 정치적인 사령부는 브류셀에 있다.

J는 파리 토박이며 그것은 그녀의 자존심을 강하게 했다. 그녀는 교양있고 상냥한 여성이며 놀랍도록 사교적이다. 그녀의 옷차림은 항상 맵시 있었고 따뜻한 미소는 그녀를 생각할 때 내 마음속에서 떠오르는 이메이지 중의 하나이다. 그녀의 집은 SHAPE 후문으로부터 멀지 않는 카스토Casteau에 있는 좁은 시골길 옆에 있었다. 내가 그녀의 집을 상상할 때면 아직도 담장 너머로 살짝 엿보는, 색깔이 선명한 장미를 보는 것 같다. 오리들과 긴 목의 흰 거위들이 대문 주위를 한가롭게 거닐고, 때로는 보행자들의 관심을 끈다. J를 알게 된 것이 내겐 좋은 행운이었다.

그 당시 나는 SHAPE Garden Club 모임에서 때때로 한국형 꽃꽂이를 시범하고 가르쳤다. 가끔 나는 큰 행사를 위해서 큰 꽃꽂이를 만드는 것을 책임졌는데, 나는 외국인이었기 때문에 큰 꽃꽂이를 하기 위한 재료를 어디에서 구입하는 지를 몰랐고, J는 꽃꽂이 재료를 구입하기 위해 특별한 가게를 찾도록 나를 안내해 주었다. 주제가 무엇이든 간에 그녀는 이상적이고 전형적인 파리사람 액센트로 나의 불어 능력을 향상시키도록 불어로 대화할 것을 주장했다.

J는 SHAPE의 문관인 훌륭한 룩셈붉 신사와 결혼을 했고, 그들은 H라고 부르는 미남인 아들이 하나 있었다.

매주 수요일 아침 10시, J는 그녀의 집에서 불어 회화를 가르쳤다. 뒤뜰 정원이 보이는 그녀의 식탁 주위에 편안히 앉아서 회화를 배웠다. 회화 주제는 매주마다 바뀌었지만 그녀가 좋아하는 주제들은 가족문제, 정원 가꾸기와 유럽 역사 등이었다. 그 모임에 참석하는 미국인, 영국인, 스칸디나비아인과 이 한국사람과 때때로 국제적인 SHAPE 회원들이지만 독일 여성은 결코 포함시키지 않는다. 나는 늦게야 J가 수요일 아침 불어 회화 모임에 독일 여성 초청을 거절하는 이유를 알았다.

J는 프랑스와 유럽역사 이야기를 무척 좋아했다. 그녀는 특히 나폴레옹의 유럽 전투에서부터 나찌 독일의 2차 세계대전까지를 교과서처럼 알고 있었다. 그녀의 내면의 고통을 억누르면서 J는 나찌수용소에서 시아버지를 잃어버린 것을 회상하곤 한다. 그의 아버지는 그 수용소에서 운 좋게 살아 남은 생존자들 중의 한 사람이다. 그녀가 나찌의 흉악 잔인함에 관해서 이야기할 때, 번쩍이는 마음과 생생한 언변은 그녀의 생애에서 이 시대에 관한 그녀가 가지고 있는 연민을 의심할 수 없게 한다.

세계 2차 대전 중, 1940년 여름 전쟁은 순간적으로 죄 없는 수 백만 명의 사람들을 끔찍한 상황으로 몰아 넣었다. 히틀러의 중무장한 군대는 서부 유럽 전역을 점령했고, 한 달도 채 못돼 그들은 파괴의 악마처럼 네덜란드와 벨지움을 삼키고, 수많은 군대, 대포, 탱크와 비행기로 프랑스를 깊숙이 침공했다. 연합군은 전 전선에서 후퇴하고 있었고, 프랑스 레지스땅뜨는 나찌의 맹공에 붕괴되고 있었다. 침략자들은 파리를 포위 공격했고, 식량은 극단적으로 부족했으며 많은 사람들이 굶주리고 있었다. 어린 소녀 J는 희생자들 중의 한 사람이었다. 폭격으로 앙상한 건물들이 전쟁으로 미친 세상을 보여주는 모습이었다.

J는 파리가 포위 공격될 때 일어났던 일들을 우리에게 전해줬다. 폐허가 된 거리에서 그녀는 겨울 잠바 주머니 속에 들어있는 달걀 하나를 꼭 쥐고 있었다. 그녀는 그 달걀이 허기진 배의 고통을 진정시켜 주기를 기대했고, 나찌군인이 그것을 빼앗아 갈까봐 두려워했다. 그녀는 나찌 독일에 의해 인간의 창조적인 재능, 모든 지식, 과학, 발명, 등을 왜곡해서 죽음과 파괴를 초래하는 것을 본 증인이었다.

내가 J의 집을 처음 방문했을 때, 그녀는 수요일 아침 불어회화 그룹을 우아한 가구로 꾸며진 집 내부와 정원을 한 바퀴 돌면서 안내했다. 그녀는 조그마한 온상과 뒷마당에 큰 화단을 가지고 있었고, 말할 나위도 없이 J는 열렬한 정원사였다. 집 한가운데는 마루부터 천정까지 선반으로 된 저장창고 하나가 있었는데, 그 저장고에는 나에게 조그마한 식료품가게를 연상시킬 만한 통조림 등, 비상식품들로 가득 채워져 있었다. 비록 거의 60년 전의 일이지만, 2차 세계대전 중에 굶주림은 그녀의 기억 속에 아직도 생생하고 다시는 굶지 않기 위해 통조림 식품을 저장해 두고 있는 것이다.

어느 수요일 아침 J는 우리 불어회화 그룹을 놀라게 했다. 회화가 시작되기 전 그녀는 우리들을 위해서 점심을 준비 중이라고 알렸다. 야채 샐러드에 집에서 만든 soup와 주 요리에 이어 디저트와 와인이 나왔다.

그날이 그녀의 생일이었다. 그녀는 생일 턱을 냈고 우리 모두는 즐거웠다. 나는 그때를 생생하게 기억한다. 생일을 맞은 사람이 친구들에게 특별한 대접을 하는 것은 미국을 포함한 여러 나라의 관습과 크게 다르다.

어느 날, 나는 J와 내가 좋아하는 벨지움 친구 D를 26 Rue Guy de Bres에 있는 우리 집으로 점심초대를 했다. 나의 벨지움 친구 D는 우리 이웃에 살았지만, J는 차를 타야할 좀 먼 거리에 있었다. 두 사람이 우리 집에 도착을 했으며, 서로 알고 있음에 틀림 없었고, 나는 이 기회에 서로가 진심으로 친해지는 기회가 되기를 바랬다. 점심식사 중의 대화는 언어, 요리, 그리고 꽃꽂이와 물론 유럽역사 등과 같은 이야기로 바뀌어 갔다. 아! 타협하지 않는 프랑스 숙녀와 고집 센 벨지움 숙녀를 동시에 초청한 것은 나의 잘못이었다. 그들은 전혀 잘 지내지 못했다. 매 주제마다 그녀들의 문화가 최고이며 다른 문화보다 우수하고 원조라고 주장했다. 그녀들은 점심식사 내내 이와 같은 분위기를 계속했고, 나는 불안한 역할을 맡은 심판관처럼 느꼈다.

이와 같이 벨지움 사람과 프랑스 사람 사이에 당당하고 굽힐 줄 모르는 국가주의적 자존심이 존재한다는 것을 나는 몰랐다.

우리들은 1980년 중반에 미국으로 돌아온 후 벨지움을 두 번째 돌아갔을 때, J를 방문했다. 첫 번째 방문 때 그녀는 내가 그곳에 돌아간 것을 모르고 있었다. 나는 그녀를 깜짝 놀래주고 싶었다. 그녀 집으로 가는 조용한 시골길은 내가 기억했던 것과 똑같았다. 그녀의 대문을 노크했을 때, 마치 수요일 아침 불어 회화 그룹에 참석하는 것 같은 기분을 느꼈다. 그녀가 나를 보자 나의 예고 없는 뜻밖의 방문에 얼어 붙었지만, 충격이 가시자, 그녀가 진심으로 기뻐했다. 그녀의 거실 가구들과 주방은 내가 기억한 대로였지만, 장미정원은 나의 예상보다 훨씬 더 커졌다. 아름다운 정원 그 자체가 J의 사랑과 노동량을 말해주었다.

그곳 방문 중에 우리들은 그녀의 수요일 불어 회화클럽과 SHAPE Garden Club의 변화에 관한 소식을 들었다. 벨지움과 미국에 관한 소식에 덧붙여서 J는 하나뿐인 그의 아들 H에 관한 이야기를 참지 못했다. 그녀는 마음을 가다듬고, "글쎄, 믿건 말건, 내 아들에게 독일 여자친구가 생겼다!" 그녀는 얼굴에 불가사의 하고 수수께끼 같은 미소를 지었다. 분명하게 그것은 그녀가 원하는 것도 꿈도 아니지만, 그녀의 유일한 아들과 독일 소녀가 사랑하는 것을 누가 어떻게 막을 수 있을까?

2004년 내가 그녀를 두 번째 방문했을 때 J는 어떻게 SHAPE가 새로운 NATO 회원국들의 가입으로 확대되었는지 이야기했다. 그리고 우리들의 대화는 garden club 행사에 관해서 그리고 또 그녀의 아들 H에 관한 소식으로 바뀌었다. 이번에는 그녀가 나에게 thrill있게 말했는데, 즉 그녀의 아들은 독일 여자친구와 헤어지고 지금은 스위스에서 새 직장을 구했고, 그곳에서 새 스위스 여자친구와 함께 살고 있다고 말했다. J의 얼굴은 밝고 행복한 미소로 환했다.

우리들의 오랜 우정이 매주 불어 회화의 날에 돈독해졌고, 나는 J가 끈기 있고 고도로 수양이 된 사람이라는 것을 알았다. 그녀는 진실로 창의력이 풍부하며, 재능있는 선생님이며, 그녀의 마음속에는 항상 아름다운 사회발전과 자유와 민주주의가 전 세계로 확대되는 것에 관심이 많았다. 진실로 베푸는 나무가 있다면, 내 마음속에는 그녀가 바로 그 나무이다.

2008년 9월

Mr.B, 목장주이자 Violin 탐닉자

2003년 후반기, Mr.B의 농장 가까이에 있는 샌 안토니오 강 남쪽에 토요타 새 truck인 툰드라 공장과 공급단지 유치가 현실로 이루어졌다. 이 계획에 참여한 상공회의소와 지방판사는 물론이고 온 시가 샌 안토니오의 역사에서 가장 큰 경제 발전 프로젝트에 관해서 흥분했다. 툰드라 공장이 이 지역의 경제를 확실하게 향상시킬 것이며, 무엇보다도 중요한 것은 1조 3000억 달러의 새 공장은 수많은 새로운 직업, 새 학교, 새 쇼핑센터 그리고 절실히 필요한 새로운 경제 기반을 구축함으로써 황폐한 샌 안토니오 남쪽지방을 재생시킬 수 있다는 것이었다.

나는 오랜 만에 처음으로 Mr.B에게 그의 이웃에 이와 같은 큰 발전에 대한 그의 의견을 알아보기 위해 전화를 걸었다. 금요일 이른 아침이었다. 내가 그를 만난 경험에 의하면 금요일 아침이 그의 violin 작업장에서 내가 전화로 만날 수 있는 가장 좋은 시간으로 알고 있다. 나의 오래된 메모노트의 도움으로 몇 장을 넘긴 후 낡아진 전화번호를 찾을 수 있었고, 그에게 전화를 걸었다. 전화벨이 두어 번 울리기도 전에 Mr.B는 전화를 받았다. "안녕하세요, 복숙입니다." "박숙, 나의 친구!" 그의 확신에 찬 목소리가 전화선 저쪽 끝에서 울렸다. 지난 몇 해 동안 어떻게 지냈습니까! 그는 내가 전화한 것이 진심으로 기쁜 것처럼 들렸다.

그의 보이지 않는 팔이 내게 다달아 나를 크게 포옹하는 것을 느꼈다. 그의 힘찬 목소리는 변하지 않았고 아직도 나의 이름을 그가 항상 불러온 것 같이 "박숙"하며 두 분명한 음절로 강하게 액센트를 넣어서 발음했다. 내가 오랫동안 전화를 안할 때면 그는 우스갯소리로 "당신은 나를 강 쥐처럼 취급한다."고 말하고는 계속해서 "북쪽에 계시는 나의 친구는 안녕하신가! Violin 가르치는 것은 어떠신가? 학생들은 잘 있고?" 웃음 띤 그의 진심에 우러나오는 인사 뒤에 이와 같은 전형적인 대화가 뒤 따른다.

샌 안토니오 사람들의 대부분이 툰드라 공장 유치에 찬성하는데 비해 Mr.B는 그것이 그의 이웃 가까이에 오는 것을 반기지 않았다. 그 공장은 인구의 증가는 물론이고 더욱더 교통이 혼잡해질 것이고 더 많은 범죄가 발생할 가능성이 높다고 말했다. 사실은, 그는 그의 이웃에 이 공장이 들어서는 것을 강하게 반대했다. 그의 이유를 들어본 결과 나는 그야 말로 그의 가슴 속은 진정한 목장주라고 결론 내렸다. 그는 밤에 그의 목장 위로 수많은 별들이 반짝이는 큰 하늘을 원했다. 많은 직업들, 많은 학교들과 새로운 쇼핑몰들은 그의 소들을 행복하게 할 수 없다. 더군다나 복잡한 교통은 더욱더 그의 소들을 행복하게 할 수는 없는 것이다. 그리고 물론, 이웃에 범죄가 많이 일어나기를 바라는 사람이 어디 있겠는가? 나의 가슴 속 깊은 곳에는 목장주인 Mr.B의 견해에 완전하게 동의를 했다.

내가 violin을 구하러 Mr.B를 처음 방문했을 때가 몇 해 전인지 기억이 없다. 가는 약도가 적힌 메모를 손에 쥐고 나는 Mr.B를 만나기 위해 남쪽으로 차를 몰았었다. 샌 안토니오의 몇몇 중요 이정표인, 오른쪽으로는 황금돔의 펄 맥주공장Pearl Brewery과 아메리칸 타워Tower of America를 그리고 왼쪽으로는 알라모돔Alamodome을 지나 마치 내가 콜푸스 크리스티 Corpus Christi을 향하고 있었던 것처럼 남쪽으로 계속해서 차를 몰았다. 교통은 복잡하지 않았지만 일정하였다. 내가 길을 잃은 것같이 느꼈을 바로 그때는 샌 안토니오 강을 보기 시작했다. 잠시 후 나의 오른쪽으로 그분의 집이었음에 틀림없는 외딴집을 지난 후 나는 출구를 예측했다. 출구를 찾아 마치 내가 왔던 곳을 돌아가는 것 같이 측면도로로 북쪽으로 차를 돌렸다. 그런 다음 잠시 후 외로운 우체함을 뒤로하고 그의 목장으로 가는 긴 자갈길로 가기 위해 왼쪽으로 차를 돌렸다. Mr.B는 나를 위해 이미 목장 문을 열어 두었다. 그의 집은 내가 살고 있는 곳으로부터 남쪽으로 약 30마일 떨어진 곳에 위치하고 있었다.

Mr.B는 큰 츠랙터 차고 옆에 있는 그의 작업실 앞에 서 있었다. 그는 청바지와 금방 막 다림질 한 듯한 다색의 플래드 무늬로 된 소매가 긴 카우보이 셔츠를 입고 있었다. 번쩍이는 눈과 검게 타고 주름진 얼굴과 큰 웃음을 띤 그가 악수를 하기 위해 오른손을 내밀었다. 그의 긴 손은 억세고 거친, 아마도 전형적인 목장주인 손처럼 보였다.

츠랙터 차고 오른쪽에 violin과 다른 현악기 작업장이 있었다. Mr.B는 장인의 대가이다. 그는 현악기와 활을 수집하고 수선한다. 그는 활털 바꾸기, 수리와 악기의 복원, 평가, 판매, 등의 폭넓은 경험을 가지고 있다. 그는 음의 색깔, 맑음과 명료함을 최대한도의 조정을 유지하면서 개개인의 음악가들의 요구에 음색을 맞추어 준다.

첫눈에 Mr.B의 작업장은 혼잡해 보였고, 그곳에는 모든 종류의 기구가 보였다. 작업 벤치 위에는 풀과 매직 유약병, 낡은 시계, 사진틀 속엔 음악으로 알게 된 사람들의 사진들과 보면대들

이 특별한 순서가 없이 놓여 있었다. 게다가 잡동사니들 사이에 의자와 낡은 2인용 소파 등이 중앙 부분을 차지하고 있었다. Mr.B의 손질을 기다리는 violin들과 한 쪽 벽에서 벽으로 메인 줄에 걸려있는 활들도 또한 Mr.B의 전문적인 손질을 기다리고 있었다. 동쪽과 서쪽을 향하고 있는 두 창문들은 오래 된 먼지와 거미줄로 쌓여서 햇빛을 여과하지만 Mr.B를 조금도 성가시게 하지 않았다.

나는 조심스럽게 Mr.B를 마주 보는 작업장의 낡은 의자에 앉았다. "박숙, 요즈음은 violin과 첼로를 시내 전문가들로부터 주문을 받고 있는데 카운티 시장과 전 재산 세일에도 가 보았지만 좋은 violin들을 더 이상 구하기가 힘듭니다." 그는 때때로 악기를 발견하지만 그것들이 무시당하고 깨지고…… 수선할 가치도 없는 것을 애석해 했다. Violin들은 불가피하게, 시간이 지남에 따라 흠이 나고 긁히고 갈라지지만…… "당신도 아시다시피 많은 현악기 제작자들이 스트라디베리우스Stradivarius 윤택 방식을 알아내려고 했으나 허사였고 화학자들이 이 방식에 대해 수많은 밤낮을 연구했었지만 성공하지 못했다."고 그는 말했다. 그는 새 마을과 촌락을 방문, 사람들을 만나고 violin 구하기를 좋아했다. 때로는 방치된 violin에서 윤택이 살아있고 아직도 그 아름다움을 유지하고 있는 violin들을 찾아서 확인하고 또 소유하는 즐거움을 가졌다.

그는 비단 velvet케이스에 든 그의 귀중한 violin과 상아 손잡이의 팔각형 퍼남부꼬 활octagonal pernambuco bow을 조심스럽게 꺼냈다. 그는 한 발자국 뒤로하고 그의 violin을 턱 아래 고정시켰다. 그의 콧구멍이 실룩실룩 거렸고 혓바닥으로 입술에 침을 발랐다. 그는 살며시 활을 줄에 갖다놓았고 잠시 동안 움직이지 않고 서있었다. 갑자기 그의 활은 줄 위에서 미끄러지기 시작했다. 작업장에는 움직이는 것이라고는 없었다. 그는 칸츄리 음악을 두 줄을 한꺼번에, 또한 꾸밈 음표들은 깨끗하게 모두 암기해서 연주했다. 극단적으로 강하고 약한 음조가 마치 어린이의 놀이인 것처럼 그의 작업장을 꽉 메웠다. 길고 손마디 굵은 목장주의 왼쪽손이 흠 없이 우아하고 기민하게 지판 위아래로 움직였다. Mr.B는 계속 연주하면서 흥분되어 얼굴이 발그스레해졌다. 나는 그의 열정에 움직일 수 없었다. 그의 가락이 이리 저리 합쳐 음악이 하나로 조화되는 음조로 이 청중을 홀리게 했다.

내가 아는 한 Mr.B는 악보를 읽지 못하지만, 그는 칸츄리 음악을 암기로 연주를 즐긴다. 그리고 그는 규칙적으로 지방 곳곳 칸츄리 음악 경연대회에 참가하고 우승한다. "박숙, 나는 금년에도 경연대회에서 우승을 했습니다."며 최근의 그의 경연대회를 자랑스럽게 이야기했다. 그는 그의 시간과 재능을 노인 보호가정이나 다른 지역 자선 단체에 규칙적으로 제공한다. 나는 그의 지역사회에 대한 봉사에 깊은 존경심을 가지고 있다.

한 때, Mr.B는 나에게 그의 오토바이로 그의 생계와 가족의 역사가 스며있는 농장을 보여 주었다. 어떤 면에서 오토바이는 그 목장과 어울리지 않는 것처럼 보였다. 그는 그의 소들과 울타리와 목장을 말을 타고 둘러보곤 했지만 요즈음은 오토바이가 보다 더 빠르고 경제적이라고 말했다. 아마도 그의 육신이 성장한 넓은 목장과 풀밭에서 풀을 뜯고 있는 소떼를 지나갔다. 나는 그의 가족들이 수년 전에 지었고 지금은 뼈대와 기둥만 앙상하게 남아있는 그의 첫 번째 돌집을 보았다. 그의 새 집은 작업장과 큰 츠랙터 차고로부터 몇 발자국 가까이 있다. 그날 처음으로 나는 Mr.B가 소에게 넓적한 선인장을 먹이는 것을 보았다. 그의 등에는 작고 납작한 LPG통을 메고 그가 가스에 불을 붙이자마자 그 가스통의 길고 가는 주둥이 끝 부분에서 강한 불꽃이 나왔고, 그 불꽃은 선인장 가시를 태워서 즉시 구워졌다. 식욕이 왕성한 소떼는 신선하게 굽힌 선인장 쪽으로 천천히 걸어와서 우직우직 먹었다. Mr.B는 다른 쪽에 있는 선인장 군락지 쪽으로 가서 이 배고픈 소떼들이 따라오도록 똑같은 일을 계속했다. 금년처럼 가물 때는 선인장이 목장의 소들에게 좋은 영양원이라고 Mr.B는 나에게 가르쳐줬다.

Mr.B는 또한 그의 작업장에서 그리 멀지 않는 목장에 있는, 한때 아메리칸 인디언American Indian의 돌 부엌 흔적을 나에게 보여 주었다. 샌 안토니오에 있는 택사스 대학교The University of Texas in San Antonio 고고인류학 연구팀이 그곳을 방문했고 비교적으로 원형이 잘 보존된 부엌 유적으로 중요한 고고학적 가치가 있는 유적이라고 확인했다.

한번은 나는 Mr.B의 귀중한 violin을 보려고 그이를 방문했다. 그는 귀중한 violin 하나를 가지고 나와서 그것을 아주 자세하게 살펴보았다. 그는 그 violin의 제작술과 색깔과 유양을 찬양했다. 그는 한쪽 눈을 찡그리고 소리 구멍 안을 살펴보면서 나에게 자랑스럽게 레벨을 읽었다. 300년 된 진품 크레모나Cremona violin! 이태리 크레모나는 이 세상에서 많은 훌륭한 violin들이 전례 없이 창조되었다. 그는 violin에 대해 더 많은 것을 나에게 제공했다. 이 유명한 violin들은 지금은 단지 음악사에 기록되어 있고 대부분은 박물관에 보관되어 있어요. "박숙, 지금 무엇이든 한번 연주해 보시고 보다 자세하게 시험을 하신 뒤 나에게 당신의 견해를 이야기해 주십시오." 그는 내가 그의 violin을 시험해 보도록 간청했다. 나는 violin을 내 오른쪽 귀 밑에 대고 줄을 하나하나 조심스럽게 튕겨 보고 그 violin의 완벽한 음조에 놀랐다. 나는 나의 왼쪽 턱 아래 violin을 고정하고 활을 줄 위에 살며시 놓았다. 그 악기와 활은 날렵하고 탄력성을 내손에 느끼게 했다. 나는, 바하Bach, 베토벤Beethoven, 차이코프스키Tchikovsky, 그리고 마쓰네Massnet 등을 연주하기 시작했다. Mr.B는 조용하게 작업장 출입문 쪽으로 걸어와서 문틀에 기대어 섰다. 나는 그의 얼굴에서 흥미있는 느낌을 볼 수 있었다. 그의 모든 태연함에도 어딘가 생각에 잠기기 시작했다. 아마도 그 분위기가 그의 감정을 위로하고 있거나 혹은 그의 영혼이 음악에 흔들리고 있었다. 그는 그의 작업장 문틈으로 흘러 들어오는 늦은 아침 햇살을 받으며 훌륭한 이태리제 violin에서 흘러나오는 각각의 곡조를 흡수하면서 때때로 그 음악을 증명이라도 하듯이 고개를 끄덕이면서 눈은 먼 곳을 응시하고 있었다. "Mr.B, 당신의 violin은 아름답습니다만 그것은 마치 혼이 없는 생명체와 같습니다. 이 violin들은 당신이 그냥 보관만 할 때면 불행합니다. Violin은 연주에 의해서 평가 됩니다. 이 violin들은 능력이 있는 학생들이나 혹은 예술가들에 가야합니다. 이 violin들은 너무 고귀하기 때문에 단순히 즐기기 위해 연주하는 사람들이 가져서는 안된다."고 나는 생각합니다. 그러나 이 violin들은 그의 소들과 마찬가지로 그의 일부분이 되었다.

어느 해인가 그는 하얀 픽업truck을 몰고 우리 집을 방문했다. 그는 자신이 수리하고 손질하여 이제는 서로 떨어질 준비가 된 독일제 violin 하나를 가지고 왔다. 그는 이태리제 violin과 독일제와의 차이점을 나에게 설명했다. 독일제 violin의 윗부분은 이태리제 violin보다 높다. 또 이태리제는 독일제에 비해 목이 가늘고, 독일제는 전형적으로 더 무겁고 이태리제는 그 소리가 유혹적이고 아프도록 달콤한 분명한 선율을 가지고 있고, 사람들의 가슴을 감동시킬 수 있다. 이태리제 violin은 보다 더 노래적이고 달콤한 소리를 가지고 있는데 비해 독일제는 깊고 뇌를 떠나지 않는 힘을 가지고 있다.

Mr.B와 violin 뉴스를 마지막으로 교환한지 여러 달 후, 어느 향기로운 봄날 아침에 라 로마La Loma golf course에서 나는 샌 안토니오 남쪽에서 오신 멋진 한 부부를 만났는데, 그들은 Mr.B의 이웃이고 그를 잘 알고 있다는 사실을 알았다. Golf를 치는 중에 그 부부는 나에게 Mr.B에 관한 소식을 자진해서 알려주었다. Mr.B는 겨울과 봄 가뭄 때문에 그의 소의 일부를 팔았다는 것을 나는 알았다. Mr.B가 그의 사랑하는 소와 어떻게 헤어질 수 있었을까? 만약에 자연의 도움이 없다면 소들도 그의 주인을 떠나야만 한다. 몇 홀을 더 뒤로 하고 그 부부는 Mr.B에게 구입한 목장 주는 그 소들을 또 다른 목장 주에게 되팔았다고 말했다. 남쪽에서 오신 이 멋진 부부의 예상 밖의 소식을 듣고 내 가슴이 죄여왔다. 큰 하늘과 별들은 아직도 Mr.B의 드넓은 목장 위를 비추고 있는가? 아마도 그의 보물 violin 곡조는 별이 총총한 밤 아래 그가 사랑하는 소들이 한 때 풀을 뜯고 있었던 큰 하늘을 가득 채울 것이다.

2008년 5월

프플잰Purple Jan, 나의 전 걷기운동 짝지

나는 매혹적이고 지적이며 아주 당당한 자유인을 나의 새로운 이웃에서 개최된 "롱거버거 바스켓 전시와 세일 Longaberger basket show and sale" 파티에서 만났다. 우리가 1980년 중반에 벨지움Belgium에서 미국으로 이사 온 얼마 후, 몇 사람이 그 파티에 참석했는지 그리고 내 자신을 포함해서 참석한 분들이 무슨 옷을 입었는지 희미한 기억이지만 프플잰Purple Jan이 그 날 무슨 옷을 입었는지 나는 정확하게 기억할 수 있다. 그녀는 약간의 플레어 된 대님 스커트에 긴 소매의 셔츠를 입었고 갈색 벨트에 잘 손질된 머리는 그녀의 얼굴에 잘 어울리고 있었다.

프플잰은 그녀의 이름도 아니며 성도 아니다. 그녀는 내가 이렇게 애칭을 지어준 것을 아직 모르고 있다.

이른 아침, 나는 걷기운동의 옷차림과 한 켤레의 편안한 운동화를 신고 우리 우체통 근처에서 나의 걷기 운동 짝지가 도착하기를 기다렸다. 우리가 같이 걷기 시작한 때부터 매일 아침마다 이렇게 기다렸다. 잠시 후, 약 한 블록 떨어진 곳에 어렴풋한 그녀의 형상이 나타났는데 이 형상이 접근하자, 그녀가 항상 하는, 그녀의 손으로 둥근 원형을 공간에서 그리곤 하는 모습은 보이지 않았다. 그 대신 그녀의 왼손은 그녀의 걸음걸이와 일치했고 오른손은 그녀의 몸에 부동한 모습을 나는 희미하게 볼 수 있었다. 그녀는 나에게 주기 위해 보라색의 원드링 쥬Wandering Jews 한 다발을 들고 있었다. 나는 그날 오후 원드링쥬를 우리 수영장 한쪽 끝, 성장한 물푸레나무Arizona ash 아래 심었다. 아름다운 보라색은, 그의 초록색깔인 우리 집 뒤뜰을 한층 더 북돋아 주었다. 시간이지나자, 원드링쥬는 무럭무럭 자랐고 몇 계절이 지난 후, 이웃에 나누어 주기도 했다. 겨울동안 원드링쥬는 겨울잠을 잤다가 따뜻한 봄기운이 만물의 재생을 알릴 때 우리의 우정과 같이 어김없이 또 다시 솟아나곤 한다. 그러므로 뒤뜰 여기저기 보라색 원드링쥬는 나의 특별한 친구를 생각하게 했다. 이렇게해서 원드링쥬를 프플잰이라 부르게 됐고, 그녀의 애칭의 원천이 되었다.

프플잰은 미시간주 홀란드에서, 그녀에 의하면, 콧대 높은 공화당으로 집착된 동네로부터 이사를 왔다. 그녀는 다시는 그곳으로 돌아가서 살기를 원하지 않는데 왜냐하면 혹독한 겨울 때문이다. 그녀는 초등학교부터 고등학교까지 Catholic 학교에 다녔으며 미시간대학교를 나왔지만 성인이 된 지금은 내가 알기로는 가톨릭 사회와는 아무런 관련이 없다. 그녀는 가족 이벤트 플랜과 봉사활동 그리고 국내외에서 유명한 화학교수인 남편을 동반하기 위해 그녀의 간호사 직업을 포기했다. 그녀는 봉사활동에 신념을 가졌고, 나는 그녀의 자비심과 불쌍한 사람과 도움이 필요한 자들을 도우는 점을 우러러 본다. 그녀는 주일마다 봉사활동 시간을 정해두고 아메리칸 심장협회 American Heart Association에서 일했다. 그녀는 나에게 자기는 집에 붙어있는 체질이라고 애기 했는데, 나는 그렇게 생각하지 않는다. 왜냐하면, 그녀가 남편과 여행을 갈 때면 으레 공항에 모시고 가곤 했으니까. 프플잰은 독일, 스위스, 타이완, 중국 그리고 롸시아를

몇 번 오가곤 했다. 그렇지만 나의 조국인 한국을 방문한 적이 없다. 내가 그녀에게 한국에 대한 풍습, 그리고 자꾸 변화하는 경제면 그리고 최근의 정치상을 주입시켰기 때문에 그녀의 마음 속에는 벌써 한국을 몇 번 방문 했을 거라고 생각한다.

롱거버거 바스켓 전시와 세일 파티에서 건강에 뜻을 같이 하는 사람들끼리 걷기 운동을 시작했었다. 처음에는 걷기운동 회원이 일곱 명까지 늘어났는데 시간이 지나자 한 사람씩 한 사람씩 보다 큰 행복을 찾기 위해 우리들을 버리고 다른 도시로 떠나고 우리 걷기운동 회원들이 줄어들어 결국은 단 둘이 남았다.

조기 기상자인 나는 일찍 걷기를 원했지만 프플잰은 늦게 시작하기를 원했는데, 그 이유는 그녀에 의하면 습도가 증발된 후엔 숨쉬기도 편하고 그래서 걷기에도 편하다고 했다. 그렇지만 그녀는 아무런 노력도 없이 걸으면서 쉴 새 없이 이야기를 하곤 했다. 우리 둘은 오금의 근육을 튼튼히 한다고 뒤로도 걸었는데 문제는 프플잰은 조그만 조약돌이나 길거리의 금이 간 틈에 잘 부딪쳐 자빠지곤 했다. 나는 그녀의 신발에 보이지 않는 조약돌 찾는 눈이 달려있는가고 의아해 했다

말할 나위도 없이, 우린 비도 맞았고 우박도 맞았다. 우린 축축한 비에 젖기 싫어서 우산을 받치고 걷곤 했으며, 날씨에 관계없이 걷기운동을 하게 되었다. 그러나 어느 샌가 우리의 아침 습관은 결국 운동보다 매일의 뉴스를 나누는 것이었다

우린 이야기를 주고받고, 토론도 하고, 논쟁도 했고, 집안 일, 나아가서는 국제적인 일도 해결했다. 프플잰과 나는 상처받은 골든 리츠리버golden retriever 개를 구제했고, 내버려진 보스턴 이끼Boston fern를 이웃의 쓰레기 무더기에서 한번 이상 구제했었다. 우리 식물 애호가는 식물들이 버려진 것을 그냥 볼 수 없었다. 우린 또한 나무에서 떨어진 어린 새를 구제 해주는가하면 구멍 난 주머니에서 빠져나온 많은 동전들을, 심지어는 오불짜리, 이십 불짜리 지폐를 걷기운동하는 동안 발견하곤 했다. 그녀가 일전짜리 동전을 발견할 때 그녀는 으레 이 동전은 한 잔의 커피를 사는데 도움이 될 것 이라고, 꼭 자기가 일전짜리 동전이 필요로 한 것처럼 말했다.

우리 생일날엔 각각 아침이나 점심을 대접하곤 했는데, 프플잰이 좋아하는 한 음식점은 우리가 살고 있는 곳에서 그리 멀리 떨어져 있지 않는 마마스Mama' s라는 음식점이다. 으레 그녀는 정원 감자요리의 스타일을 주문하며 싱싱한 사워크림과 부추 비스켓과 그리고 따근따근한 커피를 refill을 한다. 어느 한 기회에 우린 Ninfa' s라는 음식점에 아침을 먹으러 갔다. 우리의 아침대화는 점심 손님들이 들어오기 시작할 때까지 끝나지 않았다. 그 수많은 커피 refill…… 나는 그 음식점이 우리들로부터 돈을 벌

었는지 의심스러웠다.

그녀는 바람 부는 아침을 무척 좋아하고 찬양했다. 그렇지만 우리들을 환영하는 아침 새들의 노래 소리는 굉장히 싫어했다. 그녀는 이른 아침의 애교 있는 새소리를 흉내 냈지만 그것은 나를 웃음을 터뜨리게 했다. 왜냐하면 그녀의 흉내는 보통 비꼬는 성질이기 때문이다. 그녀는 이른 아침 새소리는 그녀의 아침 잠을 방해한다고 했다. 바람 부는 날이면, 그녀는 팔을 양쪽으로 벌리고 고개를 뒤로 젖히고 얼굴을 위로 내밀고, "오늘 같은 날은 침대커버를 말리는데 안성맞춤이구나, 오늘은 빨래를 해야지."라고 말했다.

그녀는 진지하고 생각 깊은 독서가이다. 우린 자주 당시 우리가 읽고 있는 책을 축출해서 의견을 교환하기도 하고 그것은 자주 우리의 대화의 원천이기도 했다. 우리는 우리의 의견을 그 책들에 첨가하거나 감소해 우리가 좋을대로 만들었고, 그렇지만 한편으로는 우린 똑같은 지방 신문과 국내 신문을 읽는대도 그녀의 머리와 가슴에 와 닿는 것은 나와는 전혀 딴판이었다. 그 다른 결과는 분명하게 검정과 흰색 같았다.

우리의 의견 차이는 거의 모든 것에서 나타났고, 교육, 정치, 경제, 심지어는 집안일과 거의 다른 삶의 면에서 그녀의 당당한 의견은 나의 고집과 부딪치곤 했다. 자주 대화는 논쟁으로, 가끔은 말다툼으로 변했다. 그렇지만 그 다음날 아침 우린 전날에 아무 일이 일어나지 않은 것처럼 진실하게 서로를 반겼다. 우리의 대화는 다음날 아침 새롭게 시작되었다.

나는 그녀에게 내가 한국시골에서 온 사람이라고 납득시키지 못했다. 그녀는 그 사실이 그녀의 생애에 가장 어이없는 일이라며 소리내어 웃어 됐다. 그녀의 대답은 나처럼 세련되고 세계적인 여자를 만나본 적이 없다고 했다.

프플잰은 실내 장식과 건축업 그리고 십자수에 예리한 흥미를 가지고 있다. 그녀의 색깔 조화 또한 아주 민감했고, 그녀는 이 도시의 연중행사인 집과 정원을 위한 쇼Home and Garden Show 그리고 프레이드 오브 홈스Parade of Homes을 놓치지 않았다. 그녀는 건축과 재건축에 대해 이야기를 좋아했고 항상 리모델링remodeling 아이디어가 잠재해 있었다.

프플잰과 약 10년 동안 같이 걷기운동을 하다보니 그 시간쯤 돼서 걷는 이웃들도 알게 되었다. 우리는 보통 아침 6시에 걷기운동을 시작했는데, 거기엔 정년퇴직한 장군, 한땐 많은 장병들을 책임졌지만 지금은 작은 테리어terrier 개를 걷기운동 시킨다. 개 한 마리는 검정색 그리고 다른 한 마리는 흰색이었다. 그분은 개를 한 마리씩 걸리기 때문에 우리는 한번이 아니라 아침에 두 번씩 인사를 나눈다. 거기엔 우리보다 빨리 걷는 한 쌍둥이 자매가 있었다. 키가 크고 훤칠하며 머리 색깔과 스타일도 비슷했다. 호기심을 숨길 수 없어 어느 아침에는 멈춰서 물어 보았는데 그녀들은 쌍둥이가 아니라 결혼에 연관된 사실을 알았다. 그리고 거기엔 열렬한 걷기운동가가 있는데, 우린 그분을 '로즈메리 맨rosemary man'이라고 애칭을 붙였다. 걷기운동을 반 쯤 할 때면 거의 같은 장소에서 이 분을 만나곤 했다. 어느 하루 아침, 그분은 우리를 자기 집으로 초대해 커피 대접을 했다. 우린 그의 집 앞 정원에 잘 손질한 로즈메리 관목이 있는 것을 보았다. 그 아침 이후, 그분의 집을 지나노라면 그집의 왼쪽 편에 자리하고 있는 크고 둥근 로즈메리 관목에 들어 누어 버리곤 했다. 그 향기로운 냄새는 우리들의 옷에 스며들고 걷기운동하는 동안 남아 있었다.

프플잰은 봄에 향기로운 산라이락을 좋아했다. 우리 동네에는 이른 봄이면 온 공기는 달콤한 냄새의 산라이락 향기로 꽉 차곤 한다. 우리는 진한 보라색의 라이락 꽃송이를 잡아 당겨서는 우리들 코에 갖다대고 우리를 취하게 했으며, 그리고 자연의 신비함을 마음껏 즐겼다.

우린 정원 관리와 요리하는 아이디어를 교환했다. 그녀는 자기 정원에 있는 모든 꽃 이름과 풀들의 이름을 잘 알고 있었다. 그녀는 별로 어렵지않게 이들의 꽃 이름을 말하곤 했는데, 그녀는 담갈색 국화가 시간이 지나면 내가 좋아하는 노란색으로 변한다는 것을 내게 가르쳐 주었다. 내가 이 수필을 쓰고 있는 동안 그녀의 맑은 목소리로 꽃 이름들; 코리앞찌coreopsis, 스냅드래곤snapdragon, 옐로 란타나yellow lanntana라고 말하는 그녀의 목소리가 귓전에 울린다.

어느 하루 먹구름이 드리운 날, 피할 수 없는 일이 일어났다. 그녀가 이사를 간다고 알려줬을 때 우리의 영구적인 우정의 망상은 깨어지고 말았다. 갑자기 우리가 여태 예사로 여긴 각각의 걸음, 각각의 대화도 소중하고 귀중하게 느껴졌다. 그녀가 애리조나주 투산Tucsan, Arizona으로 가고 나를 져버렸을 때 그녀는 나의 가슴에 큰 공간을 남겼다. 그녀는 잘 자란 아이비 바스켓ivy basket과 크고 건장한 보스톤 이끼를 이사 가는 선물로 나에게 가져왔다. 그것들은 그녀가 해외여행을 갔을 때 내가 돌보곤 했던 식물들이었다.

그녀가 투산으로 이사 간 2년 후, 프플잰은 샌 안토니오로 돌아왔다. 그녀는 수영장이 딸린 새로 지은 집의 패노라믹 사진을 가져왔다. 나는 그녀가 겉으로는 그녀의 새 이웃이 행복해 보였는데 그녀의 마음은 샌 안토니오에 있었다. 그녀는 또 나 같은 다른 짝지를 찾을 수 없었고, 지금은 선인장과 세이지 브롸쉬sage brush, 흙 오솔길과 변화하는 뜬구름과 부드러운 산들 바람을 그의 걷기운동 짝지로 하고 그 반면에, 나 역시 프플쟨과 같은 짝지를 찾지 못했고 혼자서 프플쟨과 같이 걸었던 그 얼마나 온갖 것들이 그녀와의 아름다운 추억들이 서로 연결된 이웃을 걷고 있다. 약 3년 동안 선인장 벌판에서 걷기운동을 한 후 그녀는 다시 메릴랜드주 글린데일Glenn Dale, Maryland로 이사를 갔다. 그녀는 메릴랜드의 좋은 점을 지적하고 있지만 매일의 생활비는 샌 안토니오 보다 훨씬 더 비싸고 샌 안토니오처럼 친절함과 환대는 찾을 수 없다고 했다.

과거에, 나는 내가 귀걸이를 한 남자와 그 이외에도 살결을 뚫고 그리고 다른 성별의 남자를 접했을 때 눈썹을 찡그리곤 했다. 나는 그분들의 조상들은 탐탐치 않은 사람들이고 에티켓 같은 것은 그들에게는 없다고 생각했었다. 그러나 프플쟨은 이 한국의 우물 안 개구리에게 눈을 뜨게 해주었다. 그녀의 후한 마음과 자유스러운 정신은 배울만한 레슨이었다. 사람을 겉으로 비판하지 말고 자기 권리와, 자기주장에 완강할 것. 진실로 우리가 아무리 우리를 지배하려고 해도 우리속의 흐름과 우리가 어디서 왔는지는 바꿀 순 없다.

프플쟨이 나를 저버린 후 글린데일에서 처음으로 내 생일날인 오늘 전화가 왔다. 그녀가 샌 안토니오를 방문한 지는 3개월이 지났다. 그때가 2006년 12월 6일 화요일, 우린 호텔 레스트랑에서 만났을 때 장작불이 타오르는 벽난로 근처에서 아침을 먹었다. 여러 뉴스 중, 그녀는 내가 입고 있던 코트를 보고, "너무 잘 어울려!"라며 나의 짙은 녹색의 로던 코트Loden coat에 칭찬을 했다. 그것은 한 혹독한 겨울 그녀가 샌 안토니오에서 뉴욕으로 여행 갔을 때 나의 다른 로든 코트를 빌려 입고 간 일을 생각하게 했다.

아침 식사 후, 나는 그녀를 공항에 데려다 주는데 에피소드가 없진 않았다. 나는 실수로 엉뚱한 곳을 꺾어들어 공항에 가는 길을 놓쳤고 그로 인해 우리가 그녀의 옛집으로 돌아가는 길을 가고 있었다. 사실은 나의 차는 그녀를 공항에 데려다 주는 것을 꺼려했다고나 할까? 시간이 흐름에 따라 우리의 주일마다 전화연락이 달마다, 그리고 매달 전화가 연중 전화로 변했다. 나는 그녀가 시카고Chicago, 달라스Dallas, 다시 달라스로 여행가는 여름 이전의 계획을 들었다. 그녀는 결코 집에 붙어있는 체질이 아니다.

봄이 오면 나의 뒤뜰에 다시 나타나는 프플잰처럼 우린 우리들의 생일과 공휴일엔 빠짐없이 연락을 한다. 그 나머지 시간에는, 우리의 귀중한 우정은 우리들의 가슴에 피고 있다.

2007년 3월 9일 월요일

강선생님, 나의 한국인 만물박사

저는 강선생님을 제가 기억할 수 있는 것보다 훨씬 더 오래 전부터 알고 있습니다. 그분은 저의 제일 친한 고향 친구 중의 한 명인 '정숙'의 남편입니다. 저는 그분을 저의 만물박사로 생각합니다.

정숙과 저는 함께 나누고 싶은 특별한 어릴 적의 추억이 있습니다. 우리는 초등학생 시절에 고향인 고성 남산 아래에 위치한 그녀의 삼촌 집에서 함께 공부를 하고 있었습니다. 우리 집은 친구의 삼촌 집과 꽤 먼 거리인 읍내 반대쪽에 위치했기 때문에 지금은 그녀의 삼촌 집에 어떻게 도착했는지를 기억하지 못합니다. 우리는 시험공부를 밤새껏 했고 이른 새벽쯤 잠귀신은 우리를 찾아왔습니다. 우리의 눈꺼풀은 감기고 있었고 우리 머리는 꾸벅꾸벅 양촛불 부근에 떨어졌습니다. (그 당시 우리 마을에는 전기가 들어오지 않았습니다.)

우리들의 단발머리의 앞부분이 촛불에 찌지기 시작했고, 우리들 밑에 깔려 있는 그녀 삼촌의 짙은 녹색 모 담요도 모서리가 타기 시작했습니다. 담요 타는 냄새가 나기 시작했을 때 우리는 놀라서 깼고 두려워졌습니다. 저는 서둘러서 저의 소지품을 챙기고, 마치 아무 일도 일어나지 않았던 것처럼 그녀만을 남겨둔 채 조용히 바쁜 걸음으로 우리 집으로 돌아왔습니다. 제가 집 밖으

로 나왔을 때, 동트기 전의 차가운 공기는 저의 열기 오른 뺨을 약간은 식히긴 했지만 두근거리는 가슴을 안정시키지는 못했습니다. 집으로 가는 자갈이 깔린 시골길은 끝없이 멀게 느껴졌습니다. 저는 더 이상 빨리 집에 도착할 수 없었습니다. 왜냐하면, 그녀의 삼촌이 탄 담요를 발견하면 저의 친구 정숙에게 일어날 일이 걱정이 되어서 가슴이 쿵덕거렸기 때문입니다. 저를 다시 오라고 할까? 정숙이가 내일 학교에 나올 수 있을까? 만약에 그녀의 삼촌이 탄 담요를 새 담요로 변상 해달라고 하면? 돈은 어디서 구하지? 저의 머릿속에서 빙빙 돌고 있는 이 생각들 때문에 너무 혼란스러워 그 다음에 무슨 일이 있었는지 저의 기억이 확실치 않습니다. 이 사건이 있은 후 정숙이와 저의 우정은 일생 동안 더욱 돈독해 졌습니다.

성인이 된 지금, 저의 친구 정숙이는 자기 남편 강선생님에 관해서 '사람들이 강선생님을 처음 만나면 두 번 놀랄 것'이라고 말합니다. 첫번째 놀라움은 그분이 너무 못 생긴 것이고, 두번째는 그분이 매우 박식하다는 것입니다. 그러나 저는 첫번째 '놀람' 에 동의하지 않습니다. 아름다움은 보는 사람의 눈에 달렸음으로 그도 역시 어느 사람보다 핸섬하지 않는가? 그 외도 그 분은 진실로 친근하며, 상대방을 중요하다고 느끼게 만드는 타고난 능력을 가지고 있습니다.

정숙이와 그의 남편은 부산에 있는 전통적인 한국의 조그만 한옥에서 3대째 살고 있습니다. 강선생님은 수십 년 동안 주변의 변화되는 모습을 보와 온 증인이라고 저에게 말합니다. 놀라운 것은 그분은 작은 창밖으로 보이는 산 위의 구름 흐름을 통해 날씨를 예측할 수 있는데 그것은 그분이 말씀하신 것처럼 강선생님은 '고을 천기장이' 입니다.

저는 항상 그분들의 집에 가는 것을 즐깁니다. 그 이유 중의 하나는 그분이 책을 좋아하시고 수집하기 때문입니다. 최근 그분은 약 900권의 책을 부산시립도서관에 기증했습니다. 그분은 책들이 작은 truck을 채웠다고 말했지만 낙담을 했습니다. 왜냐하면, 책을 가지러 온 사람들이 평생 수집한 책들에 대한 감사하다는 말 한마디도 없이 그냥 싣고 가버렸기 때문입니다.

강선생님은 타고난 학자입니다. 그분이 책을 읽거나, 쓰지 않아도 책은 항상 그분의 곁에 있습니다. 보통 그분이 읽는 것은 무엇이든지 책으로 만드는 것을 구상합니다. 금년에 그분을 방문했을 때, 산스크리트에 대한 견해가 담긴 원고를 저에게 건네주었습니다. 그것이 아직 책이 되지 않았지만 언젠가는 책으로 출간하기를 원하고 있습니다. 한번은 강선생님은 구청 직원을 집에 초대했습니다. 약간의 책들을 구청에 기부할 예정이었습니다. 그 책들을 찾으려고 온통 집을 다 뒤졌지만 찾지 못했습니다. 결국,

그 직원들은 어떤 책도 받지 못하고 빈손으로 되돌아갔습니다.

강선생님은 당황스럽고 난처했습니다. 나중에 그분은 친구 정숙이가 책들을 버렸다는 것을 알았습니다! 그것은 그녀가 대청소를 할 때 일어났습니다. 그녀는 친구와 이웃에게 SOS를 급히 요청했지만, 아무도 도와주지 않았습니다, 심지어는 믿었던 며느리도 도움이 되지 못했습니다. 그녀는 며칠 동안 강선생님의 냉대를 받았습니다. 그녀는 과거에도, 대청소를 할 때 강선생님의 책을 버린 적이 있다고 고백했습니다!

어느 해에, 내가 미국 집으로 돌아갈 때 강선생님은 선물로, 일연 스님이 쓰신 한국의 유명한 역사책, "삼국유사三國遺事"를 저에게 주셨습니다. 그분은 제가 한국에 살고 있지 않기 때문에 한국의 역사적 지식이 부족할 것이라고 생각하셨거나 또는 내가 한국인의 긍지를 잊지 않기를 바라서일 것입니다. 이 책은 나에게 일연 스님이 사셨던 곳, 이 책을 쓰셨던 곳, 그리고 열반하셨던 곳을 찾도록 만들었습니다. 또 다른 해에는 이별의 선물로 강선생님은 저에게 "명심보감明心寶鑑"이라는 중국 고전을 주셨습니다. 저는 두 책을 철저하게 읽었습니다만, 저는 답보다 더 많은 질문들이 생겼습니다. 저는 제가 알고 있는 지식인들에게 장거리 전화로 도움을 청했습니다만, 별로 도움을 받지 못했습니다. 제가 저 자신이 풀 수 없는 질문으로 가득 찰 때 저는 만물박사 강선생님에게 장거리 전화를 하곤 합니다. 그분은 저에게 지적 성장과 확장의 동기를 주고 있으며, 그런 점에서 저는 그분에게 상당한 빚을 지고 있습니다. 그렇지만 올해는 전해와 달랐습니다. 그분은 정숙이를 통해서 직접 만든 뽕잎차 한 봉지를 저에게 이별의 선물로 주었습니다. 뽕잎차는 비단실을 만드는 누에가 먹고 사는 뽕나무 잎으로 만들어집니다. 뽕잎차 한 잔을 만들려면 정말 세심함과 인내심이 필요 합니다. 나는 내가 그분의 노력을 마셔버릴 수 있는지도 모르겠습니다. 그러나 제가 맛있는 뽕잎차 한 잔을 마시면서 책을 읽을 때면 강선생님의 자상한 인성을 느끼곤 합니다.

저명한 미생물학자인 그분은 버섯과 약초에 대한 적어도 두 권의 참고문헌을 저술하였습니다. 그분은 그 분야에서 광대한 지식을 가지고 계시며 한 때 그 전공 분야에 대해서 이야기할 적당한 사람이 없다고 저에게 고백했습니다. 오래전 두 번의 기회에 저는 그분에게 버섯에 관한 두 권의 책을 보낼 기회가 있었습니다. 매년 저를 만날 때면 그 책들에 대해서 감사한다고 되풀이 말씀하십니다.

강선생님은 우수한 테니스 선수입니다. 어느 해 여름, 저는 그분의 학교 테니스court에서 테니스 게임을 하였습니다. 그분의 스피드와 기술은 저보다 몇 수 위였고, 저를 테니스court에서 헤매게 했습니다. 나중에 안 일이지만, 그분은 부산시를 대표해서 일본으로 테니스 시합을 간 것을 알게 되었습니다. 그러나 요즘 그분은 산 아래에 위치한 근처의 배드민턴court에서 매일 아침 배드민턴을 합니다. 정숙이로부터 듣고 알기로는 그분은 배드민턴 경기 후 다른 선수들과 운동보다도 소주를 더 즐기신다고 합니다.

우리의 연간 만남을 위해, 두 사람은 서로에게 무엇을 물어봐야 하는지 메모를 준비합니다. 제가 중국과 한국 사람에 대한 혈통 역사, 물론 미생물학에 대한 질문을 할 때 그의 눈빛은 빛이 나고 생각의 원동력이 뇌에서 돌아가는 것이 보일 듯합니다. 금년에 저는 어떻게 책을 출판할 것인지, 출판사를 통해야 하는지 또는 인쇄업자와 만나서 무엇을 해야 하는지를 물었습니다.

그분은 저에게 찬반양론에 대하여 차근차근 설명하였습니다. 그리고 그분은 다른 주제 중에서 오페라 아리아와 가곡의 다른 점을 물었습니다. 그분은 타고난 음악가는 아니지만, 특히 성악에 관심이 많습니다. 그분은 노래하기 전에 으레껏 반음 처리가 되지 않는다고 주저 하시지만 제가 친구를 방문할 때마다 그분은 저와 정숙이 앞에서 노래하기를 즐깁니다. 그분은 감정과 몸짓으로 풍부하고 치솟는 떨림으로 노래할 때, 그의 바리톤 목소리는 그분들의 집을 진동시키고 마치 무대에서 노래하는 것처럼 보입니다. 저는 그분의 구절법과 강약법이 매우 음악적이라는 것을 발견했습니다.

그의 학구적인 정신과 인성에 숨은 찬미자가 있습니다. 그는 나의 자존심을 추켜주고 나의 뿌리를 잊지 않도록 격려해 주며 사람은 죽어도 배움에는 끝이 없다고 가르쳐 주십니다.

2007년 9월 7일 금요일

나는 매운 김치까지도 좋아해

나는 Ft. Sam Houston 여자 golf협회의 회원으로서 과거에 J와 함께 golf를 치면서 알고 지냈지만, 내가 어느 해 Nine-Hole 그룹의 회장이 되면서 그녀를 더 잘 알게 되었다.

매주 트너먼트가 있는 어느 화요일 아침에 J는 불쑥 나의 국적을 물었다. 내가 한국인이라고 했을 때, 그녀의 얼굴은 몹시 상기되었다. 그녀는 한국전쟁 때 경상남도에서도 외딴 섬인 거제도에서 1950~51년 사이에 있었던 그녀의 경험을 나에게 들려주기 시작했다. 그 다음주 화요일에 그녀는 약 60년 전에 거제도에서 체류했던 내용을 담고 있는 두 개의 두툼한 옛 사진앨범을 클럽하우스Club house에 가져왔다. 그녀의 흑백사진을 구경하는 것은 아주 흥미 있는 일이었다.

한국전쟁 때 거제도가 어떻게 생겼는지 보기 드문 사진을 보았다. 그곳은 아파트와 같은 빌딩 숲이 없을 뿐만 아니라 심지어 2층 건물도 없었다. 거제도와 육지를 이어주는 거제대교는 아직 건설되지 않았다. 물론 대우조선소도 없었다. 거제의 유명한 밀감 과수원은 작은 묘목들을 받치기 위한 많은 양의 키 큰 작대기들과 함께 형성되기 시작하였다. 내가 좋아하는 멍기밥 레스트랑 '백만석' 은 아직 상상도 못했다.

학생들은 포로수용소 위 언덕에 임시 천막으로 된 교실에서 수업을 받았고, 칙칙하고 밋밋한 옷을 입고 흙 운동장에서 놀았다. 해안은 매우 고요하고 거의 아무도 보이질 않았다. 주위의 계곡이나 산들의 넓은 지역은 중공군과 북괴군 및 아이들을 포함한 약 180,000만 명의 전쟁포로를 수용하는 포로수용소였다.

지금은 인기있는 theme park로 바뀐 거제포로수용소를 나는 과거에 방문한 적이 있다. 주차장에서 방문객들은 짧은 터널 안의 에스컬레이터를 이용하여 올라갔다. 방문객들을 맞이한 것은 정교하게 조각된 초대 대한민국 대통령 이승만, 미국 대통령 해리 츠루먼Harry Truman, 중공 수상 마오쩌둥, 소련 수상 조셉 스탈린Josef Stalin, 북한 주석 김일성과 총사령관 Douglas MacArthur 장군의 동상들이었다. 아군이든 적군이든, 역사적 지도자들의 신체는 지금 편안히 영면해 있지만 그들의 특징적인 제복이나 의복을 입고 있는 실제 크기의 동상들은 우렁찬 전쟁 행진곡이 흘러나오는 음악을 배경으로 터널 양옆을 차지하고 있다.

그 theme park의 몇몇 지역은 마치 60년 전의 시설들을 잘 유지하고 보존되어 있으나 다른 일부 지역은 큰 감화를 주는 현대 기술로 꾸며져 있다. 거긴 야전병원과 요리시설 그리고 거대한 주철 요리 도구들도 아직까지 남아있는 구역이 있고, PX로 사용되었던 흔적과 현관이 달린 사령관의 숙소도 남아 있었고 거실의 벽난로는 본디 그대로 아직도 concrete 토대 위에 있었다. 거대한 유리 투시경 위로는, 축소모형으로 된 전체 포로수용소 삼차원적인 전경이 있다. 이곳에서, 방문객들은 포로들의 일상생활과 심지어 일본에서 폭동을 진압하기 위해 날아온 미국 공군 Dodd 장군이 사로잡힌 불행한 포로들의 폭동도 상상할 수

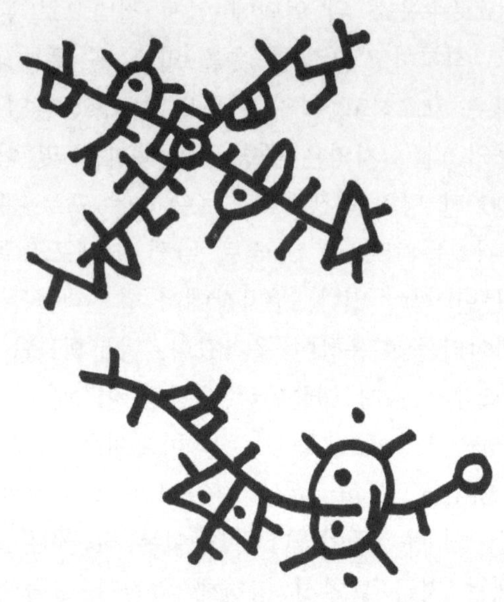

있다.

J는 그 당시 미국군의 여장교였다. 그녀는 부산의 미 군사기지에서 6개월간 근무한 후, 전쟁에서 부상당한 포로들을 돌보는 간호사로 1년 동안 근무하기 위해 통통배로 거제도로 이동하였다.

J는 golf가 있는 날이면 보통 golf와 관련된 농담거리와 무설탕 카푸치노 사탕을 가지고 온다. 그녀는 무표정한 얼굴로 농담을 터뜨려 놓고 다른 사람들을 웃게 만든다.

작년, J는 golf를 치다가 일어난 사고 때문에 몇 달간 golf course에 나오질 못했다. 그녀는 fairway에서 자신의 공을 찾다가 풀 속 구덩이에 발이 빠져 발목이 삐었고, 결국 응급실에 실려 갔었다. 다 나아서 golf course에 온 후 그녀는 그녀의 사고에 관해서 "나는 홀인원Hole-in-One을 했는데 엉뚱한 종류였어!"라고 농담했다.

어느 날, 버디라고 하는 부상 당한 개를 찾고 있었을 때, 그녀는 어릴 적에 탐정가가 되고 싶었으나 그녀의 아버지는 여자한테는 좋은 전문직업이 아니라고 그녀의 꿈을 깨어버렸다고 나에게 얘기했다. 우리가 숲속에서 버디를 못 찾았을 때, 도로 위에 어떤 핏자국을 찾아 볼 것을 제시했다. 그녀는 타고난 탐정가이자 해결사라고 나는 생각한다.

비록 J가 열렬한 golfer이지만, 그녀의 중요도가 어디 있는지를 나는 알았다. 여행 이외에도 그녀는 다른 사람을 돕는 것에 깊은 동정심을 가지고 있다. 친구나 이웃들이 의사와의 약속 때 병원에 데려가는 것이 그녀의 우선 순위 중 맨 위에 있다. 그녀가 화요일 아침 golf모임에 오지 않았을 때는 대게 친구를 돌보기 때문이다.

여성 golf협회의 봄 시즌 트너먼트 후, J와 나는 일찍 그룹 멤버들 사이에서 빠져 나왔다. 계획 없이 J는 golf course에서 그리 멀지 않은 한국 가게에 나를 따라왔다. 거의 2년 전에 새곳으로 옮겨온 가게는 더 크고 통로도 더 넓어지고 심지어 몇몇 테이블이 있는 작은 레스트랑이 있었다.

비록 주된 쇼핑 목적이 구운밤이었지만, 우리는 모든 한국 식료품을 구경하면서 통로를 지나 다녔다. J에게는 그것이 거제도에 체류하였을 때의 몇 십 년 전으로 거슬러 올라가는 타임머신이었다. 그녀는 한국음식들 중 몇몇을 꽤 잘 알고 기억하였다. "오, 저 해초와 멸치"라고 소리쳤다. 뒤쪽 벽 맞은편 유리창 안에 있는 마른 멸치를 알아보았다. 크기가 다른 멸치들이 여러 종류가 있었다. 내가 봉지에 든 실 같은 멸치를 가리키자, 그녀는

"누가 아기멸치를 요람에서 빼앗았지!"라고 했다.

그녀는 해태상표인 밤 3봉지를 집었다. 한 통로에서, 우리는 많은 만두와 두부 그리고 도토리묵을 볼 수 있었다. 그리고 우리는 농산물품 구역에서 0.5파운드 봉지의 한국 마늘 옆에 5파운드 봉지의 중국 마늘을 보았다. 그녀는, "우리 요리사도 이런 마늘을 사용하여 요리하였어."라며 옛 일을 추억하였다. 그녀는 깍두기 김치를 만드는데 사용되는 내 팔뚝 크기만한 무우 하나를 집었다. 나는 깍두기 김치를 좋아하면서 만들기를 미루고 있었기에 내 마음속으로 양심의 가책을 받았다. "J, 아주 매운 무우로 무엇을 하려고 그럽니까?" J가 매운 한국 음식을 먹을 수 있다는 사실을 나는 몰랐다. "거제도에서 했던 것처럼 무우를 잘라 당근과 오이처럼 소스에 찍어 먹으려고……" 그런 다음 J는 외쳤다. "나는 매운 김치까지도 좋아해!"

2009년 5월
텍사스 샌 안토니오

제 5 부

미국에서 온 이야기

언어들과 개화하다

1970년도에 미국에 도착했을 때 내 영어가 형편없이 부족한 것을 알았다. 철자 't'를 발음하지 않는 남부주민들을 이해할 수 없었고, 그들 역시 한국에서 교과서로만 배운 영국식 발음의 내 영어를 알아듣지 못했다. 나의 억양과 발음은 본토 사람들과는 너무 거리가 멀었다. 영어가 복잡한 종합어라는 것을 깨달았고 영어를 이해하기 위해서는 라틴어, 불어, 이태리어, 독어 그리고 스페인어 외에도 그리스어와 히브루어도 알아야 한다는 사실을 알았다. 그 당시 나의 일과는 영어공부와 편지 쓰는 것들이었고 사전들은 절대로 필요한 나의 친구가 되었다. 내 영어가 조금 나아질 무렵 자서전들을 읽기 시작했다.

첫 아이 분만 뒤, 내가 대변을 볼 수 있는가를 알아보려고 간호사들이 여러 번 시도 후 내가 아무 대답이 없으니까 그들은 포기해 버린 적이 있다. '대변'이란 단어는 그때 내 어휘에는 없었다. 교과서나 여행가이드에 "화장실이 어디 있느냐?"고는 가르쳐 주지만 화장실 안에서 일어나는 일은 그들의 직무가 아니라고 가르쳐 주지 않는다. 좋은 대변을 보는 것이 건강의 지표라면, 왜 실용적인 단어 '대변'을 가르치지 않는가?

우리가 벨지움에 거주할 적에 친절한 이웃들이 있었는데, 집 뒤뜰 garden party에 이웃들을 초청해 처음으로 몇몇 이웃들은 만났다. 이웃 Mr.M이 스스로 violin을 연주해 그분에게 친근감을 느꼈다. Mr.M은 Symphony violin 주자로 정년하셨고 영어는 할 수 없었다. 한 때, M부부는 우리가족을 일요일 점심식사에 초대를 불어로 초청했다. 돌아온 일요일에 대문을 노크했는데, Mr.M은 집에서 입는 옷 그대로 의아한 표정으로 문을 열었다. 우리는 초청일보다 일주일 먼저 노크를 하였으니, 그때 내 불어는 간신히 나아지고 있을 때였다.

어느 날, 남편과 연중행사인 전 Mozart Festival에 ltzhak Perlman의 violin 연주를 듣기 위해 기차로 Mons에서 약 3시간 걸리는 Paris로 갔다. 그 연주회는 파리에 있는 프리엘 홀에서 열렸는데, 초보의 불어 실력으로 우린 일찌감치 파리에 도착 했다. 공복을 해결하기 위해 고객들로 붐비고 담배연기로 찬 전통적인 불란서 비스트로에 들어갔다. 자리를 잡은 후 종업원이 불어 메뉴를 가져왔는데 혼돈스러웠다. 나는 스테이크와 야채를 주문했다고 생각했는데 다진 생고기와 마늘소스 같은 게 나왔다!

연주가 끝난 후 Mr. Pelman과 직접 인사하고자 무대 뒤로 갔는데, Mozart 애호가들로 된 긴 줄에 내가 서 있었다. 자정이 가까웠을 때야 드디어 인사를 할 수 있었다. 기차 출발시간까진 약 30분밖에 남지 않았고, 기차역에 가기위해선 전철을 한 번 더 갈아타야 했다. 역에 도착했는데 기차가 떠나는 시간까진 약 5분 전, 같은 시간에 출발하는 기차 둘이 대기하고 있었는데, 어느 기차에 탑승해야 할지 몰라 시야에 보이는 단 한사람에게 Mons로 가는 기차가 어느 쪽이냐고 불어로 물었다. 그분은 불어로 답변했는데 내 마음이 혼잡해서 그를 이해할 수가 없었다. 불행히도 우린 엉뚱한 기차에 탑승을 했고 약 한 시간 후에 그 기차는 독일 콜론행 임을 알았다. 그날 밤 Mons로 오는 길은 긴 돌림길이었다.

외국어들은 나의 호기심을 끌어 왔다. 음악전공 학생에겐 이태리어와 독일어가 필수이었기 때문에 열심히 공부했지만 지금은 별로 남은 게 없다. 내가 부산에 살 적에 일어를 배우느라 사립어학원에 열심히 다녔었다. 당시 내가 사용하던 violin 교과서들은 일본에서 출판한 일어책이었다.

몇 년 전, 뉴욕 주 이타카Ithaca, New York를 방문했을 때 캄몬이란 쇼핑 구역에서 걸어서 돌아오는 길에 여행자로 보이는 한 부부를 만났다. 그들은 펼친 지도를 손에 쥔 채 캄몬 가는 길을 불어로 물었다. 그분들이 프랑스에서 관광 오신걸 알게 되었고 상세하게 가는 길을 불어로 안내했다. 그 프랑스 부부의 진심어린 감사가 내 귓전에 아직도 남아 있다.

얼마 전에 16세기 한국 학자에 관한 책을 읽는데, 16세기의 한글 방언은 요즘 내가 알고 있는 한글하고는 판이하게 달랐다. 나는 그 책에 익숙해지느라 10페이지나 메모를 해가며 읽은 일이 있다.

한 외국어의 전문용어를 다 배운다는 것은 가능하지 않은 일이다. 그렇지만 내 모국어인 한글도 아직까지 많이 개화되어야 함을 느낀다.

2009년 연말

보이지 않는 날개를 기를 때까지

부산에 있었던 내 violin 선생의 스튜디오에서 내려다 봤을 때 약 12대의 검정 승용차가 아래 비탈진 길을 차지하고 있었다. 승용차들은 전부 일본차였고 운전기사들에 의해 잘 관리되고 있는 듯 했다.

어떤 기사들은 운전석에서 휴식을 취했고 다른 기사들은 손잡이 대가 긴 먼지떨이로 이미 광택이 난 차를 마구 털고 있었다. 나의 violin 선생의 스튜디오는 옆 4층 건물 결혼식장 주인 소유였다. 1970대 초 한국에선 단지 몇몇 회사 사장들만이 승용차와 운전기사를 둘 수 있었고 사장 자신이 손수 운전을 해서 회사에 출 퇴근 한다는 것은 볼 수 없는 일이었다.

돌이켜보면, 내가 어렸을 때 나의 부모들이 승용차를 가졌을 때 먼 남자 친척 한 분이 운전을 했는데 그것 때문에 차는 남자들만 운전하는 줄 알았다. 그 당시 내가 차를 손수 운전한다는 것은 아주 동떨어진 생각이었다.

내가 알라바마주 Huntsville 시어머니 댁에서 처음 6개월 사는 동안 공부, 공상 그리고 기다림이 나의 직업이었다. 숲이 우거진 동네는 조용했고 평화로웠다. 그 첫 여름, 시어머니 댁의 키 큰 빨강 열매의 할리나무와 시커모아와 말채나무 등을 친구로 사귀었다. 그 향기로운 말채나무 아래서 하루에 두 번씩 우편물을 전달하는 배달부를 기다리곤 했다. 엄마와 자매들 그리고 고향친구들로부터 어떤 소식이든 기다렸다.

끝없이 변화하는 구름 형상을 한없이 보았고, 산새들 다람쥐 곤충까지도 놓치지 않았다.

새들은 타고난 건축가인가? 집을 지을 때 어떻게 첫 가지를 떨어뜨리지 않고 놓을까? 암컷 수컷 누가 집을 짓지? 그리고 알 맞게 되었다고 누가 결정을 할까? 왜 이층 심지어는 삼층집이 필요하지? 일부다처주의 사회인가? 무슨 노래를 불러야 하는지 어떻게 알까? 무엇이 걔들의 직감적인 이주를 시키나? 언제 어디로 이주하는걸 알까? 엄지 손가락만한 벌새는 수백 마일, 아니면 천마일 남쪽으로 겨울을 나러 갔다가 다시 알을 놓을 시기에 북쪽으로 돌아온다. 그 놀라운 새들의 날개가 나의 부러움이 됐다.

시어머니께선 산에 거주하시기 때문에 나는 차가 없이 누에꼬치나 숲 관리인의 생활을 맛보았다. 매미소리는 왼 여름동안 깊은 산속을 울려 퍼졌고 산속의 가을 색상과 눈 덮인 호젓한 겨울 풍경은 자연의 훌륭한 화폭 그대로였다. 두 지방 TV 방송국과 높은 TV 안테나 한 개가 그 산맥에 위치했었다. 산사에 있는 대부분 집들은 세계2차대전 이후로 이주 해온 NASA(미국항공우주국)에 관련된 독일 롸켓 과학자들과 가족들이 살고 있었다.

어느 연말 공휴일, 시어머니께서 산 아래 시가지에 있는 천 가게로 나를 태우고 운전하셨다. 한국 엄마를 위해 겨울 옷감을 보러 갔다. 엄마는 그 옷감으로 따뜻한 겨울 코트를 양장점에서 만들어 입으시길 나는 원했다. 꾸불 꾸불한 산길을 타고 내려가 아래 시가지에 엄청나게 큰 천 가게에 다다랐다. 주차장은 가게보다 훨씬 더 컸다. 그 가게 안에 무엇이 있는지 보고 싶어 겨우 기다릴 정도였고 1분이 한 시간 같이 느껴졌다. 시어머니께서 운전석 문으로 하차 하시는 동안, 나는 승객쪽 문으로 황급히 나오면서 내 왼손 엄지손가락 위로 문을 꽝 닫아 버렸다! 순식간에 사고가 일어났다. 가엾은 엄지와 손톱이 충격을 받고 즉석에서 새까맣게 돼 버렸다.

천 가게 생각은 고통 속에 사라져 버렸고, 내가 그런 끔찍한 일을 저지를 수 있었는지 상상도 못했다. 지금까지도 어쩌면 그런 일이 가능했는지 믿기지 않는다. 차를 가지고 있는 데도 불리한 점이 있구나 하는 생각이 들었다. 가슴 속 깊이 어느 날 차를 운전해 보겠다는 소망을 다시 한 번 생각해 봤다.

가엾은 엄지손톱은 서서히 떨어져 나갔고, 새 손톱이 천천히 자라기 시작함에 따라 그 때의 충격과 고통은 하나의 기억으로 변했다.

어느 날, 우리 어린 가족은 아파트로 이사를 들었다. 그 때 운전한다는 것을 재고할 때였다. 나는 요즘처럼 전형적인 고등학교 2학년생들이 받는 운전교육은 받지 않았고 운전 책자로 규칙을 암기했고 필기시험 준비를 했다. 일시에, 운전 실기 연습은 요리나 청소하는 집안 일보다 우선적이 되었다.

쉽게 필기시험에는 통과를 했고, 다음날 무뚝뚝한 경찰이 내 옆에 앉은 채 운전 실기시험을 쳤다. 평행 주차는 자신이 없었지만 놀랍게도 잘되었다. 행운이 나와 같이 한다고 생각됐다. 그 경찰은 조용한 주택가를 운전할 것을 지시했다. 시야에는 아무차도 보이지 않아 길들은 전부 내 몫이었다. 하수구 뚜껑들 바로 위로 길 한 복판을 잘 운전했다. 그러는 동안 그 경찰은 메모지에 아무 말 없이 무엇을 적곤 했다. 내 기분은 사무실로 돌아와서 불합격했다는 말을 들었을 때까진 좋았다. 그렇지만, 주택가를 운전하는 것은 거저먹기였는데, 아니었던가? 내가 혼돈스러워 그 분에게 이유를 물었다. 그 분은 주택가에 중앙선이 없어도 나처럼 길 한가운데로 운전하는 게 아니고 오른쪽으로 붙어 운전해야 한다고 대답했다. 만일 그것이 유일한 이유로 실기 시험에 불합격했다면 당장 그 문제를 해결할 수 있다고 생각했다. 그래서 재시험을 제의해 다음날 되돌아갔다.

틀에 박힌 일들 신호등에서 정지, 전진, 선을 바꾸기 전 어깨너머로 보이지 않은 곳을 확인하고 평행 주차와 다시 주택가에서 운전했다. 거기서 나는 자신이 만만했다. 처음으로 보이지 않은 날개를 가질 수 있는 꿈이 실현되는 것을 느꼈다.

2010년 2월 샌 안토니오

나 홀로 집에

새벽 4시 30분에 나는 뒷문을 통해 밖을 내다보았지만 날씨가 아직 어두워 deck이 젖었는지 아닌지를 알 수가 없었다. 습관적인 금요일 아침 golf를 치기 위한 준비를 해야 할지를 결정하려고 했다. 지방 일기 관측소에 전화를 했고, “여러분, 금, 토, 일, 월요일 그리고 현충일에 비가 올 것입니다.”라고 하는 귀에 익은 목소리를 들었다. 일기예보원이 뭐라고 하던 간에 golf 칠 준비를 했다. 그는 예측의 절반이 틀렸고 나는 그가 또 틀리기를 바랐다. 결국, 나는 좋은 날씨에만 golf를 치는 사람이 아니다. 금요일 아침이면 내 안에 좀이 쑤셔 나를 golf course로 가게 한다. 1시간 뒤 우리 집 차고 문이 열렸을 때 빗방울이 계속해서 떨어지는 것을 볼 수 있었다. 얼마나 실망스러운가! 자칭 이 전천후 golfer까지도 자연에 대해서는 아무 것도 할 수 없다. 익스프레스-뉴스Express-News 신문을 소파에서 읽는데 초점을 맞추기로 노력했지만 아직도 스퀵키Squeaky 고양이가 복도에서 왔다 갔다 이른 아침 달리기 운동을 하고 있어 마음이 심란했다.

스퀵키는 부드러운 털을 가진 수줍어하는 우리집 고양이다. 우리는 그녀를 ‘스퀵키’라고 부르는데, 그 이유는 고양이들이 평범하게 내는 ‘미아우’ 소리를 내지 못하고 ‘스퀵’하기 때문이다. 내가 생각하기로는 스퀵키는 적어도 이곳에서 가장 예쁘고 온순한 고양이다. 그녀는 핼로윈 파티Helloween party에 마스크를 쓰고 참석할 준비가 된 것 처럼 보인다. 그녀 얼굴의 반은 검은 색인데 눈 주위는 연황갈색이고, 다른 쪽은 반대로 얼굴은 연황갈색인데 눈 주위는 검은색이며 그녀 이마에 있는 황금색 금관 무늬는 그녀를 마치나 고양이의 여왕처럼 보이게 한다.

어느 날, 나는 그녀를 목욕탕으로 데려가서 내가 사용하는 레몬향 샘푸로 온 몸을 씻었다. 놀랍게도 그녀는 대단히 협조적이었고, 그녀의 부드러운 털을 샘푸로 비볐을 때 그것은 좋아하기까지 했지만, 그녀는 내가 샘푸를 헹굴 수 있도록 샤워 아래 서는 것을 거절했다. 내가 욕실 샤워 아래 그녀를 갖다 놓았을 때, 화나서 소리 지르면서 곧 바로 뛰쳐나갔다.

나는 오늘 시간이 얼마나 걸리든 간에 상관없이 3페이지 타이핑을 연습했다. Violin 선생님인 나는 타이핑이 필요 없지만 타이핑 연습은 내가 수년 동안 자습해 온 것이다. 내가 자랄 때 나의 어머님께서는 “네가 할 수 있는 한 모든 것을 배워라. 네가 그것이 필요 없을 때 버리기는 쉽다.”고 말씀을 하시곤 하셨다. 그래서 내가 한국에 살 때 타이핑, 바느질, 꽃꽂이…… 등등을 배웠다. 나는 부산에 있는 타이핑 학원에서 타이핑을 배우기 시작했는데, 내가 영어를 배우고 있을 때인 그 당시에 옛날 키보드로 타이핑하는 것을 재미있었다고 생각했는데 그러나 지금 컴퓨터 키보드는 다루기 쉽고, 즐거움을 제공해 준다. 나의 목표는 타이핑을 시작한 이후로 변화되어 왔다. 지금, 나는 내가 읽는 속도만큼 날 수 있는 손가락으로 타이핑할 수 있기를 원한다.

내가 오랫동안 들어보지 못했던 좋아하는 cassette 몇몇을 찾았다. 즉, 하이든 첼로 콘첼토와 차이코프스키 피아노 Trio No.50다. 이것들은 내가 오래전에 클래식 라디오 방송을 통해서 복사했었다. 내가 복사한 cassette에서 아나운서는 그때가 1996년이라고 말했다. Cassette테이프를 작동한 뒤 나는 스트레오 리시버를 CD모드로 돌려놓는데 문제가 있었다. 당황해서 내 앞에 있는 모든 botton을 눌렀고 어쩌다가 CD모드가 다시 나타났다. 무서운 생각이 내 머리를 스쳤다. "내가 CD를 작동할 수 없으면 어떻게 하지?" 저녁에 음악이 없으면 나는 한국 음식을 먹을 때 밥이 없는 것과 같은데…… 나는 에드발드 그리그Edvard Grieg의 즉흥 음악 피어 겐트Peer Gynt를 그 음악에 나오는 모든 악기의 소리를 들을 수 있도록 크게 틀어놓고 들었다. 그 음악 중, 특별히 "아침"과 "솔베이지의 노래"에 새로운 감사를 가졌다.

5월 17일, 목요일 밤, 린지Lindsay의 마지막 레슨이 저녁 8시에 있었다. 그녀는 나의 지도 아래 지난 6년 반 동안 violin을 공부했다. 그녀는 대학에 입학해서 경영학을 전공하려고 한다. 그러나 그녀는 TSU(Texas State University) 올케스트라에서 violin을 연주하게 될 것이다. 그는 일 년 내내 특히 겨울에 알러지allergies 때문에 고통을 받았다. 어느 겨울 그녀는 레슨을 받을 때도 클리넥스 박스를 가지고 다니면서 알러지와 싸웠다. 그녀는 너무 자주 코를 풀어서 코가 벌겋게 되었다. 때때로 린지는 그녀의 축구연습을 하고 나에게 레슨을 받으러오기 때문에 축구복을 입고 나타나곤 한다. 그러나 내 기억으로는 린지는 한 번도 주일 레슨에 빠진 적이 없다. 나는 개인적으로는 학생들과 아주 친근하게 되지 않으려고 노력을 해도 그렇게 되질 않는다. 그녀의 마지막 레슨이 다가 왔을 때 내 마음 한 곳은 섭섭했다. 우리는 스즈키 7권과 8권에 있는 모든 solo를 복습했다. 그녀가 사려 깊은 선물과 마음에 와 닿는 카드로 나를 놀라게 했다. 그녀의 음악 분야에서 성장을 볼 수 있었던 것은 나의 행운이었다. 나는 그녀가 대학생활에서 최선을 다하고 행운이 따르기를 기원했다. 목요일 밤이 되면 나는 그녀가 생각날 것이다.

다음 날, 부엌 창문 아래에 있는 개나리꽃 덤불의 죽은 가지를 잘라내고 손질했다. 죽은 큰 가지 하나가 있었다. 나는 봄에 개나리꽃을 즐기기를 좋아했지만 연례적으로 그것들을 손질하는 것은 미루어왔다. 모기들이 뒷 현관까지 나를 따라와서 물어뜯는데 성공했다. 나의 오른쪽 이마와 콧등을 물어뜯는 것이 아닌가? 나는 모기에게 물리지 않기 위해 긴 소매의 셔츠와 긴 바지와 장갑을 끼었지만 지독한 암컷 모기는 나보다 훨씬 더 영리했다. 그들은 내 몸이 덥히지 않는 곳, 얼굴을 발견했다. 나는 스님들이 모기에게 헌혈을 한다고 생각하는 것을 도무지 이해 할 수가 없다. 이것이 내가 부처님의 가르침을 이해할 수 없는 많은 부분들 중의 하나이다. 확실하게 이것이야말로 부처님의 악의있는 제자들이 부처님의 가르침을 잘못 번역했음에 틀림없다.

늦은 오후에 대문 벨이 울렸다. 나는 컴퓨터방 커튼 사이로 엿봤지만 문에 아무도 볼 수 없었다. 벨이 다시 울렸다. 내가 제자들 가리키는 스케줄을 내 마음속에 있기 때문에 그 시간에 학생이 오리라고는 예측을 안했다. 내가 다시 커튼 사이로 엿보니까 그때 머리가 희끗희끗한 사람이 보였다. 다시 벨이 계속해서 3번 울렸다. 나는 처음에는 물건을 파는 세일즈맨이라고 생각했었지만, 벨을 눌린 사람이 몇 발자국 돌아 섰을 때 그 사람이 누군지 알았다. 그 분은 길 건너 사시는 홀톤 의사Dr. Horton였다. 나는 대문으로 달려 나가 그분을 불렀지만 이미 그는 길 건너편으로 가버렸기 때문에 내가 부르는 소리를 들을 수 없었다. 대신에 나에게 전화를 걸어서 그는 symphony 티켓을 두 장 가지고 있는데 그것을 사용할 수 없기 때문에 우리에게 주러 오셨다고 말했다. 잠시 후 그분이 다시 우리 집으로 오셔서 나는 집 앞에서 그분을 만났다. 그는 어떤 면에서 다시 활기를 찾으신 것처럼 보였고 차림도 그랬고 검은 선글라스를 끼고 계셨다. 나는 티켓을 주시는데 대한 그의 사려 깊은 마음에 감사드렸다.

마침내 며칠 만에 처음으로 햇볕 난 날이었다. 나는 살라도 델 리오Salado Del Rio golf course로 나갔다. 짧은 게임이 나를 망쳤다. 집에서 putting연습은 잘 되었지만 putting 그린에서는 완전하게 달랐다. 방향뿐만 아니라 golf 치는 사람이 잊지 말아야할 다른 요인들은 거리, 브레이크, 스피드와 잔디면과 날씨들이다. 어떻든 간에 들어가, 굴러, 그리고 떨어져…… 내가 한 모든 명령들이 오늘은 먹혀들지 않았다. 만약에 golf ball이 감정을 가지고 있다면 이 모든 명령에 굉장한 타격을 입었을 것이고 당황했을 것이다. 최근에 나의 최고 성적은 −4핸디캡이었다. 그런데 오늘의 성적은 +4핸디캡이었다. 아마도 나는 아마추어 신드롬의 고통을 겪고 있는 중인지도 모르겠다.

저녁에 나는 IWU(Incarnate Ward University)에 있는 왈츠 댄스 클래스에 참석했다. 그곳에는 6명의 남자와 많은 여자 댄서들이 있었다. 아마도 Spurs 농구 게임이 시내에서 개최되었기 때문에 남자들이 적게 참석한 것 같다. 애론Aaron선생은 나에게 남자 역할을 해보라고 권했다. 팸Pam이 나의 시험자가 되겠다고 자진해서 나섰는데 웃음거리가 되었지만 그녀는 나의 리더십을 칭찬했다. 애론선생은 나에게 잘한다는 OK신호를 보냈다. 나는 집에 돌아와 전설적인 알슬 루빈스타인Arthur Rubinstein이 연주하는 쇼팽의 야상곡을 들으면서 서예연습을 했다.

어느 날, gas를 살겸 쇼핑하러 나갔다. 중급가스는 1갈론이 2달러 99센트였는데 이것은 지금껏 내가 미국에서 가장 비싸게 지불한 값이다. 나는 식료품가게에 쇼핑을 하였고 집에 돌아올 때는 식료품 백이 10개 정도가 되었는데 나는 반쯤 데친 시금치처럼 피곤했다. 차고에서 세탁실을 통해 부엌까지 이 식료품 bag들을 끌고 오는 데는 많은 에너지와 결단이 필요했다.

다음날, 이웃에 아침 걷기운동을 하고 집에 돌아 왔을 때 나는 수영장 진공청소기가 작동하지 않는 것을 보았다. 부엌 서랍 중의 하나에서 십자형 드라이버를 찾았다. 한 번 수리한 적이 있는 그것을 다시 수리할 준비가 되었다. 아, 수영장 진공청소기의 나사가 너무 단단히 조여 있어서 내가 아무리 애써도 그것을 움직일 수 없었다. 덤벨dumbbells 운동을 아무리 해도 느슨해진 조그마한 나사 하나를 조울 수 없다니. 진공청소기 물이 들어가는 곳에 약 2인치 가량 되는 나뭇가지 하나를 치웠다. 놀랍게도 잠시 후 청소기는 작동하기 시작했다. 얼마나 안심이 되고 만족스러웠는지 모른다. 나는 결국 진공청소기를 고친 셈이다.

시어머님 생신, 나는 오전 6시부터 시어머니께 전화 드리려고 기다렸다. 나는 시어머니가 의사와 약속을 하셨기 때문에 오전에는 전화를 할 수 없다고 생각했다. 그러나 시어머니께서 하루 종일 집에 계신다는 것을 알았다. 시어머니는 의사와의 약속 요일은 맞았는데 주일을 삼주일 먼저인 줄 착각하셨다고 말씀하셨다. 시어머니 목소리는 즐거웠고 내가 시어머니께 보내드린 생신 선물 캐어 바구니에 대해 고마워 하셨다.

저녁에 베토벤 violin 소나타 No.5, No.8과 No.9을 Henryk Szrtyinh Violin과 알슬 루빈스타인 피아노로 총보를 공부했다. 요즘 내 제자 둘이 베토벤 소나타를 공부하고 있는 중이다. 또한 나는 베토벤 Symphony No.5. C 마이너를 들었다. 이 CD는 지난 1994년 한국 고성에 있는 내 어릴 적 친구 한명이 나에게 준 것이다. 이 특별한 CD는 기억에 남는 것인데, 왜냐하면 그해 Maestro Kurt Masur가 뉴욕 필하모니를 서울로 데리고 왔다. 그날이 더운 한여름 밤이었는데, 서울 세종문화회관 4000석의 좌석이 꽉 찼었다. 내 기억으로는 사람들의 열기와 청중들의 에너지가 내가 앉아있는 꼭대기까지 올라와서 거의 참을 수 없을 정도이었다.

스퀵키와 클로이는 밤에 각각 그들이 좋아하는 의자에 편히 쉬고 있다. 그들은 아주 조용하고 평화스러워 보인다. 그러나 때때로 클로이는 나쁜 방법으로 나와 소통을 하는 습관이 있다. 아침에는 대단히 사랑스럽고 믿음직스럽지만 저녁에는 가끔 예측할 수 없는 곳에서 일을 벌여서 비상 상황을 만들곤 한다. 클로이가 이 비상상태를 만들 때는 그녀에 대한 나의 신뢰는 창문 밖으로 날아가 버린다.

음악이 흘러나오고 있을 때 저녁 서예 연습을 하기 전에 신선한 차 한 잔을 만들기 위해 가위를 들고 몇 잎의 찻잎을 따기 위해 바깥으로 나갔다. 소매 없는, 색깔이 진한 윗옷을 거꾸로 뒤집어 입었다. 이렇게 하면 먹물이 갑자기 튈 때도 그렇게 빠르게 반응을 하지 않아도 된다. 오늘밤, 내 마음과 붓은 내가 원하는 것과 일치하지 않았다. 계속해서 서도 혹은 서예술이라고 부르는 오묘한 예술을 터득하기 위해 애쓰고 있다. 그러나 나는 아직도 그 근방에도 가지를 못한다. 아이러니컬하게도 내가 공부하고 있는 8글자 한자는 다음과 같다. “새끼줄로 톱을 삼아 나무를 자를 수 있고, 빗방울도 바위를 뚫을 수 있다.” 이것은 부처님의 위대하신 가르침중의 하나가 아닌가!

2007년 5월 31일~7월28일

어떤 것은 은이고 어떤 것은 금이다

수년에 걸쳐 걔들의 왼쪽 오른쪽 이웃들은 이사를 가고 바뀌었지만, 이들 오랜 영감들의 낡은 책 cover는 반쯤 떨어져 나가고 남은 부분이 색이 변했지만 책장에 여과장들처럼 부동으로 있었다. 이 네 권의 오랜 한국역사 소설을 오랫동안 펴 보지도 않았지만 과거에 걔들은 내 마음을 자극 시켰고, 나아가서는 나의 상상력을 넓혔다.

지난 봄, 우리는 영문책 수십 권을 사들였는데 새 책들의 자리를 위해 이 네 권의 한국역사 소설과 내가 수년간 무관심해오던 두 수필 책을 포기하기로 했다. 그 책들은 1900년 중반기에 한국의 탁월한 문학가들인 박종화와 이의영 작품들이었다.

나는 이 여섯 권의 책들을 갈색종이 봉투에 싸서 재활용하기로 결정했다. 재활용 truck에 던져질 경우를 대비해 푹신하게 던져지게끔 두 겹의 봉투로 쌌다. 나는 걔들이 살포시 truck안에 떨어져 어느 매립지, 아니면 외딴 곳이나 혹은 외국의 땅에 도착해 같이 있기를 바랬고, 결국은 걔들이 토지를 비옥하게 하고 나아가서는 이 지구에 도움이 되길 원했다.

갈색봉투를 거실에서 부엌 한 모퉁이로 옮겼는데, 그것은 이별을 향해 한 걸음 더 가까워 진 셈이고, 걔들은 그 곳에서 며칠을 머물렀다. 나는 이 기회에 걔들과 진실로 이별할 수 있는가를 결정하는 기회로 생각했는데, 식료품을 부엌으로 들여올 때면 그 식료품을 분별하기 위해선 그 모퉁이를 필요로 했다. 어느 하루, 마음 내키지 않게 개들을 차고로 통하는 세탁실로 옮겼다. 그것은 더욱더 이별과 가까웠고, 그러는 동안에, 내가 진심으로 이별의 준비가 됐는지를 알기위해 고의로 재활용 날을 몇 번 놓쳤다. 하지만 내 가슴속 깊숙이 내 마음은 변하고 있었다. 어느 하루, 우린 새 냉장고를 사들이고 전 냉장고를 세탁실로 옮겼는데 갈색봉투의 개들 의견과는 관계없이 또 옮겼다. 마지막 장소는 차고며, 그런 다음은 이별이다.

나는 개들의 운명을 다음 재활용날인 48시간 안에 결정해야만 했다.

개들은 내가 헤아릴 수 없을 만큼 오랫동안 나와 함께 이사를 다녔다. 한국으로부터 시작해 그 거대한 대서양과 태평양을 몇 번이나 건넜다. 우리가 벨지움에 거주했을 때 개들은 거실과 음악실 사이에 있는 아늑한, 화려한 아코디언식 문을 한 개인 도서관에 있었는데 그 곳은 처음 태평양을 건너와 간이 벽돌 책장에 진열 되었던 때와 비교하면 궁전과 같았다.

언젠가 한번, Virginia주 랙싱턴에 거주하던 아들이 세든 집을 방문한 적이 있다. Victorian식 집에 마루에서 천장까지 높은 책장이 14개나 있었는데 모든 방은 물론 부엌에까지 책장이 있었다. 그 집은 바로 개인 도서관이었고 서예, 언어, 화단 가꾸기, 과학, 철학 등 상상할 수 있는 주제의 책들은 다 있었다. 어느 한 책장에서 내 서예공부를 위해 읽고 싶어했던 중국 서예 책을 보고 놀랐다.

결국은 한 때 나의 상상력을 길러준 걔들과 이별할 수 없다고 결정했다. 걔들은 재활용 바로 전날 다시 책장으로 돌아갔고 나의 오랜 영감들은 최근에 들여온 새롭고 번쩍이는 책들에 비하면 볼품은 없다.

책들도 감정이 있고, 후회와 거절당함을 느낄 수 있을까? 걔들이 나하고 미국 살려온 것을 후회하지는 않는지 알고 싶었다. 걔들은 이별을 고려하지도 않았는데 자신이 걔들한테 죽을 죄를 지은 것 같다.

내 한국 책들은 자신의 정신적, 지적 향상의 역사와 얘기를 내포하고 있고, 걔들은 내 마음을 부유하게 하는 충분한 영양소가 되었다. 나에게 새 책들은 은과 같고 오랜 영감들은 금과 같다.

2009년 10월. 샌 안토니오

끈기가 선물한 진주 반지

내가 몇몇 귀중품들을 보관하고 있는 조그마한 화장품 bag을 뒤적이다가 우연히 몇 년 동안 끼지 않았던 진주반지 하나를 발견했다. 그것은 오래전 우발적으로 일어났던 과속티켓에 관한 생생한 기억을 떠올리게 했다.

그것은 18금짜리 반지에 무작위로 7개의 조그마한 미키모토 진주들로 장식되어있다. 순박하지만 고요하게 빛나고 아름다운 이 반지는 바로 내가 좋아하는 것이었기 때문에 한 눈에 보자마자 샀다. 그것은 그날 연방법원에서 나의 작은 승리를 기념하는 것이다.

9월 어느 날 아침, 나는 치과의원에 약속을 위해 가는 도중이었다. 집에서 약 45분간 차를 운전한 뒤, 이른 아침에 이 지역을 한 번도 와 본적이 없는 치과의원 부근에 도착했다. 치과의원이 있는 거리에서 내가 차를 왼쪽으로 방향을 바꿨을 때, 붉게 빛나는 스펙트럼과 오렌지색과 노란색의 떠오르는 태양빛이 순간적으로 앞을 못 보게 했다. 나는 눈을 찡그리고 햇빛 가리개를 내렸지만, 소용없었다. 나는 앉은키를 높게 하기위해 등을 똑바로 세워서 햇빛가리개 뒤로 볼 수 있었지만, 아무리해도 2인치를 순간적으로 자랄 수는 없었다. 떠오르는 태양빛을 아무 것으로도 막지 못했다. 그 치과의원은 약 세 block 떨어진 언덕 아래에 있었다. 첫째 block을 통과한 뒤 차내 거울로 뒤를 확인해 보니까, 놀랍게도 나는 정지신호를 보지 못하고 지나와 버렸다. 그것을 보지 못한 것 때문에 기분이 언짢았다. 다음 block에서 내 바로 뒤에 따라오는 경찰차를 보았다. 나는 경찰이 내가 정지신호를 무시했기 때문에 내차를 세우려고 한다는 것을 직감했다.

비상등을 번쩍이면서 따라오는 경찰차의 지시에 따라 나는 차를 치과의원 주차장에 세웠다. 아마도 경찰학교를 갓 졸업한 듯한 신참 경찰관이 윤이 나는 경찰차 밖으로 나와 내 차 쪽으로 걸어왔다. 나도 내 차에서 나와 우리는 서로 형식적인 인사를 교환했다. 그는 나에게 운전면허증을 보여 달라고 했고, 나는 그의 지시에 응했다. 그러자 그는 나에게 15마일을 과속했다고 말하는 것이 아닌가! 분명히 그는 내가 정지신호를 무시한 것을 보지 못했다. 만약에 그가 그것을 보았다면 벌금이 더 많은 또 다른 범칙금을 이야기 할 것이라고 나는 확신했다. "과속이라고요? 떠오르는 아침 태양광선이 나를 장님으로 만들었기 때문에 어떠한 신호도 보지 못했습니다."고 나는 대답했다. 언덕을 내려오는 나의 시야는 zero이었다. 그러고 나서 "나는 사실로 정지신호도 위반했다!"고 혼자말로 중얼거렸다. 그때 그 경찰관은 티켓 패드를 꺼내서 무엇인가를 적기 시작했다. 나는 그의 행동에 기분이 몹시 나빴다. "당신이 진정으로 운전자들의 안전을 위한다면, 당신의 함정에 운전자들이 떨어지기를 숨어서 기다리지 말고 언덕위에서 불빛을 비추든지, 위험신호를 보내야 하지 않는가? 운전자들을 괴롭히는 것이 당신이 하루 종일 하는 일이냐? 당신과 같은 경찰 때문에 전 경찰들이 욕을 먹는다."고 계속해서 이야기했다. 놀랍게도 그는 교장 선생님에게 꾸중을 듣는 것처럼 내 강의

를 들었다. 내가 그를 호통을 친 뒤, 그 티켓을 버리라고 요구했다. "제가 한번 티켓을 끊으면 저는 이것을 버릴 수가 없습니다."고 그는 대답했다. 그는 나를 약간 측은하게 생각했던지 그 티켓 아래쪽에 "아침에 뜨는 태양빛이 이 운전자를 장님으로 만들었다."고 기록하였다.

그런 후 그는 나에게 연방법원으로부터 고지서를 받을 것이며 시간절약과 고생을 하지않고 우편으로 벌금을 내든지, 아니면 법원에 직접 출두해서 티켓의 잘못에 관해 이의를 제기하라고 설명했다. "법원에서 봅시다!"고 나는 대답했다. 이것이 내가 그 신참 경찰관을 마지막 본 것이다. 나는 그 경찰관이 함정을 설치해놓고 나를 쥐처럼 기다린 것이 너무도 억울했다. 이와 같은 모든 상황이 나에게 위경련을 일으켰다. 이 글을 쓰고 있는 이 순간에도 그날 어떻게 내가 치과의원에 갔었는지 언제, 어떻게 집에 되돌아 왔는지를 기억할 수 없다.

며칠이 몇 주일이 되는 것 같았다. 어느 날 우편함에서 나는 연방법원 회신 주소가 적힌 편지 한통을 발견했다. 추측할 필요도 없었다. 그것은 내가 수일간 짜증스럽게 기다리던 것이었다. 그 경찰관이 나에게 말한 그대로 나는 법원에 가지 않고 벌금을 내던지 약속한 날짜에 법원에 직접 출두하든지 둘 중의 하나를 선택해야 했다. 벌금을 낼 의사는 전혀 없었다. 왜냐하면 나는 처음부터 티켓을 받지 않아야 했기 때문이다.

그 날은 구름 낀 날이었다. 내가 법원에 출두하던 전날에는 간헐적으로 비가 왔었고 아직도 비가 올 것 같았다. 나의 남편은 비록 그가 나를 대신 할 수는 없지만 내 마음이나 위로하기를 원했기 때문에 나와 동행하기를 주장했다. 우리들은 약속한 날에 내가 좋아하는 노란 우산을 가지고 샌 안토니오 시내에 있는 연방법원으로 향했다.

와우! 너무 많은 위반자들과 혹은 아마도 위반자들로 취급당한 사람들이 큰 홀에 이미 모여 있었다. 홀에는 우리들 모두에게 법원 절차를 안내하는 큰 평면 텔레비전이 있었다. 변호사를 고용하는 것은 몇 백 달러가 들기 때문에, 나는 주저 없이 스스로 내 자신을 변호하기로 결정했었다. 간신이 내 차례를 기다렸고 판사를 대면해서, 그에게 교통경찰관의 임무가 완전히 개정되어야함을 설명하고 또한, 그 비정상적인 신참 경찰관에 관해서 이야기할 것을 마음속으로 준비하고 있었다.

두 명의 판사가 위반자들로 취급당한 사람들로 꽉 찬 큰 홀의 오른쪽 바깥에 앉아있었다. 자기 자신이 변호할 것을 결정한 사람들은 두 판사 중의 한명과 대면했다. 사람들이 기다리는 줄은 빠르게 움직였고, 내가 담당판사에 가까이 갔을 때, 나는 판사와 위반취급을 당한 운전자들 사이에 대화가 격식이 없다는 것을 엿들을 수 있었다.

내 차례가 되어서 판사 앞에 앉았을 때 그는 그 신참 경찰관이 쓴 티켓을 가지고 있었다. 그 판사는 "떠오르는 태양빛이 이 운전자를 장님으로 만들었다."고 기록한 것에 주목했다. 나는 판사에게 그 날에 있었던 일을 자세히 설명했고, 그 경찰관의 임무에 관해서 부탁받지 않은 나의 의견을 말했다. 그는 나의 이야기를 주의 깊게 듣고 그 티켓을 취소했다. 나는 기분이 좋았지만 그때까지도 내 마음은 교통 경찰관의 직무를 바꿀 수 있는 수단과 방법으로 가득 차 있었다. 내 바로 뒷자리에 앉아 있던 남편은 손잡이가 달린 우산으로 나를 쿡쿡 찌르기 시작했다. 그는 내가 판사를 훈계해서 문제를 일으키지 않기를 바란다고 나는 추측한다. 그는 내 뒤에서 "복숙, 당신은 충분히 이야기했으니까, 이제 그만 집으로 갑시다."고 낮은 목소리로 말했다.

집으로 돌아오는 길에 법원에서 있었던 경험을 떨쳐 버리려고 백화점을 둘러보러 갔다. 그때 나는 유리 진열장 안에 놓여있는 소박하고 우아한 진주반지를 보았다. 나는 그 반지가 나를 먼저 보았다고 생각했다. 왜냐하면 그 조그만 진주들은 마치 나의 기분을 축하하는 것처럼 이미 조용하게 빛나고 있었기 때문이었다.

2009년 1월

콭니Courtney가 선물한 노란 포인세티아

2006년 크리스마스 2주전 수요일 늦은 오후, 나는 매주 마다 violin 레슨을 받으러 오는 콭니를 기다리고 있었다. 오후 5시30분쯤에 대문벨이 울렸고, 내가 문을 열었을 때 밝은 미소를 띠고 한 손에 노란 포인세티아 화분을 들고 있는 콭니를 보고 놀랐다. 다른 손에 든 그녀의 violin과 큰 음악책 가방은 무거워 축 늘어져 땅에 닿을 듯했다. 그녀는 자랑스럽게 "선생님 이 화분 받으세요,"라고 말하면서 화분에 든 노란 포인세티아를 내 손에 건네주었다. 나는 콭니가 어떻게 내가 좋아하는 색깔이 노란색이라는 것을 알았는지 의아해 했다.

콭니는 7학년 학생이다. 그녀는 2005년 6월부터 지금까지 나에게 violin 레슨을 받고 있다. 그녀의 가족들은 그해 여름 커네티컽Connecticut주에서 텍사스Texas주 샌 안토니오San Antonio로 이사를 왔다. 그녀는 대단히 예의 바르고, 밝고, 헌신적인 학생이다. 그녀는 말 한마디도 조심스럽게 선택하고 표정이 풍부하게 말을 한다. 내가 기억하는 한, 나의 레슨 경력 중에 숙제를 더 많이 받기를 원하는 유일한 세 번째 학생이 아닌가! 특별하게 내가 공부를 시키는 음악 이론 책은 제자들이 재미있게 배울 수 있는 책이라, 나는 이 책을 '재미있는 활동책'이라고 부르고 있다. Violin과 활로 악보를 연주 하는 것 외에도 violin을 공부하는 사람들이

필히 음악에 대한 기초지식을 알아야 하는데, 이것이 바로 음악이론이다. 내가 콜니의 숙제를 평가하는 논평을 쓸 때면 그녀는 항상 "킨슬로 선생님, 제가 다음 과제로 넘어가도 될까요?"라고 물으면서, 저는 음악 이외는 별 할 일이 없어요!"라고 한탄을 한다. 마치 그녀가 해야 할 집안 심부름이나 숙제가 없는 것처럼. 으레 레슨 마지막에는 그녀가 꼭 하는 말은 "레슨이 벌써 끝났어요?" 하는 것이다. 어느 날 그녀는 나의 관심을 끌었는데, 그때 그녀가 그날 한 시간 동안 공부한 레슨에 관한 질문을 가지고 있는 줄로 생각했었다. 그러나 콜니가 집으로 돌아가기 위해 가방을 싸면서 다음과 같이 말했다. "단지 큰 문제는 저는 집으로 돌아가기 싫은 거예요. 저는 이 레슨이 좀 더 길었으면 좋겠어요. 저는 엄마에게 좀 더 레슨시간을 연장해 달라고 요구할 거예요." 이것이 나에게 violin 레슨을 받고 있는 콜니의 태도이다.

2007년 5월 29일 화요일 늦은 오후에 브라운Mrs Brown 부인은 그의 딸 콜니를 데리고 나에게 왔다. 그녀는 잠시 머뭇거리다가 마음을 가다듬고 나에게 말했다. "킨슬로 선생님, 저는 선생님께 좋은 소식과 그렇지 못한 소식을 전해 드리려고 찾아왔습니다.” 그녀는 말을 계속했다. “좋은 소식은 미스터 브라운 Mr.Brown이 큰 승진을 한 것이고, 그렇지 못한 소식은 우리가족이 이번 여름에 커네티컽으로 다시 이사를 가게 되었다는 것입니다.” “너무 급하게 소식을 전해드린다고 저도 알고 있습니다. 오, 저는 이사 가기가 지긋지긋합니다. 우리가족은 이사를 너무 많이 다녔습니다. 애들은 우리가 이 여름에 집을 구할 때까지 미시시피Mississippi 주에 있는 조부모님 댁에 머무르기로 했습니다.” 전혀 뜻밖의 소식이었기 때문에 나는 할 말을 잃었다. 그래서 그 날 오후 **콭니**는 나에게 마지막 레슨을 받게 되었다. 나와 **콭니**는 스즈키 책 4권에 있는 그녀가 좋아하는 두 violin협주곡을 복습했다. 그녀는 최근에 시작한 비발디Vivaldi A 단조를 마무리하기 위해서 또 커네티컽에 거주하시는 그녀의 전 violin 선생님을 위해 협주곡을 열심히 연습했다. 마지막 레슨이 끝난 뒤 나는 **콭니**를 그녀의 차로 데려다 주기 위해 같이 걸어 나갔다. 브라운 부인은 차 안에서 그녀의 아들과 게임을 하고 있었는데, 그녀는 나를 보자마자 옷깃을 여미며 차 밖으로 나와서 말했다. “겨울을 제외하고 커네티컽의 저희 집을 방문해 주십시오. 그 곳은 겨울 날씨가 혹독합니다. 뉴욕에서 약30분 거리에 있습니다…… ” 그녀는 깊은 애정으로 나를 껴안으면서 말했다. “당신은 가장 훌륭한 선생님이십니다!”

노란색은 어떠한 형태라도 오랫동안 내가 좋아하는 색깔이다. 봄의 전령사인 노란 개나리꽃이 우리식당 창문 건너편에 피어오를 때, 내 영혼은 겨울을 넘어 분출한다. 우리들이 이 집으로 이사 오자마자 나는 다섯 그루의 어린 개나리꽃을 심었다. 그때부터 꽤 큰 개나리꽃은 관목으로 자랐다.

과거에 나는 노란색이 아닌 갈색과 연한 녹색을 좋아했지만 그것들은 오래가지 못했다. 노오란 색깔은 항상 나에게 새로움으로 되돌아 왔다. 신선함과 우아함과 조금의 수줍음이 암시된 노란색은 나에게 영혼을 불러일으키고 나를 일깨워 주고, 그리고 노란 색깔은 기분이 좋지 않은 날 먹구름을 막아주는 내 마음 속의 예방약과 같은 것이다.

콛니의 노란 포인세티아는 이제 더 이상 우리 집에서 중앙무대를 차지하지 않는다. 그렇지만 우리 모두에게 좋은 날과 나쁜 날이 있지 않는가? 미소 띤 노란 포인세티아 줄기는 몇몇 끈질긴 줄기를 제외하고 시들어 가고 있다. 그러나 성장력이 강한 네 줄기는 새잎이 나오기를 기다리고 있다. 나는 웃음을 잃은 싱싱하지 못한 잎사귀의 포인세티아를 다가오는 크리스마스 때 잎이 솟아오르기를 바라면서 이곳저곳 마땅한 장소를 찾아 옮기곤 했다. 으레 크리스마스 때는 학생과 학부모로부터 노란색이 아닌 전형적인 빨간 색깔의 포인세티아를 선물 받곤 했다. 노란 포인세티아는 가게 진열장이나 혹은 식료품가게에 놓여 있을 때 내가 즐기기는 하지만 나의 '다음에 살 물건 목록'에 머물렀던 것이다. 그러므로 콛니로부터 화분에 심어진 노란 포인세티아를 선물 받았을 때 내가 얼마나 기뻐했는지 누구든지 상상할 수 있을 것이다.

콛니의 노란 포인세티아는 의기와 인식의 원천이었다. 그 포인세티아는 그 해 크리스마스 때 우리 가족을 즐겁게 했고 내 violin 제자들을 기쁘게 했다. 가장 중요한 것은 그 해 크리스마스 때 놀랍게도 우리 집 대문 앞에 세 차례나 나타난 세 왕 (이때 왕은 아름답고 건장한 세 마리 야생 칠면조)이 환영을 받은 것이다. 세 왕의 모습을 노란 포인세티아를 배경으로 사진에 담았다.

2007년 3월

옥천사에서 아버지와 세 자매의
즐거운 한 때

일제 강점기 군복을 입으신
아버지

어릴 적 행복한 우리가족

여고시절
언니(왼쪽)와 함께

남편과 함께

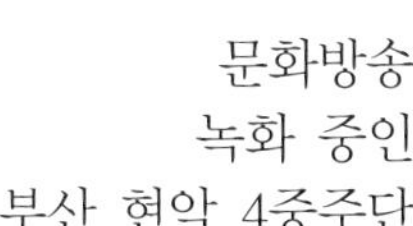

문화방송
녹화 중인
부산 현악 4중주단

부산시향
단원들과

처음 고국을 떠나던 날
어머니와 함께

통영 앞 바다
선상에서 저자

첫 아이 Kathryn

둘째 아이 Stephen

Stephen, Kathryn, 그리고 미스 미아우, 벨지움 집 뒤뜰에서

나(왼쪽)의 첫 한국인 친구 KJ (오른쪽), 미국 알라바마주

벨지움 브루셀 대광장에 선 저자

Z부인(중앙) 집에서
크리스마스 만찬 전
저자(왼쪽)

벨지움
Van Gogh
집 앞에서

파리지엔 J와 그녀
의 장미밭에서
Mons, Belgium

Ruth와 함께
Eysins,
Switzcrland

SHAPE (유럽연합군 최고사령부) Garden Club에서 한국 꽃꽂이 시범하는 저자(오른쪽 세번째)

샌 안토니오 집
뒷뜰에서

전 걷기 짝지
프플잰이 선사한
생일선물

Kathryn과 Stephen '부활절 달걀찾기' 뒤, 샌 안토니오 집앞 뜰에서

모자 Lexington, Virginia

파리 몽파네스 묘지에
있는 생상 묘소

백악관 앞에서

Niagara 폭포에서

고성여고 모교에서 영어 강의 후 후배들과 함께

둘도 없는 고향친구
정숙(오른쪽)이와
둔치도에서

栗谷 李珥기념관 앞에서, 경기도 파주

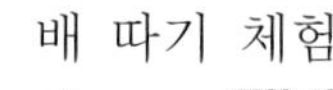

배 따기 체험

秋史 金正喜
'板殿' 현판 앞에서
서울 봉은사

구덕산 '현빈' 까치바위에서
부산

서예지로 손수 꿰매 만든 옷을 입은 저자

미국의 한 문화, 너무 많은 타올

2주 전, 4개로 이루어진 새 수건 한 세트를 사왔다. 목욕 수건, 손 닦는 수건, 그리고 얼굴 씻는 수건, 이렇게 12개였다. 또 욕실의 벽지와 잘 맞는지 알아보기 위해 다른 색으로 된 3개의 얼굴 수건을 사왔다. 그런 후, 나는 무슨 색깔의 타올을 가져야 할까에 사로잡혀 있었다. 그것을 결정하기엔 90일이 남아 있는데, 날이 갈수록 마음이 산란해졌다. 색깔을 결정한 후 3개의 얼굴 씻는 타올은 가게에 반납해야한다. 나는 그것 때문에 압박감을 받아 지쳤고 정신적으로 그것은 나를 피곤하게 만들었다.

무의식 중에, 나는 부엌에 사용되는 타올과 깔개, 그리고 식기류 및 정원 손질용 장갑까지도, 그리고 심지어 조경화 등도 색깔 구성을 생각하고 있다. 그래서 색깔 구성에 대한 내 열정은 일상생활의 일부분이 되었다.

최근에 나는 살인적인 오후 폭염으로부터 약초와 꽃밭을 보호하기 위해 흙 덮개를 산 적이 있었다. 텍사스산 천연 삼나무 재질로 만든 꿀색, 빨강색, 그리고 초콜릿빛 갈색 덮개들이 다량으로 진열된 앞에 서서 어떤 색상을 선택할 것인지 고민하고 있었다. 빨간색 흙 덮개가 예뻐 보였지만 우리집에는 어울리지 않을 것 같아서 결국 초콜릿빛 갈색 색상을 선택하였다.

오래 전에, 백화점에서 디자이너 비치용 타올을 세일했을 때,

최상의 타올을 선택하기 위해 새벽 동이 트자마자 백화점에 간 기억이 있다. 디자이너 타올은 그 당시 상당한 가격이었으나 그것에는 관심이 없었다. 나는 소풍용 담요 크기만 한 2개의 YSL 비치 타올을 집에 사왔었다. 내가 수건을 샀던 백화점은 오래전에 문을 닫았지만, 그 타올은 거의 새것처럼 예쁘게 남아 있다.

어느 날 밤, 고향에서 자랄 때, 내가 수건을 사용한 적이 있었는가?라는 의문에 빠지기 시작하였다. 나는 한국의 언니한테 전화를 하였다. 물론 주제는 수건이었다. "언니야, 우리가 고향에서 자랄 때 수건이 있었나?" "뭐?" 언니는 엉뚱한 질문에 반문하였다. "음, 생각 좀 해보자. 기억이 잘 나질 않는데…" 결국 언니는 큰 도움이 되질 않았고 내가 점차 익숙해져 가는 많은 타올과 색깔 구성의 미국 문화에 대해 이해하질 못하였다.

언니와의 대화는 계속되었다. "지금 흰색의 이집트 면수건 세트를 다른 색으로 바꿀 건지 아님 그냥 가질 것인지 고민하고 있어. 언니야, 이곳 미국에서는 색갈이 어울리지 않는 수건은 사지 않는단다. 그래야 쇼핑 시간을 절약할 수 있는데, 만약 내 취향의 색깔이 아니면 다시 바꾸고 결정해야 하는 시간을 허비 안 해도 되니까,"라고 언니에게 얘기하였다. 그런데 나는 지난 몇 주 전부터 무얼하고 있었나? 어떤 색상의 타올을 선택해야 할지 고민하고 있지 않았나! 언니는 조용히 듣고는, "너 병이다! 나는 무슨 색깔의 수건인지 상관 안한다. 수건은 단지 수건일 뿐이야," 라고 내뱉었다.

갑자기, 큰 물동이를 머리에 받치기 위해 작은 수건을 사용하던 시골 아낙네들의 모습이 내 마음속에 떠올랐다. 일년에 두 번씩, 명절에 친척들이 우리집 목욕탕을 사용했다면, 분명히 그들은 자신들의 타올들을 가져왔을 것이다. 그렇지 않을까? 확실히 언니하고 나는 수건을 사용했었지만, 요즘은 상상도 못할 색깔의 수건들이 전시되고 있는 백화점에 우리가 보는 수건과는 전혀 다른 것이었다. 어릴 적 수건들은 얇고 엉성하게 만들어져 있었고 타올 한 두 개로 온 가족이 함께 사용했다.

내가 아는 한, 요즘 한국 가정에서 손 닦는 크기의 수건들은 거의 모두 로고가 찍혀있다. 그 로고는 새 불고기 레스트랑이나, 새 목욕탕 개업 또는 연중 스포츠 행사 또는 동창회로부터 받은 것일 것이다. 나 또한 한국에서 가져온 2개의 로고 타올이 있는데, 하나는 1988년 7월 9일 판문점 군사공동경비지역에서 2번째 몽크 비치 파티Monk Beach Party에서 받은 것이며 다른 하나는 초등학교 동창회 때 받은 것이다.

한국서 우리는 자주 일반 크기의 똑같은 수건을 사용한다. 그러나 아기 담요 크기만큼의 큰 목욕 수건과 단지 얼굴을 씻기 위해 특별히 만들어진 손수건 크기의 작은 얼굴 수건을 사용하지 않는다. 아직도 나는 얼굴 수건에 익숙치가 않다. 그래서 내 맨 손이 얼굴 수건이며, 얼굴 수건보다 내 피부를 잘 느낄 수 있기 때문에 훨씬 더 효과적이다.

나는 부엌 타올에 특별한 애착을 가지고 있다. 처음 나는 오리가 그려진 타올을 수집하였고, 그러다가 텍사스 남부의 광대한 선인장 광경을 상기시켜주는 선인장이 그려진 타올을 수집하였다. 그런 다음 몇몇 식기류 세트의 하나와 잘 어울리는 코발트색의 파란 타올을 수집하였다. 지금은 우리 집 부엌의 벽지와 잘 어울리는 노란 색채를 띤 타올을 볼 때마다 "빨리 사! 빨리 사" 라고 외치는 아주 작은 목소리가 들리는 듯하다. 그것을 참는 것은 너무 힘들다. 아마 나의 언니 말이 맞다. 그것은 병인가 봐!

호기심으로, 처음으로 나는 타올의 개수를 세기 시작하였다.

우리 집 2개의 욕실에서, 잘 어울리는 색상의 목욕 타올, 손닦는 타올 그리고 얼굴 씻는 타올 몇 세트가 있는가 하면, 두 번째 욕실 선반위에는 장작나무와 같이 쌓여있는 많은 비치 타올들이 있다. 부엌 아일랜드 서랍에는 단지 부엌을 위한 부엌 타올과 같은 것이 30여개가 정리되어 있다. 나에게 부엌 타올은 나의 요리를 더 즐겁게 만들어 준다고 믿고 있는데, 만약 내가 '부엌 타올은 단지 부엌을 위한 것이야' 라고 언니에게 말한다면 언니는 도저히 이해할 수 없을 것이다. 바bar에는 아주 드물게 사용하는 칵테일 타올이 있고 차고에는 셀 수 없을 만큼의 허드레 타올이 있다. 욕실 세면대 밑으로 이전에 사용하든 그렇지만 지금은 색깔이 맞지 않는 포근한 감청색 타올 세트가 들어 있다. 크리스마스 휴일을 위한 공휴일을 주제로 한 타올들이 있는가 하면, 고양이가 누울 때 사용되는 고양이용 타올들이 있다. 우리의 생활이 타올들로 둘러 쌓여 있다는 것을 깨닫지 못했었고, 나는 미국 타올 문화의 일부분이 되고 있다.

2009년 5월

내 영혼을 감동시킨 제자

2008년 가을 어느 날 볼일을 보고 집으로 돌아왔을 때, 나는 전화 자동응답기에서 메시지 하나를 발견했다. "킨슬로 선생님, 저는 선생님에게 violin을 배웠던 제자 J입니다. Violin 레슨을 다시 받고 싶습니다." 그 message 끝에 내가 그에게 연락할 수 있는 전화번호를 남겨 두었다. 그 메시지는 예기치 않았기 때문에 내가 생각하고 있었던 J인지를 확인하기 위해 몇 번이나 자동응답기 들어 보았다. 그것은 간단했지만 내가 녹음된 message를 주의 깊게 듣고 그의 깊고 울리는 음성을 알아보았다. 그날 저녁에 그의 소식을 듣기위해 간신히 기다렸다. 내가 그에게 전화를 하기 전에 그의 마지막 violin 레슨 날짜를 알아보기 위해서 오래된 일일 레슨 계획서를 찾았다.

나에게 그가 마지막 violin 레슨을 그만 둔 것이 거의 2년 반 전인 2005년 여름 직전이었다. 석유회사에 기술업무의 임시직으로 근무하려면 시외로 종종 출장을 가야하기 때문에 violin 공부를 계속할 수 없다고 그는 나에게 말했었다.

그날 저녁 나는 J에게 전화를 걸었고, 그의 마지막 레슨과 그날 저녁의 전화 사이에는 마치 시간 간격이 없었던 것 같았다. 그는 나와 마찬가지로 흥분했고 마지막 레슨을 나에게 받고 난 이후에 일어났던 즐거움과 슬픔을 나와 함께 나누었다.

J는 이야기를 시작했다. "긴 이야기를 짧게 말씀드리면...... 제 외아들이 사고로 죽었습니다." 그는 자기를 가다듬기 위해 잠시 멈추고 이야기를 계속했다. "지금은 재혼을 해서 9개월 된 아들이 하나 있습니다." 나는 그로부터 예기치 못한 이야기를 조용하게 듣고, "J, 왜 당신은 violin을 다시 시작하기를 원하느냐? 당신도 알다시피 violin을 공부하기위해서는 많은 시간과 노력이 요구된다. 당신은 새 가족과 직장이 있는데 violin을 연습할 수 있는 시간을 가질 수 있다고 생각 하느냐?"고 조심스럽게 물었다. "나의 마음을 위로하고 삶의 균형을 위해서"라고 그는 대답했다. 잠시 동안 침묵이 흘렀다. 나는 이와 같은 그의 심원한 진술에 어떻게 대답해야 할 줄 몰랐다. 그의 대답이 서서히 내 마음속에 가라앉았고 소름이 등골에 끼쳤다. 나는 그가 전화를 끊은 뒤에도 그의 대답을 거듭 반복했다. "나의 마음을 위로하고 삶의 균형을 위하여......"

차이코프스키는 13년 동안 열렬한 그의 후원자였던 폰멕부인 Mme. von Meck에게 다음과 같이 편지를 썼다: "음악은 인간에게 하늘이 준 가장 위대한 선물이다. 인간이 어둠속에서 방황할 때, 유일하게 음악은 설명 해주고 주입시키고, 그리고 마음을 가라앉힌다. 음악은 마지막 수단이 아니고, 성실한 친구요, 후원자, 그리고 위로자이다. 음악은 말로 표현할 수 없을 때, 말이 힘이 없는 곳에 완전히 무장되고, 아주 우아한 언어다."

J는 나의 전형적인 제자중의 한 사람은 아니다. 나의 전형적인 제자는 직업이 학생이고, 학교 올케스트라 단원이며, 매일 violin을 연주하는 학생이다. J는 직장과 가족이 있고 여분의 시

간에 사회봉사 조직인 Optimist Club에서 봉사활동을 한다. J는 그의 시간과 열정을 혜택을 받지 못하는 애들에게 문화행사에 데려가기도 하고, 그들에게 우러러 보는 모델이 되고 있다.

그는 또한 교회활동을 하고 성가대에서 노래를 한다. J는 Symphony 음악, 합창과 칸츄리 음악을 좋아하지만 violin 음악을 더욱 좋아한다.

어느 할러데이 시즌, J는 그의 직장 동료 그룹을 violin 연주로 기쁘게하는 자원 봉사를 했다. 그는 우리가 선택한 레퍼토리를 집중적으로 두 달 동안 열심히 연습했다. 뒤에, 나는 J가 백여 명이 넘는 동료들 앞에서 아주 인기 있게 연주했다는 사실을 알았다.

그 다음 주 수요일 그가 레슨에 돌아왔을 때, 그의 직장 동료들과 음악을 함께 나누고 감명을 주었다고 기쁨으로 환했다. J는 "너무 재미있는 시간이었다."고 선언했다.

어느 수요일 아침 주 레슨 시간이 가까워 졌을 때, 나는 그가 오기를 기다렸다. 음악실 창문 밖으로 J가 마치 애기를 안은 것처럼 케이스가 없는 violin을 안고 차 밖으로 나오는 것을 보았다. 나머지, 활과 음악책 모두가 팔 안에 있는 것이 아닌가? 그의 violin 케이스에 무슨 일이 일어났는지 궁금했다. 케이스 없는 violin을 들고 다니는 제자를 나는 본적이 없다. 나는 그가 대문으로 오면서 violin을 보도에 떨어뜨리거나, 또 음악책을 흘리지 않기를 바라면서 인내심을 가지고 기다렸다.

그가 집에 들어왔을 때 그는 그날 아침, 집 근처 자연 공원에서 violin 연습을 했다고 나에게 말했다. 생생한 참나무들, 향나무들과 선인장들과 다른 자생나무 숲속에는 사슴과 새들이 많이 있는 몇몇 오솔길이 있다. 우리가 레슨을 준비할 때, 그는 큰 미소를 지으면서 "나는 공원에서 새들을 쫓아 버렸다."고 말했다. 그 의미는 공원의 즉석 연습이 그가 원했던 것처럼 잘 되지 않았다는 것이다.

또 다른 경우도 그가 주간 레슨을 하기 위해 집에 도착했을 때 그는 나에게 그의 아버지와 함께 한 섬에 1박 2일 보트 여행을 갈 예정이라고 알려 주었다. 우리는 violin을 가지고 가는 것이 좋지 않다는 의견에 동의를 했다. 일주일 후 그가 레슨을 받으러 왔을 때, J는 그날 violin을 가지고 가지 않을 수 없었다고 말했다. 사전 주의로, 그는 violin의 안전을 위해 플라스틱 bag으로 violin을 둘러쌌고, 그 섬에서 그날 밤 그의 아버지를 위한 campfire에서 봐이올린을 연주했다.

2008년 11월에 J는 violin 레슨을 다시 시작했다. 그는 그의 시간을 가족과 직장과 교회활동에 아주 주의깊게 배분했지만, 나는 항상 수요일 아침 레슨을 받는 그를 기대할 수 있다. 때때로 그가 레슨 시간에 늦을 때면 오는 도중에 전화를 한다.

J는 "Violin 연주는 삶의 스테레스로부터 좋은 탈출이고 violin은 그의 생각을 맑게 하고 그의 느낌을 높여주고, 마음과 영혼을 위한 훌륭한 약이다."라고 이야기한다.

2008년 크리스마스 할러데이 어느 날, 나는 우편함에서 J에게서 온 카드 하나를 발견했다. 카드 앞에 J의 아름다운 새 가족의 사진이 들은 주문해서 만든 카드였다. 그 카드 내용은 다음과 같다.

복숙 선생님의 도움에 감사드립니다. 선생님은 나의 아주 서툰 violin 소리가 아들의 죽음을 나에게 얼마나 위로해 주는지 모르실겁니다.

행복을 빌어드리며

J

2009년 4월

내가 경험한 샌 안토니오 집 보수 "전문가들"

언니야,

샌 안토니오는 가족을 양육시키는데 좋은 도시란다. 탁월한 사업들, 관광, 의학과 건강 그리고 우수한 교육시설들로 살고 싶은 도시의 하나로 꼽히지.

이 도시는 아름다운 River Walk와 4개의 미션Mission과 알라모Alamo의 본거지다. 또한 많은 golfer들이 오고 싶어하는 곳이며 4번이나 NBA챔피언을 차지한 San Antonio Spurs의 홈이지만, 유능한 집 보수 전문가들을 찾기 힘든 곳이란다.

언니도 잘 알다시피 집을 유지 보존하기 위해서는 종종 전문가의 도움이 필요한데, 언니는 우리 집을 방문하는 소위 '전문가들'에 대해서 내가 왜 괴이쩍게 여기는가를 알게 될 것이다. 나에게 교훈을 주었던 몇몇 놀라운 사건들을 언니와 나누고 싶단다.

미국에서 우리들이 매입한 첫번째 집은 아주 새집이었다. 매입계약서에 최종 사인을 하고, 이사를 들기 전에 우리들은 높은 기대감을 가지고 마지막 점검을 해보니 사소한 손질이 필요한 곳이 여러 군데 있음을 발견했지. 비록 시간이 걸릴지라도, 건축업자가 새 입주자가 만족스럽도록 만전을 기했지만 추한 사건이 없는 것은 아니었어.

우리집 주 욕실 카펫 위에서 일을 하고 있던 목수는 자기 것이 아닌 금반지를 탐냈어. 욕실에 가기 위해서 그는 주 거실을 지나가야 했는데. 그가 작업을 마친 직후, 나는 거실 옷장 위에 두었던 금반지가 없어진 것을 알았단다. 우리는 경찰을 불렀고 경찰은 즉각 출동해서 그를 차고에 데려가 옷을 벗기고 조사를 했지만 금반지를 찾지 못했어. 우리들은 그가 그 반지를 삼켰다고 생각했었는데 놀랍게도 다음날, 그 반지를 차고 선반들 중 한 선반 위에서 발견했단다.

그 새집은 4그루의 나무와 8그루의 관목이 따라왔는데. 앞뜰과 뒤뜰의 실질적인 조경을 위해서는 더 많은 관목들이 필요했었어. 게다가 우리들은 뒤뜰에 꽃밭과 꽤 큰 채소밭을 만들기로 하고 딱딱하고 돌 많은 알칼리성분의 땅을 파고 나무를 심기 위해서 모든 주말을 보내야 했고, 매주마다, 계절마다, 화원을 수없이 갔다 왔다 해야만 했단다. 불가피하게, 삽, 호미와 외바퀴 손수레들이 매일의 필수품이 되었는데, 그것은 힘든 작업이었지만, 꿀벌들과 나비들을 찾아오게 하는 꽃들과 관목들은 그 작업을 보람있게 했었어. 그러나 우리들은 벨지움으로 이사를 갔었기 때문에 포도넝쿨이 자라고, 어린 식물이 열매를 맺고, 목련꽃이 피는 것을 보지 못했단다. 우리들이 미국으로 다시 돌아왔을 때는 새집을 다시는 사지 않기로 했어. 왜냐하면 새집을 가꾸기 위해서는 너무 힘들기 때문이었어. 그래서 우리가 벨지움에서 미국으로 돌아왔을 때 우리는 이미 잘 갖추어진 아름다운 이웃에 있는 한 집을 샀는데, 좋은 전망과 앞뜰에 열두개의 늘어진 굴참나무와 뒤뜰에 있는 크고 두터운 대나무 울타리가 우리들의 마음을 사로잡았단다.

모든 것에는 두 가지의 설이 있게 마련인데, 우리 집 나무들은 텍사스의 뜨거운 여름에 그늘을 만들어 주고, 조용한 밤에 달빛을 통과 시키고 노래하는 새들과 다람쥐들을 유혹하지만, 나무들을 유지하기에는 많은 노력이 필요하단다. 3월 첫 주에 굴참나무의 시든 잎이 떨어지기 시작해서 뜰과 지붕을 덮고 뒤뜰에 있는 수영장 바닥에 쌓인단다. 언니야, 그것을 처음 보았을 때, 우리는 잎이 시드는 위축 병에 걸려서 모두 죽는다고 생각했지. 굴참나무들은 그들의 잎들을 모두 떨어뜨린 뒤, 노란 꽃가루 비를 내리는데, 이 비는 온 시야를 노랗게 색칠을 한단다. 시든 잎들과 작은 가지들은 지붕의 많은 부분을 덮는다. 그래서 이를 때는 나는 사다리를 타고 지붕 위에 올라가는 자원자가 된다. 언니는 내가 사다리를 타고 지붕에 올라가는 것을 본적이 있나? 나는 언니가 이런 사실을 모른다고 확신해. 이곳에는 산 같은 산이 없기 때문에 지붕 위에서 바라보는 광경이 마치 산 위에 있는 것 같은 느낌이 든단다. 지붕 위에서 보면 완전하게 다른 풍경들로 이웃들의 모습을 볼 수 있단다.

우리들이 이 집에서 살아온 이후 특별한 문제 때문에 전문적인 청부인을 고용한 적이 여러 번 있었어. 대부분의 청부인들이 단번에 일을 잘 하지 못하고 어떤 때는 두 번째도 못해. 왜냐하면 기술이 형편없고, 직업 윤리의식과 기준이 우리들보다 훨씬 낮다는 것을 알았단다. 그러므로 그들이 만족하는 것이 결코 우리들을 만족 시킬 수 있는 것은 아니었어.

근래에, 새 슬라이딩 글래스 뒷문을 설치하는데, 일꾼들이 약 3미터 넘게 뒷문 바닥에 있는 카펫을 당겨 올렸더란다. 그러나 문 설치가 끝난 뒤에, 그 카펫은 늘어났고 원 상태로 돌려 놓기 위해서는 특별한 기구를 사용해서 카펫을 뒤로 밀어 넣어야 했는데, 문 수리 회사는 그 일을 하기 위해서 나이든, 도구들이 가득 찬 박스를 들고 온 사람이었단다. 하지만 끝 마친 일은 신통찮았어. 그 회사는 결국 그 일을 가장 잘하는 전문가를 다시 보내주었단다. 이와 같은 일들이 집 기술자들이 일으키는 전형적인 행태란다.

또, 페인트 공은 어떻고? 집은 가끔 새 페인트로 단장을 해야 하는데, 집 외부를 깨끗하게 페인트 칠을 하기 위해서 우리는 부자 팀을 고용했었다. 그들은 애벌 페인트가 완전히 마른 후 새 페인트칠을 다시 하더군. 2주일이 걸려 그 일이 끝난 뒤에 우리가 자세히 살펴보니 우편함을 포함해서 몇 군데나 더 손질해야 할 곳을 발견했단다. 우리가 미리 대금을 지불한 것이 잘못이었어. 왜냐하면 그들은 우리의 작업 마무리 요구에 온갖 핑계를 대었단다. 결국 우리들이 그 일을 해야 했는데, 언니야, 어떻게 생각하니?

언니야 이것도 들어 봐! 어느 날, 나는 자동 세척 오븐을 사용하려고 했었는데, 놀랍게도 그 오븐이 켜지지도 않고 전처럼 작동도 되지 않더군. 나는 분명히 무엇인가 잘못되었다고 생각했고, 지방 상업 전화번호 책에서 전화번호를 찾아서 전문가들을 불렀어. 며칠 뒤, 약속한 날짜와 시간에 두 명의 전문가들이 나의 문제거리 자동세척오븐을 수리하러 나왔더란다. 그들은 이곳 저곳을 체크했고 모든 스위치를 작동해 보고 난 뒤, 이 오븐은 새 스위치들로 모두 교체해야 한다는 처방을 내놓았어. 그 가격은 몇 백 달러가 든다고 하더군. 우리들은 하루 더 생각해 보고 스위치 교체가 필요하다고 판단되면 다시 연락하겠다고 말했지. 그리고 그 전문가들이 돌아간 뒤에, 오븐의 여러 곳을 살펴보고 놀란 것은, 일찍이 오븐의 스위치 모드를 '꺼짐' 으로 고정해 놓았더란다. 물론 그것을 사용하기 위해서는 스위치를 '켜짐' 모드로 켜야 했는데, 분명하게 나는 그 스위치를 켜는 것을 잊어 버리고 있는 거야! 이것이 자동세척오븐이 작동하지 않는 이유의 전부인 것이었어. 나는 어떠한 스위치도 교체할 필요가 없었단다! 사기꾼 전문가들이 나의 자동세척오븐에 사기처방을 한 것이었지. 나는 그들의 부정직한 처방과 수백 달러가 필요하다는 평가에 대해 나쁜 느낌을 받았단다.

샌 안토니오 집 보수 전문가들에 대한 더욱더 놀라운 나의 경험이 많이 있지만 다음 기회에 심심할 때 이야기 해줄게.

언니야, 지금 언니는 소위 '전문가'들을 고용하는데 왜 내가 의심을 많이 가지고 있는가를 이해할 것이야. 나는 전문가의 의미가 무엇인가?고 깊이 생각해 보았단다. 사람들은 생계에 필요한 돈을 벌기 위해서 배운 전문 지식을 활용해서 직업을 얻는 것이 아닌가?

집 소유주들이 집을 유지 관리하기 위해서 일상적으로 행하는 일, 즉 씻고, 털고, 닦고, 문지르고, 수리하는 것들이 진정한 전문가의 일이 아닌가? 어느 날에는 나는 한 구두 수선공이 되고, 또 다른 날에는 재봉사가 되거나 세탁수가 된단다. 나는 한 은행원이고, 경제가, 영양사, 원예가, 이렇게 내가 하고 있는 전문가의 목록은 끝이 없구나. 나는 우리 모두가 가장 훌륭한 집 보수 전문가들이지만 우리는 결코 그것을 모르고 있다고 생각한단다.

2008년 늦은 여름

개꿈들

내가 어려서 한국에서 자랄 때, 나의 어머니께서는 환상적인 꿈, 특히 봄에 꾸는 꿈은 '개꿈'이라고 말씀하시곤 하셨다. 그건 아무 의미도 없고 그냥 성장기에 거쳐야하는 의식과 같은 것이라고 일러주셨다. 내가 추측컨데 나는 많이 자라야 했기 때문에 현실과 동 떨어진 헤아릴 수 없는 개꿈과, 생각과 감정이 상상의 연속으로 잠잘 때 나타나곤 했다. 그 신비로운, 이해할 수 없는 그렇지만 아름다운 image는 언제나 내 기억에 남아있다.

한번은 이세상에서 가장 크고 빠른 호랑이한테 쫓기고 있는 꿈을 꾸었다. 그 꿈속 장면은 가을 추수할 계절에 끝없이 찬란하고 풍성한 황금 밀밭이었다. 내 눈앞에는 가파른 절벽이 보였다. 옷이 땀에 흠뻑 젖도록 이를 악물고 힘껏 달렸지만 아무런 소용이 없었다. 내 다리가 나를 저버린다는 악몽은 무서운 느낌이었다. 이마에 구슬땀을 흘리며 꿈에서 깼을 때 현실이 아닌 것을 알고 얼마나 안심이 되는 느낌인지 몰랐다.

과거에 나는 사담 후세인Saddam Hussein의 전성기에 두 명의 여비서 중에 한 사람이었던 꿈을 꾸었다. 내 꿈속에 그는 Iraq의 많은 왕궁들 중의 하나에서 수직으로 세워진 큰 왕좌에 앉아 있었다. 그 방은 넓고 황금 무늬로 된 가구들로 장식되어 있었고, 마루는 페르시아 카펫으로 덮여 있었다. 무게있는 황금

대마스크damask로 된 커튼은 우아하고 장엄했으며 천정에서부터 마루에까지 드리워져 있었다. 나는 내 손에 하얀 메모지를 쥐고 당당한 독재자의 입에서 나오는 말을 무엇이든지 후대를 위해서 적어 둘 준비가 되어 있었다. 그 얼마나 우스꽝스러운 개꿈이었던가!

얼마 전에 나는 나디아 불란제Nadia Boulanger(1887-1979), 의 "음악 속의 삶"을 읽었다. 그녀의 작곡 제자들은 1920년 초반기 미국의 빛나는 애란 콥랜드Aron Copland, Virgil Thomson, 월터 피스톤Walter Piston 그리고 엘리엇 카터Elliott Carter 등이고, 그녀는 20세기를 리드하는 음악선생이라고 불리웠는데, 폰태인 블루Fontainebleau에 있는 미국음악학교와 근처에 있는 파리 음악원에서 교직을 잡고 있었고 그녀의 학생들에게 완전한 음악 형식과 우월한 작곡 테크닉을 요구 했다. 불란제는 제자들이 세계적으로 인정 받도록 도왔고 미국 고전음악을 세계적으로 존중 받도록 하는데 이바지했다. 20세에 불란제는 프리드롬Prix de Rome 음악 경연대회에서 그녀의 칸타타 "라 시렌La Sirene"으로 감동적인 2등 상을 받았지만 작곡을 포기하고 음악 교육과 연주에 계속적으로 헌신했다. 그녀는 London Royal Philharmony Orchestra와 미국의 Boston Symphony Orchestra를 지휘한 첫여성 지휘자가 되었다.

나는 그녀의 자서전을 읽으면서 그녀를 존경하게 되었다. 많은 흑백사진들이 그 자서전을 장식했다. 독일 간호사와 함께 찍은 어린 시절의 나디아 사진, 그녀의 롸시아 아저씨와 함께 찍은 나디아, 프랑스 작곡가, Gabriel Faure와 함께 찍은 나디아, 무대 뒤에서 Boston Symphony Orchestra 단원들과 함께 찍은 나디아, 등등 나는 그 사진들 중의 하나에 강렬한 인상을 받아 마치 그녀가 직접적으로 내 영혼 속을 들여다보는 것처럼 느꼈다. 그 날밤 나는 꿈을 꾸었는데, 프랑스 스타일의 가구가 비치된 방에 나디아와 폴란드 작곡가 쇼팽과 함께 있었다. 그 방은 작았지만 사람들의 광채로 온기가 달아올랐다. 그 곳은 실내용 식물들로 둘러싸였고 진한 갈색 피아노에 쇼팽이 앉아 있었지만 연주하지는 않았다. 나디아는 내 곁에 서 있었다. 나는 내 꿈에 이와 같은 초현실적인 상상이 얼마나 오랫동안 지속되었는지 회상할 수 없다. 눈을 다시 감고 이 꿈이 계속되기를 바랬지만 이것은 또 다른 개꿈으로 밝혀졌다.

지난 봄 나는 내가 회원으로 있는 살라도Salado golf course에서 혼자 golf를 쳤다. 3번 홀에서 운 좋게도 7번 아이언으로 친 세 번째 샷의 공이 그린 앞 인공 water harzard를 지나 깃대 앞 약 2야드 앞에 떨어졌다. 나는 흥분했고 기대감이 높았다. 왜냐하면 그 홀에서 나는 par(기준타수)를 거의 하지 못했기 때문이다. 내 공에 가까이 있는 깃대의 다른 쪽 파팅 그린에 누워 코를 앞발 위에 두고 있는 개 한 마리를 보았다. 그 개는 순간적으로 무엇인가를 덮칠 준비를 하고 있었다. 나는 애타게 그 개가 내 공을 움직이지 않기를 바랬다. 그러나 그 개가 기어코 일을 저지르고 말았다! 내가 그린으로 걸어갈 때 내 눈은 개를 보고 있었는데, 다리를 건너기도 전에 그 개는 내 공을 입에 물었다! 그 개는 매우 의기양양해하며 나에게 달려와 그린 위에 공을 떨어뜨려 놓고 짖기 시작했고 던지고 받는 게임을 시작하려고 했다. 나는 순간적으로 믿기지 않아 멈췄는데, 아니나 다를까 그 개가 내 공을 입에 다시 물고 달아나 버렸다. 이것이 내 공의 마지막 운명이 아닌가! 나는 다른 공을 꺼내 제 자리에 놓고 게임을 계속했다. 이것이 golf course에서 동물에게 공을 빼앗긴 첫

번째 경험이었다.

그 후 며칠 동안 내가 버디Birdie라고 부르는 그 개를 보지 못했지만, 다른 golfer들은 버디를 보았다는 이야기를 했다. 7월 초 한국에 가기 바로 직전 어느 날 나는 golf course를 가로 지르는 2차선 도로에 주차해 놓은 두 대의 경찰차를 보았다. 차 주위에는 적어도 정복을 한 4명의 경찰관이 있었고 한 경찰관은 차에 기대어 hand phone으로 이야기를 하고 있는데 분명히 그 개를 찾고 있었다. 그린 관리인 중의 한 사람이 무슨 일이 일어나고 있는지를 나에게 말했다. 나는 그 뉴스에 걱정이 되기 시작했고 내 마음속 깊이 버디가 그들의 눈에 띄지 않게 꼭꼭 숨어 있기를 바랬으며, 잡혀서 죽임을 당하지 않기를 원했다.

그 해 늦은 여름에 한국에서 돌아온 후, 나는 오랜만에 처음으로 golf course에 나갔다. 내가 golf 연습장에 도착했을 때, 줄지어선 나뭇가지 너머로 동이 트기 시작했다. 그 곳에는 아무도 없었는데 누군가가 나에게 인사를 하러 나타나지 않았는가!

버디였다! 그녀는 나를 다시 만나 반갑다는 듯이 기쁘게 내게로 달려왔다. 나는 오랫동안 보지 못했던 그녀를 다시 만난다는 것이 놀라웠다. 그래서 나는 그 4명의 경찰관이 결국 그녀를 잡지 못했다는 것을 알았다.

버디는 짧은 황금빛 털과 중간 정도의 넓고 고귀한 머리와 온순한 입을 가진 젊은 암컷이다. 그녀의 입은 달리거나 걸을 때 종종 벌리고 있었고 코 입 부분이 새까맣고 발목이 하얀색이며 그리고 수염이 있는 것이 아닌가! 나는 암컷 개가 왜 수염이 있는지를 알지 못한다. 아마도 그녀에게 수놈 호르몬이 너무 많은 것은 아닌지 모르겠다. 그녀는 양쪽 입가에 뚜렷한 매력적인 점이 있었고 아먼드 모양의 눈 아래에 작고 아름다운 점이 있었다. 그녀는 연갈색의 눈을 가졌고 앞 이마에는 깊은 주름이 하나 있었다. 그녀는 헌신적이고 유순하며 golf course에서 정규 근무자가 되고 있었다.

나는 버디가 golf장에서 어떻게 살며 비가 올 때 면 어디서 잠을 자는지 그리고 밤에 golf장 문을 닫을 때 어디로 가는지 궁금해 지기 시작했다.

그 후 supermarket에서 애완동물 먹이 통로에서 버디를 생각하면서 생전 처음으로 개 비스켓 한 박스를 샀다.

내가 golf 치는 날이면 아침 일찍 나는 버디 보기를 기대하기 시작했다. golf 연습장에서 준비운동을 시작하고 난 뒤 약 15분쯤에 버디는 귀를 털썩거리고 꼬리를 높이 쳐들고 알 수 없는 곳으로부터 질주하면서 항상 나타나곤 했다. 그녀는 내가 비스켓을 넣어둔 golf bag의 큰 주머니에 코를 킁킁거린다. 한 줌의 비스켓을 그녀에게 주면 그것을 기쁘게 받았다. 그녀는 아이언을 씻는 물을 먹지만 내가 1회용 컵으로 주는 물도 받아 먹는다.

버디는 보통 내가 golf를 시작할 때 내 뒤를 따른다. 그녀는 티 박스나 혹은 그린에는 거의 올라가지 않는다. 그러나 어느 날, 그녀는 마치 해변의 모래를 파는 것처럼 bunker에 들어가 장난을 쳤었다. 나는 버디가 장난 친 bunker를 원래대로 갈퀴질을 했어야 했다. 하지만 또 다른 bunker를 탐색하고 앞발로 재빠르게 구멍을 파고 약 10초 정도 모래 속에 머리를 묻었다가 고개를 들 때면 그녀의 얼굴은 모래로 뒤덮였고, 그 모습은 마치나 서커스장 광대처럼 보이지 않는가!

Putting 그린 위에서 내가 선이나 방향을 조사하는데 여념이 없을 때, 버디는 숨을 고르거나 혹은 스스로 몸을 가꾼다. 내 golf 백 바로 옆에서 쉬면서 내가 다음 홀로 걷기 시작할 때 그녀는 곧바로 따라올 준비를 하고 있는 것이다. 때때로 그녀는 다람쥐나 혹은 옆에 있는 새들에게 마음을 빼앗겨 즉각 그들을 쫓아 갔지만, 그녀는 나무를 타지 못한다는 것을 잊고 있다. 이와 같이, 작은 동물들을 보고 쫓는 그녀의 모습은 흥미롭다.

Golf club에는 자비심 없는 매니저가 있는데, 어느 날 버디가 나를 따라오는 것을 보고 "여보세요, golf장에 개를 데리고 오면 안됩니다!"고 단호한 목소리로 경고할까 봐 나는 지레 걱정이 되었다. 매니저가 개 잡는 사람들에게 전화를 하는 날이면, 그들은 개를 잡아 죽이기 때문에 버디는 끝나는 것이다.

내가 한국에서 돌아 온지 두 달이 지난 때였다. 처음 한 이틀 동안은 나는 여름 휴가 이전의 golf 실력으로 돌아가기 위해서 여러번 라운딩을 했다. 한 바켓의 공을 치고 난 뒤 이틀 동안 나의 오른쪽 어깨와 왼쪽 허리가 아프고 쑤셨다. 여름 동안에 약해진 근육을 강화시키기 위해서는 몇 라운드가 더 걸렸다. 어김없이, 버디는 golf 치는 날 아침에 나에게 인사를 하고 있었다.

요즈음은 아침에 내가 golf장에 도착하면 주차장까지 와서 인사를 하기 시작했다.

2008년 10월 마지막 화요일, 살라도 16번 홀에서 우리 여성 3인조는 두 번째 샷을 향해가고 있었는데, 다른 홀에 있었던 이른 아침 golfer가 나에게 다가와서 심각한 표정으로 버디가 10번 홀 부근 도로에서 truck에 치였다고 말했다. 그는 덧붙여서, 부딪치는 소리로 미루어 볼 때 버디가 심하게 다쳤을 것이라고 했고, 버디가 fairway 오른쪽 옆 숲 속으로 달아났다고 말했다. 예상 밖의 소식에 내 심장은 덜컹 쓰러졌다. 우리 3인조는 세 홀을 남겨놓고 있었지만 끝없이 지루하게 느껴졌다. 내 심장은 세게 두근거렸고 나는 걱정에 휩싸였다.

마지막 홀을 마치자마자 나는 golf bag을 차 trunk에 넣고 또 다른 golfer와 함께 cart를 타고 10번 홀로 갔다. 클럽 하우스에서 약 10분 거리가 10시간처럼 느껴졌다. 나는 버디가 사고를 당하고 숨었다고 추측되는 숲 주위로 왔다 갔다 카트를 몰았다. 어디에도 버디가 보이질 않았다. 그래서 우리는 사고가 난 도로 위에 핏자국이나 사고 흔적을 찾기로 했다.

그래서 나는 10번 홀을 따라 도로 사이로 카트를 앞뒤로 몰았다. 다행스럽게도 우리는 그 도로 위에서 어떠한 핏자국도 찾을 수가 없었다. 나는 버디가 어떻게 이렇게 빨리 내 마음을 사로잡고 나와 가까워졌는지 이해 할 수 없다. 나는 집으로 돌아왔지만 내 마음은 버디의 안녕에 있었다. 내가 요리를 할 때나 청소를 할 때나 제자를 가르칠 때도, 심지어 잠자기 전에도 버디 생각이 났다. 그날 밤, 나는 꿈속에서 버디를 보았다.

버디가 golf 연습장 옆 살라도 golf course 마지막 홀, 두 언덕 사이에 서 있었다. 그녀는 나뭇가지 너머로 먼 곳을 바라보고 있었는데, 이른 아침 도시 불빛 뒤로 일출을 관찰하는 것같이 보였다. 그 우아한 자세가 2분 정도 지속되었지만 내 마음속에는 지울 수 없는 광경이었다.

다음날 내가 golf 치는 날이 아니었지만 버디가 내 꿈속에 나타난 것처럼 어쩌면 다시 만나 볼 희망을 가지고 golf장으로 갔다. 주차장에 도착해서 버디에게 줄 한 줌의 비스켓을 golf bag에 넣었다. 나는 보통 때처럼 한 바켓 공으로 연습을 했지만 공에 대한 집중도 애착도 할 수가 없었고 내 마음에는 버디 생각밖에 없었다. 나는 밝은 외등 불빛 아래 이곳 저곳에서 버디의 그림자가 보였는데, 그것은 단지 내 상상일 뿐이었다. 주위를 둘러 보아도 다른 이른 아침 golfer는 아직도 보이지 않았다.

나는 이 꿈만 같은 상황에서 버디를 생각하느라 기가 죽어 있었는데, 버디가 항상 그랬던 것처럼 알 수 없는 곳에서 나에게로 뛰어 나왔다. 놀랍게도 아주 높고 가느다란 목소리로 흐느끼며 나를 반겼고, 내가 그녀의 비스켓을 찾을 때까지 golf bag에 코를 대고 킁킁거리기 시작했다. 나는 그녀에게 비스켓 한 줌을 주는 것이 행복했고 버디는 그것을 감사했다. 그런 뒤에, 그녀는 나를 떠나갔다. 내 눈은 그녀를 따라갔고 나는 버디를 보았던 곳을 믿을 수가 없었다. 내가 꿈에서 보았던 것처럼 버디는 꿈에서 본 그 언덕에 서서 도시의 반짝이는 불빛 너머로 동이 트는 모습을 바라보고 있었다. 그것은 바로 개꿈이 실현된 것이 아닌가!

2008년 11월

내 이름은 어디에?

2007년 10월 26일 금요일 아침 6시 15분쯤, 나는 golf 주차장에 도착하였다. 일광 절약시간이 2일 만에 끝나기 때문에 아직 이른 시간이었다. 주차장 불빛들은 깜빡이고 있었고 하얀 달빛은 시야를 확보하기에 충분하였다. 같은 시간에 다른 한 회원이 내 바로 옆에 주차를 하였고, 나를 알아보자마자 기쁜 목소리로 "안녕하세요, 수!"라고 하였다. 내가 어떤 말을 할 수 있었을까? 나는 내 이름이 아니라는 것을 알았지만 그의 좋은 기분을 상하지 않게 하기 위하여 친절하게 "안녕하세요!"라고 응답했다.

Golf 라운드가 끝난 후 사진 ID카드를 만들기 위해 클럽 사무실로 갔다. 그들은 사진을 찍기 전에 나를 확인했고 몇 분 뒤 나는 새로운 ID 카드를 가지게 되었다. 내 차로 돌아와 시동을 걸기 전에 사진을 살펴보기 위해 새 ID 카드를 끄집어냈다. 아아! 나의 시선을 끄는 것은 결혼 전 성의 철자였다. 그것은 칸Kan으로 적혀있었다. 사무실로 돌아가서 새로운 카드를 만들어 줄 것을 요구했는데, 두 번째 ID카드 역시 결혼 전 성이 잘못된 철자로 제작되었는데, 유감스럽게도, 컴퓨터는 내 이름 철자를 거절했다.

여자 golf클럽 회원 중 한 사람이 나를 오랫동안 Bok Sook Winslow로 불러 왔다. 나의 추측으로 20세기 미국화가 Winslow Homer와 같은 선율과 운으로 인식된 것 같다. 어느 날 아침에 그녀는 스코어 카드 명부에 나의 이름을 기입하고 있었다. "오 나는 항상 네 성이 Winslow라고 생각했다."며 혼자말로 중얼거렸다. 이렇듯 Kinslow 대신에 Winslow로 불러지는 것은 재미있기도 했다.

Bok Sook은 친근하게 나를 부르는 방법이다. 나의 어린 시절 친구들은 나를 Bok Sook이라 불렀다. 나의 어머니는 나를 Sook이라 불렀지만 내가 한국에서 자랄 때 세 자매 이름이 모두 Sook자로 끝났기 때문에 가끔은 혼돈스러웠다.

나는 클럽에 가입한 이래로 이른 아침 골퍼 H라는 한 사람을 알고 있다. 그는 나를 '수박SooBak'이라 부르곤 했다. SooBak은 한국어로 수박이라는 말이다. 나는 그가 좋아하는 과일이 수박이기를 바랬다.

미국에서 구두로, 내 이름이 다른 여러 가지 이름으로 불리지만 상용서신, 안내, 초청장, 공문, 사신, 등등의 편지에 쓰이는 잘못된 내 이름은 수없이 많고 어처구니 없어 나는 오랫동안 그것들을 수집하고 있었는데, 지금은 그 종류가 60을 넘고 있다. 그 중 몇몇을 소개하고 싶다.

Ms Bok은 델타 스카이 마일즈Delta Sky Miles로부터 온 상용서신에 쓰인 내 이름인데, 아마도 그들은 내 이름을 쓸 공간이 없었거나 펜의 잉크가 메말랐는지도 모르겠다. 이것은 벨지움에 사는 나의 친구를 생각나게 한다. 벨지움에서 사는 미국인과 결혼한 한 한국인 이름을 어떻게 불러야 할지 혼돈스러워했다.

VokSook Kinslow는 CA Carlsbad Callaway 골프 세일즈 회사에서 손수 쓴 봉투였다. 그들은 'V'로 쓰는 것이 'B'로 쓰는 것보다 편리했다고 생각하였고, 잉크와 노력이 덜 든다고 생각한 것 같다.

B Kinslow는 San Antonio Express-News에서 가장 간단하게 청구서에 쓰인 내 이름인데, 그들은 내가 남자인지 또는 여자인가를 결정하지 못해서 그 중간을 택했다. 나는 이렇게 내 이름과 주소를 적은 것이 매우 외교적이라고 생각했다.

Bob Sook K. Kinslow는 Golfweek 잡지에 쓰인 내 이름이다. 그들은 나의 이름을 남자 이름으로 바꾸기로 결정했다. 만약 누군가가 나를 'Bob'라 부른다면 그것은 우스꽝스러운 일이며 이 이름은 골프 코스에서 어느 성이 더 많은 시간을 보내는가를 알게 한다.

Bok K. Kinslow는 GE Capital Assurance로부터 받은 상용서신에 쓰인 내 이름인데. 나는 메일을 열지도 않았다. 만약 그들이 내 이름을 알지 못했다면, 그들은 아마도 권한이 없는 누군가로부터 가져 왔을 것이다.

Bok S. Kinslow는 CapitalOne으로부터 받은 상용서신에 쓰인 내 이름인데, 나는 나의 승인 없이 나의 이름을 바꾸는 상업적인 회사에 대해 편안함을 느끼지 못했다.

Book Sook Kinslow는 San Antonio의 Youth Orchestras로부터 받은 안내장에 쓰인 내 이름인데, 첫 번째 단어에 'O' 하나가 더 많아 우습게 보이며 그것은 마치 'O'가 내가 제일 좋아하는 철자처럼 보인다.

Bok Sok Kinsluo는 San Antonio ARTS로부터 온 프로그램인데 그들은 나의 성을 바꾸었다. 아마도 그들은 내가 나의 성을 바꾸기를 원한다고 생각했고 샘플로 나에게 보여준 것 같다.

Ms Bok Sook은 CLASSIC COMPOSERS로부터 온 상용서신에 쓰인 내 이름인데, 갑자기 나의 성이 Sook으로 바뀌었다. 우편배달부도 혼돈 했을 것이다.

Bok Household는 Walgreens에서 온 상용서신에 쓰인 내 이름인데, 미국에서 내가 알고 있는 가족 성인 Bok은 Mary Louise Curtis Bok이며, 그 분은 필라델피아 Curtis 음악연구소를 전액 장학학교로 설립했다. 이름 중 일부가 나의 성이 되었다. 나는 잘못된 성으로 편지가 전달되었을 때 매우 놀랐다. 그들은 내가 전혀 병이 없다는 것을 알면 놀랄 것이다. 사실은 지난번 내가 마지막 아팠던 날을 나는 기억하지 못한다. 그리고 나는 어떠한 처방약도 복용하지 않았다. 나는 내 자신이 주치의고 나는 의사, 약사들의 악몽일 것이라고 생각한다. 그들은 심지어 처방약을 살 수 있는 Walgreens 수표를 동봉하였다. 나는 그들이 나에게 편지지와 우표를 낭비하고 있다고 생각했다.

Ms. Bok Ssok Kinslow는 SkyMiles로부터 온 새로운 이름 중의 하나인데, 아마도 나의 이름을 오타한 것 같다. 쌍 'S' 자가 보기에도 느낌에도 이상한 감을 준다.

Ms. Sue Kinslows는 9구역 시 의원이었던 Howard W. Peak씨가 보낸 사무적인 편지에 쓰인 내 이름이다. 그는 나에게 외국인 이름을 써 주었다. 나는 Sue를 좋아하지 않으며 Sue처럼 보이지도 않는다. 훗날, Howard W. Peak씨는 샌 안토니오 시장을 역임하셨다.

Bok Soo는 Bexar County Tax Assessor-Collector 사무실에서 온 공문에 쓰인 내 이름인데, 어느 한국인이든 Bok Soo의 뜻을 알고 있다. 그것은 복수를 뜻한다.

Boksoo. K KINSLOW는 달라스에 있는 내 여행사에서 나에게 온 우편물에 쓰인 나의 이름이었다. 나는 엉뚱한 이름이 적힌 여정을 받고 놀랐다. 내가 틀린 이름을 지적했을 때, 그녀는 당황했었고 즉시 항공사에 전화를 걸었다. 다행히도, 그녀는 내가 24시간 안에 전화를 했었기 때문에 어떠한 벌금도 물지 않았다.

Mr. Kinslow Bosook은 San Antonio Symphony로부터 온 안내장에 적힌 내 이름인데, 나에게 혼란스러운 메일이었다. 나의 이름이 다시 남자로 쓰였고 내 이름은 어디에 있는가? 이것은 내 이름과 아주 거리가 멀다. 그것은 적어도 나에게 그날 하루 동안 엔돌핀을 만들어 주었다.

Bob Kinslow는 PGA TOUR Partners로부터 받은 상용서신에 쓰인 내 이름인데, 그들은 내가 Bob이 아니라는 것을 모른다. 나는 그들이 단지 남성 golfer에게만 사업적인 우편물을 보낸 것인지 의문스럽다.

Mrs. Garland K. Kinslow 이것은 흥미로운 혼합이다. 이 메일은 Garland Kinslow 또는 Mrs. Kinslow에게 보내는 것인지 잘 모르겠다. 나는 평상시 누군가가 보낸 편지에 나의 이름 철자가 올바르지 않으면 잘 열어보지 않는다.

Sook K Bok은 Texas Land & Cattle Steak House인데 어떤가? 나는 나의 이름이 이처럼 혼합될 줄은 상상도 하지 못했다. 나는 그들이 단지 창조적이라 말 할 수밖에 없다.

Bok Kinslow는 The Body Wrap Clearwater, FL. Suddenly Slender에서 보낸 편지에 쓰인 내 이름이다.

만약 그들이 나는 항상 체중 감소보다 증가를 원했다는 것을 알았다면 그들은 실망했을 것이다. 나는 누군가가 잘못된 명부를 교환했다고 생각했다. 즉, 그 명부는 체중 증가보다는 감소를 원하는 사람들이었다.

나는 2년 전 한국 가족들과 연중 만남에서 돌아온 후 근처 상점에서 휴대용 체중계를 샀다. 처음 저울에 내 몸 무게를 달고 나는 내 눈을 의심했다. 평상시 몸무게보다 2파운드 더 나가는 곳에 바늘이 지적하고 있었다. 나는 새로 산 저울이 잘못이 있다고 의심하고 두 번 다시 생각하지 않고 상점으로 가져가 반납했다. 그 후 나는 정밀 건강 검사를 받았다. 전형적인 의사의 저울에 몸무게를 달았고, 놀랍게도 그것은 반납한 저울과 동일하게 나타났다. 그래서 처음 저울이 결점이 없다는 것을 알았다.

Ms. Bok Sook Kang Kinslow는 Fidelity Investments로부터 받은 상용서신에 적힌 내 이름인데, 누군가가 정확하게 나의 전체 이름을 알고 있는 것은 굉장히 기분 좋은 일이다.

Mrs. Boksuk Kinslow는 전 violin 제자가 2007년 10월 20일 결혼한다며 나에게 청첩장을 보낸 봉투에 적힌 내 이름이다. 나는 그가 나의 이름 철자를 올바르게 알지 못한다는 것을 이해할 수 없었다. 그는 2년 이상 나의 지도를 받았는데, 어떻게 선생님 이름을 모르는가? 실토하지만, 철자를 좀 틀리게 쓴 초청장을 받는 것은 전혀 받지 않은 것 보다 낫다. 나는 그가 생애 특별한 날, 전 선생인 나를 생각해줘서 고맙게 생각했다.

마지막으로, BS Kinslow는 San Antonio에 있는, Antonio Strad Violin으로부터 받은 상용서신에 적힌 내 이름인데, 나는 최근까지 내 이름의 이니셜의 뜻이 영어로 외설적인 뜻인지는 몰랐다. 이른 아침 우리 golf 클럽 회원인 M은 반갑게 "안녕 BS"라며 부르기 시작했다. 하루는 누구인지 모르는 사람들과 한 조가 되어 golf를 치게 되었다. 나는 나 자신을 Bok Sook이라고 소개했고 처음 만난 분도 자신의 이름을 소개하였다. 그날 이른 아침 golfer M도 우리 4인조의 한사람이 되었고 내 가까이 서 있었는데, "모두들 BS를 알고 있지요." 라고 빈정대는 목소리로 눈도 깜짝 안하고 말했다. "내 이름이 아름답죠?" 나는 대답했다. 그는 나의 이니셜 BS의 뜻을 알고 있으면서도 그 빈정대는 매너가 나빴고 심지어 나는 모욕감을 느꼈다. 이후 나는 그를 아는 사람을 통해 그가 좀 더 성장할 필요가 있음을 말했다. 결국 그 이야기가 그에게 전해졌고, 그 사건이 있은 후 우리는 서로 회피하였다.

Boskoy Kinslow는 EV 대령님으로부터 온 편지에 쓰인 내 이름이다. 이 이름은 한국인보다 롸시아인으로 들린다. 아마도 그는 나를 사할린 Sakhalin 한국인으로 생각했으며, 일본의 점령 아래 있을 때 강제적으로 롸시아 이름을 택해야 했고 어찌하다 미국에 살게 된 걸로 생각하신 것 같다. 사실은 그분이 나의 이름을 부르는 특별한 기회가 없었으므로, 그는 나의 이름을 만든 것으로 보인다.

EV 대령님은 내가 알기로 가장 인정 많고 봉사적이며 협력적인 조부모이시다. 현악기 올케스트라 부모님 대표로 EV 대령님이 저에게 1999년 1월 12일에 주신 편지 일부를 함께 나누고 싶다.

"…말씀드리는데… 여러분과 저는 우리 아이들이 뛰어나기 위해 애쓰는 다른 아이들과 서로 배우는 유익함을 돈으로 살 수는 없습니다. 마찬가지로, 우리들은 킨슬로 선생님에게 영원히 감사를 드려야합니다. 대단히 우아하시고 인내심 많으신 선생님… 음악과 삶의 무한한 재능을 가지신 선생님께서는… 매일 호의와 사랑과 친절로서 우리 아이들을 가르치고 계십니다…"

나는 수년 동안 나의 책상에 그의 편지를 간직했다. 나는 마음 상태가 좋지 않을 때, 내가 감언의 말이 필요할 때, 그의 편지를 보며 영혼을 들어올렸다. 최근에, 심리학자이자 선생님이신 Haim Ginott가 쓴 "선생님"에 관한 사랑스러운 시를 발견했다. EV 대령님께서는 사진틀에 이 시를 넣어 나에게 선물로 주셨다. 나는 이 시를 받은 것을 한동안 잊고 있었다고 고백한다. 갑자기 내가 그의 모든 격려와 편지와 시에 대해 적절한 감사의 표시를 했는지 나 자신에게 질문을 했다. 바로 그때, 나는 그 분이 어떻게 지내시는지 알고 싶은 욕구를 억누를 수 없었다. 8년이 지났지만 나는 전화번호부에서 그의 이름을 찾았다. 나는 그 분이 만일 전화를 받으면 무슨 말을 해야 할지 마음을 정리하였다. 머뭇거리며 그 분의 전화를 걸었는데 부드러운 여성 목소리가 나의 전화에 대답했다. 내 자신을 그녀에게 소개했고, 내가 그녀의 남편 EV 대령의 안부를 물었을 때, 그녀의 부드러운 목소리는 슬퍼졌고, EV대령은 몇 년 전에 돌아 가셨다고 알려주었다. 예상하지 못한 뉴스에 나의 가슴은 뚝 떨어졌다. 그러나 나의 마음속에서 EV 대령님은 여전히 나의 영혼을 들어 올리는 사람으로 남아있다.

나는 과거에 3번에 걸쳐 천사라고 불려졌다. 최근에 일어난 일은 한국 부산에서 발생한 것 중에 하나이다. 아침에 구덕산 산행에서 언니집으로 돌아 왔을 때, 언니는 일찍 그녀의 친구 중 한명으로부터 전화가 왔었다고 말했다. 분명히 언니의 친구는 내가 운동복을 입고 걸어갔을 때 언니집 근처에서 나를 본 모양이었다. "내 친구는 네가 천사 같이 보였다고 내게 전화가 왔더라." "너는 오늘 한 턱 내야한다."고 언니는 외쳤다. "천사라고? 그 사람이 누구인데? 내가 아는 분인가?" 나는 흥분되어 되물었다. 언니는 그녀 친구가 나의 얼굴표정이 너무 평화롭고 고요해서, 그녀는 마치 천사를 본 것 같다고 생각했다며 말했다. 얼마나 좋은 날인가! 나는 이 명성을 신선한 공기를 제공한 숲의 신 Pan에게 주고 싶었다. 그러한 일이 있은 후 형부는 나를 '강천사' 로 부르게 되었다.

어떻게 나의 이름이 동양에서는 '맑은 복' 이지만 서양에서 나의 이니셜이 불경한 말이 된단 말인가? 그러므로 나의 이름은 명백히 음과 양으로 인지된다. 상대가 존재함이 없이 또한 그 상대도 스스로 존재할 수 없다. 어느 한 순간 인지되는 것은 똑 같은 것 하나를 여럿이 인지하는 것이다. 그 이른 아침 golfer M에게 비난 메시지를 보낸 거나, 올바른 생각을 하지 못했던 것은 내가 오히려 속 좁은 사람이 된 것이다. 지금부터 나는 내 이름의 이니셜 'BS' 로 golfer M이 마음껏 재미를 느끼도록 내버려 둘 것이다.

태평양을 가로지르기 전에 나의 이름은 Kang Bok Sook이었다. 나는 결혼하여 Kinslow라는 성을 얻었다. 그래서 나의 한국 성은 Kang이며, 미국 전통에 의해 그것은 나의 이름 Bok Sook과 새로운 성 Kinslow 사이에 사용한다. 한국 전통은 결혼 후에도 여성들은 자신의 결혼전 성을 그대로 유지한다.

이 수필은 특히, 미국에서 나와 같은 이름을 가지고 살기는 얼마나 도전적이고 흥미있는 생활인지를 모르는 나의 한국 가족과 어린 시절 친구들을 위해 특별히 작성되었다.

2007년 10월

어느 영어교수로부터 받은 가르침

2007년 5월 마지막 화요일, 나는 살라도 델 리오Salado Del Rio golf course에 나갔다. 내 임무는 '여성 9홀 그룹' starter가 되는 것이었다. 그러나 나는 그날이 연중 행사인 18홀과 9홀 혼성시합 스케줄이 있는 것을 몰랐었고, 혼성팀에 합류하기 위해서는 cart를 타야 하는데, 그것은 내가 몹시 싫어하는 것이었다. 나는starter가 될 필요가 없었기 때문에 여성팀에 합류하지 않고 일반 팀에 합류하여 golf치기를 선택했다.

여성들이 8시에 샷건shotgun 출발하기 때문에 첫 홀을 15분 이내에 마쳐야 한다고 starter가 알려주었다. (샷건이란 시간을 절약하고 참가하는 그룹들의 흥미를 끌기 위해 출발을 각 그룹들이 다른 홀에서 동시에 실시함으로써 모든 팀들이 거의 동시에 rounding을 마칠 수 있도록 시작하는 것인데, 옛날에는 출발 신호를 알리기 위해 총을 쐈는데 요즘은 종을 치거나 나팔을 부는 곳도 있다.)

나는 fairway 왼쪽 편에 성숙한 참나무 숲이 있는 par 4인 1번 홀로 급히 달려갔다. 그 때 나는 1번 홀 fairway에 이미 게임을 하고 있는 한 4인조를 보았고, 그들이 끝나기를 기다릴 시간이 없어 1번 홀을 건너뛰고 2번 홀에서부터 golf를 시작했다. 내가 3번 홀에서 두 번째 샷을 했을 때 water hazard의 반대편에 한 2인조가 있는 것을 알았다. 3번 홀은 왼쪽으로 굽은 긴 par 5이고 서투른 golfer들과 주말 golfer들을 위협하는, 그린 바로 앞에 큰 인공 water hazard가 있다.

그 2인조가 나를 알아보고 손을 흔들며 water hazard의 반대편에서 나를 기다리고 있었다. Cart를 타고 있는 golfer는 알아 볼 수 있었지만, 걷는 golfer는 초면이었다. 우리들은 서로 인사를 나누고 자신들을 소개한 후 합류했다.

걷는 golfer는 유별나게 흥미가 있는 분이었는데 첫 인상은, 그의 외모나 특이한 복장은 나에게 그가 하루 날품팔이하는 노동자이거나 혹은 아마도 야외 일로 생계를 유지하는 분같이 보였고 새까맣게 탄 얼굴색에 그의 옷은 빨래통에서 방금 꺼낸 것처럼 보였다. 정체 모를 양말은 반쯤 신겨져 있었고 golf화는 전성시대가 지나간 것처럼 보였다. 그는 입안의 울퉁불퉁한 이빨을 드러내 보이면서 의기양양한 웃음으로 나에게 그 자신을 C라고 소개했었다.

우리들은 par 4, 4번 홀부터 3인조로 golf를 치기 시작했다. 남성들의 티 박스는 언덕 위에 위치하고 있었지만 여성들의 것은 언덕 아래에 위치해 있었다. 그들이 드라이브를 친 뒤 cart에 타고 나를 지나 언덕 아래로 달렸다. 나는 지그재그로 구부러진 언덕길을 걸어 내려갔다. 4번 홀은 양쪽에 나무가 많고 왼쪽으로 급격히 굽은 홀이다. 그린 가까이의 자생나무들은 눈을 즐겁게 해 주는 가벼운 스페인 이끼가 주렁주렁 매달려 있다. 이 홀은 보통 그린의 끝 가장자리 뒤편 오른쪽에 핀이 꽂혀 있다. 좋은 어프로치 샷이 가장 중요하며 그렇지 않으면 공이 조그만 언덕을 넘어 늪지대에 숨어 버린다.

전반 9홀 동안 C는 각 샷마다 정신을 집중했다. 때때로 그는

나를 격려했으며 C와 같이 golf를 치는 것이 즐거웠다. 그의 드라이브는 똑바로 멀리까지 날아갔고 어퍼로치 샷은 대단히 정확했고 인상적이었다. 나는 내 자신에게 어느 날인가 C처럼 golf를 칠 것이라고 다짐했다. 우리들은 이 course에서 가장 긴 par 5인 10번 홀을 향하고 있었다. 10번 홀에서 우리 모두는 각자의 공을 찾아서 fairway를 걷고 있는데, C는 나에게 접근하여 "나는 대학 영어교수다."고 간명하게 말했다. 맙소사! 나는 마음 속으로 내가 그를 하루 날품팔이 노동자라고 생각했던 것을 용서해 주길 바랬다. 그는 계속해서 "나는 금년에 국제적인 클래스가 있다. "이번 학기에는 몇몇의 중국학생, 두 명의 베트남 학생, 그리고 한 명의 한국학생이 있다."며 말을 이었다. 내가 한국사람임을 어떻게 그가 알았을까? 그가 '한국인 한 사람' 이라고 말했을 때 C는 내가 그의 말을 듣고 있는 지를 확인하는 것처럼 나의 눈을 똑바로 쳐다 보았기 때문에 나는 놀랐다. 10번 홀을 끝내고 우리는 par 3, 짧은 홀을 준비하는데 약간 여분의 시간이 있었다. 그 분들이 먼저 tee off를 했고, 그 교수는 내가 티샷을 한 뒤에 여성용 티 박스로 걸어와서 그 자신에 관해서 좀 더 자세히, "나는 전에 French horn을 연주했지만, 연주 중에 사고를 당해서 내 앞이빨을 다쳤다. 지금은 기타를 배워 볼까 생각 중이다."고 말을 덧붙였다.

나는 그가 1주일에 5번씩 golf를 치고 시내 대학교에서 영어를 가르치며, 그의 강의 대부분이 오후에 있기 때문에 아침에 golf를 칠 수 있다는 것을 알았다. "당신은 언제 강의를 준비할 시간이 있습니까?"라고 물었다. "오, 나는 cell phone을 가지고 다닙니다. 학생들이 언제든지 나를 부를 수 있고 나는 그들을 가르칠 수 있습니다. 나는 golf를 칠 때 강의에 대해서 생각하고 내가 강의를 할 때 golf를 생각합니다."고 그의 독특한 교수 방법에 대해 자랑스럽게 말했다. 그는 계속해서 "내가 교수가 될 때, 총장은 내가 마음껏 golf치기를 원했습니다. 나는 하루에 4시간 밖에 잠을 자지 않습니다."고 말했다. C는 또한 그가 작가임을 자랑스럽게 말했다. 그는 수필과 시를 쓰고 있으며 그의 작품이 지방신문에 두어 번 게재 되었다고 분명하게 말했다. 그리고, 그 교수는 나에게 내가 그의 시를 지방신문에서 본적이 있는가를 물었다. 내가 어떻게 알 수 있었는가? "아니요"라고 대답하고 나서 조그만 목소리로 나는 C교수에게 "나도 수필을 쓰기 시작했다"고 말했다. "앞으로 언젠가 당신의 수필을 읽어보고 싶습니다."고 그 교수가 흥미와 호기심을 가지고 말했다. 그리고 그는 수필을 잘 쓰는 법인, 그의 전공분야를 권위를 가지고 나에게 제공하기 시작했다. "만약에, 당신이 쉽게 표현할 수 있는 단어는 어려운 단어로 쓰지 말아야 한다." 그 얼마나 좋은 충고인가!

12번 홀은 여성들에게는 par4이고 남성들에게는 par5이며 fairway 왼쪽에 꽤 큰 관목나무가 있는 예리한 왼쪽으로 굽은 홀이다. Fairway는 왼쪽에 있는 긴 bunker를 따라 점차적으로 오르막이며 그린은 작은 언덕들로 둘러 쌓여있다. 그 교수는 드라이브를 강하게 쳤지만 두 번째 샷은 몇 번씩 튕겨서 폭풍우를 대비한 얕은 concrete 구덩이를 지나 rough에 떨어졌다고 우리들은 생각했다. 우리 세 사람은 그의 공을 찾는데 4분쯤을 헛수고를 했지만 그는 바로 그의 코앞에서 공을 찾는 것이 아닌가! 그가 찾은 것은 밝은 분홍색 공이었다. 나는 그에게 물었다. "당신은 나에게 흰 공을 찾게 해 놓고 어떻게 핑크색 공으로?" 나는 분홍 golf 공으로 게임을 하는 남성 golfer를 본 기억이 없다. 그는 개구쟁이 웃음으로 빈정댔다. "나는 4 over par를 쳤습니다. 그 때문에 그는 흰 공을 golf 가방에 집어 넣는 벌을 줬다." 고 했다. 이와 같은 전략을 지금껏 들어 본 적이 없다. 호기심이 더 생겨서 "당신은 학생들에게도 이렇게 가르치십니까?"고 물었다. 이 질문에는 그는 나의 호기심을 만족시켜 주지 않았다.

두 홀을 지나서 그 교수는 이번에는 또 다른 색깔의 golf공인 연청색 golf공으로 게임을 계속했다. 분명하게 그의 게임은 그가 원하는 대로 되지 않았거나 혹은 아마도 그날의 목표치가 너무 높았던 것 같았다. 그는 또 다른 색깔의 공으로 계속 바꾸면서 "나는 어떠한 색깔의 공으로도 golf를 칠 수 있고 무엇이든 둥근 물체는 다 칠 수 있습니다."며 혼자 중얼거렸다. 마지막 두 홀에서 나의 호기심은 어떤 색깔의 golf 공을 사용하는가를 확인하는 것이었다. 이번에는 밝고 투명한 노란색이 아닌가! 마지막 그린 부근에서 그의 cell phone이 울렸다. 그의 학생 중의 한 명이라고 믿었다. 그는 학생을 가르치느라 그가 좋아하는 어퍼로치 샷을 하기 힘들어 했었고, 그는 내 시야에서 재빨리 사라졌다.

일찍, 우리가 fairway를 걷고 있었을 때, 그 교수는 나에게 golf를 친 지가 얼마나 되었느냐고 물었다. 내 대답에 그 교수는 “오, 나는 golf를 친지가 당신보다 훨씬 오래 되었습니다. 나는 캐디로 golf를 시작했습니다. 내가 캐디였을 때 그 당시에, 흑인들은 golf 게임이 허용되지 않았지만 캐디가 되는 것은 허용되었습니다. 내가 캐디를 할 당시와 비교하면 세상이 많이 바뀌었지요.”라고 계속해서 말했다. 그는 마치 golf 경기의 역사와 이야기로 가득 찬 사람 같았지만 한꺼번에 그것들을 모두 폭로하지 않는 것을 선택했다. 그날 아침 그 영어교수와 라운딩은 나에게 옛 격언을 생각나게 했다.

“결코 외모로 사람을 판단하지 마라.”

2007년 7월~2008년 9년

당신은 치과의사입니까?

우리 아들이 꼬마였을 때, 벨지움에서 애를 치과의사한테 데리고 간 적이 있었다. 수년 동안의 영어공부는 치과의사와의 대화를 준비해 주지 않은 것을 알았다. 치과의술에 대한 용어는 나에겐 전혀 외국어였고, 그날 내 기분은 석연치 않아, 치과용어를 공부할 결심을 했다.

1985년 우리가 벨지움에서 택사주 샌 안토니오로 이사를 왔을 때, 미국 적십자 회원으로 봉사활동을 할 기회가 있었다. 그들은 치과수술의사의 조수를 찾고 있었고, 조수가 되기 위해선 6주간의 진지한 예비교육을 받아야 했는데, 그것은 마치 내가 바랐던 기회였다.

나를 포함해서 여섯 명의 미래의 적십자 봉사활동 자들이 전임 학생들로 됐는데, 6주간의 진지한 과목들, 치과어학, 치아건강, 위생학, 충치예방 외에도 도구 살균법과 X-ray 찍는 법으로 전진되어갔다. 치아의 모든 면에 이름이 있고 심지어는 잇몸아래 부분까지도 이름이 있는 것을 몰랐다.

나의 봉사활동은 즐겁고 보람이 있었지만 결국 나는 치과조수로 태어난 몸이 아니었다. 하루는 흡입대로 환자 입 안에서 피를 제거하는 도중인데 수많은 노란 별들이 천정에 보이기 시작하더니 내가 어지러워 왔다. 치과 수술의를 도우는 도중 나는 서서히 까무러쳐 바닥에 졸도해 버렸다. 치과의사는 그날 두 사람의 환자를 돌보아야 했고, 그런 사고에도 불구하고 나의 봉사활동은 결코 헛되지 아니 하였다.

그 후, 수 년이 지난 2008년 3월에 예기치 않은 일이 일어났다. 과일과 콩 종류로 된 제너를 밀스General Mills에서 나온, 내가 좋아하는 간식을 먹다가 딱딱한 무엇을 씹었고, 그로인해 아래쪽 셋째 어금니 안쪽을 다쳤다. 일단 그 회사의 손해배상 담당자한테 전화를 해서 상세하게 일어난 일을 얘기했다. 그녀는 신중하게 내 이야기를 듣고 난 후, 사무적인 매너로 "치과의사입니까?"라고 물었다. "아닙니다."라고 답변했다. 그녀는, 일반인은 치과용어를 잘 모르는데 나는 잘 알고 있다고 말했다.

며칠이 지난 후, 그 손해배상 담당자로부터 편지를 받았는데, 나의 불편함에 대해 깊은 사과와 동정을 표시했다. 그리고 그동안 그분들이 점검해서 비용을 환불할 수 있게끔 내가 제공해야 할 서류 목록도 포함돼 있었다. 그들은 내 사고에 대한 기록과 치료비용 외에도 내 치과의가 작성한 평생기록부를 요구했다. 그때까지 나는 아무런 치과문제가 없었기에 보여 줄만한 기록부가 없었다.

적당한 치과의로부터 검사와 치료비용을 알기위해 상업용 전화부를 샅샅이 뒤졌다. 3개월에 걸쳐 시내 여섯 치과의를 방문하느라 300마일이 넘게 운전을 했는데도 불구하고 치료방법들은 하나도 마음에 들지 않아 고심이었다. 상담과 치료비용을 알기위해 여섯 번째 치과의를 방문했을 때 사실대로 그분이 여섯 번째라고 했더니, 그녀의 큰 눈이 더욱더 커지면서 왜 그렇게 많은 치과의를 방문했느냐고 알고 싶어 했다.

그 연민을 가졌던 피해보상 담당자는 이번에는 딴판이었다. 나의 치료비용 보상 답변에 내 요구의 절반만 보상하겠다고 편지가 왔다. 치과의가 치료도중 중지를 해야 하는가? 그러면 내가 법정에 가서 해결 하겠다는 편지를 낸 후, 그네들은 즉시 보상요구 전체를 지불 하겠노라고 다시 편지가 왔다.

내가 어렸을 적에 큰 아버지 한분이 치과의였다. 큰 아버지는 담갈색 치과 의자에서 내 젖니를 뽑는 일이 뚜렷하게 내 기억에 남아있다. 마취제도 사용 않으시고 작은 집게 한 쌍으로 치아를 뽑았는데, 나는 큰소리로 울어댔다. 아마도 아픔보다 피를 본 것이 나를 울게 했으리라. 집으로 돌아오는 길에도 눈물이 말라버릴 때까지 울었다.

결국, 나는 또 다른 일곱 번째 치과의에 사고 난 어금니 치료를 받기위해 갔다. 처음 방문동안, 상세히 그 운 나쁜 사건을 다시 이야기했는데, 그 치과의는 한 손을 내 어깨 위에 얹으면서 동정심 있는 표정으로 내게 물었다. "당신은 치과의사입니까?"

2009년 11월 샌 안토니오

금요일의 긴급 호출

나는 금요일 오후엔 거의 전혀 쇼핑 가는 일이 없다. 금요일 오후의 나의 습관은 편한 옷을 입고 요리하는 일이다. 생선을 구워 냄새가 집안 곳곳에 스며들어도 걱정할 필요도 없고 언니한테서 보내온 맛있는, 하지만 냄새나는 김치를 주일에는 피하지만 꺼내기도 한다. 그러나 지난 금요일 날엔 퇴근 교통 혼잡이나 흐린 날씨까지도 관계하지 않았다. 쇼핑을 가고픈 충동에 나의 금요일 전례를 깨고야 말았다.

샌 안토니오에서 한 인기있는 백화점을 둘러보고 있는 동안 약 5개월 전, 작년 9월 달에 처음보고 홀딱 반한 디자인너 드레스를 찾아내고 깜짝 놀랐다. 하지만 얼마나 좋아했건 실망스럽게도 내 사이즈는 그 때도 없었다. 시간이 흐름에 따라, 나는 그날의 불행을 잊었고 그 드레스 없이도 살 수 있다는 것을 알았다. 실망스러웠지만 놀랄 일은 아니었다. 왜냐하면, 기성복은 내게 잘 맞는 옷이 거의 없기 때문이다. 한국사람 체격이 표준도 아니고 미국 사이즈의 옷은 거의 나에겐 맞지 않는다. 그렇지만 어떤 때는 너무 길거나 풍덩해도 옷을 사는데 왜냐하면 별로 문제없이 고칠 수 있기 때문이다.

그 특이한 드레스를 다시 보았지만, 내 가슴 깊은 곳엔 '만일에 혹은' 이라는 의문이 시작됐다.

한 점원에게 다가가 시내에 있는 분점에 내 사이즈가 있는지 알아봐 달라고 요청했다. 만일 오스틴Austin에 드레스가 있으면 약 85마일 떨어진 오스턴까지도 갈 수 있다고 덧붙였다. 내가 보고 있는 동안 그 점원은 컴퓨터에서 체크를 했는데, 그녀는 컴퓨터가 빨리 응답을 안한다니, 제멋대로니 하며 불평쟁이었다. 불평 외에도 그녀는 유별나게 시간을 잡아먹었다. 그러고 있는 중에 다른 점원이 다가와 그녀에게 무엇을 하는지 물었고, 두 분은 잠시 문제점에 대해 대화를 나누더니 두 번째 점원이 두 개의 키를 재빨리 누르고는 내가 찾고 있는 드레스는 어디에서나 다 팔렸다고 단조롭게 알려주었다. 하지만 내 생각에 그 두 점원은 컴퓨터에서 무얼 하는지 잘 모르는 느낌이 들어 또 다른 점원을 찾기로 했다. 찾은 점원은 먼저 나에게 인사를 하면서 만일 도움이 필요하면 도와주겠다고 한 그분이었다. 그 점원에게 내 상황을 이야기하고 다시 한 번 체크해 주라고 부탁 했더니 즉시, 그녀는 다른 컴퓨터에서 찾기를 시작했다. 몇 분도 안 돼 두 개의 드레스를 찾았는데 다른 지역에 있다고 알려줬다. 나는 감사를 드리고 곧 바로 약 20마일 서쪽으로 퇴근 교통과 석양을 내 눈으로 마주하고 차를 몰았다. 그 쪽 방향으론 잘 다니지 않아 엉뚱한 출구를 들어 새로 생긴 오브패스와 예기치 않게 도시의 다른 지역 관광을 했다.

9월 말, 내가 그 드레스를 처음 보았을 때, 수년 전 피엘발만 fashion 쇼에서 본 드레스들을 상기시켰다.

그때가 1980년 중반기, 우리가 벨지움에 살고 있을 때였다. 벨지움의 봄은 길고 침침한 겨울을 따라 왔다 갔다 하는 안개 속으로 엿보며 천천히 도착했다. 봄은 이웃 Keukenhof에 수선화를 피게 하는가 하면 파리의 디자인 애호가들의 흥분을 유발시킨다. 나는 4월 달 파리에서 열린 피엘발만 fashion 쇼에 가는 약 45명의 SHAPE(유럽연합군 최고사령부) 국제여성단체 중에 내가 끼어 있었다. 우리 집 건너편 저택에 거주하시는 B여사를 초청했는데, 그녀는 시멘트 도볼그의 사장 부인이었다. 그녀는 영어를 할 수 없어 그로인해 나에겐 세 시간이 넘는 버스 여행 동안 불어 연습에 좋은 기회였다. 그날은 아직도 추웠고 바람 부는 날씨였는데, 버스 안에는 흥분과 기대감으로 가득 차 있었다. 우린 fashion쇼 하기 오래 전에 도착했다. 튜터리 정원과 그 유명한 바카라 크리스탈 공장 구경도 여행일정에 포함돼 있었다. 우리 그룹의 몇몇은 파리 중심가의 빵집에 갔었고, B여사와 나는 빵집 밖 적은 테이블에 앉아 따끈따끈 한 녹차 한 주전자를 나눠 마셨다. 그 빵집은 이웃 높은 고층건물 그늘 아래 있었고 공기는 차가웠지만 녹차는 우리의 마음과 영혼을 따뜻하게 해 주었다.

우린 파리 중심가에 있는 피엘발만 아틀리에에 안내되어 갔다. 파리 모델들은 대나무 같이 삐죽 말랐었고 대담한 꽃무늬 디자인이 우선이었다. 어떤 초미래 스타일은 흥미있게 보였지만 일상생활엔 전혀 실용적이 아니라고 생각됐다. 우리 그룹 중엔 거식증 모델이나 다른 별나라에서 온 사람들에게나 맞을, 피엘발만 옷들을 입을 만한 사람은 아무도 없었다. 내 기억으로는 가벼운 발만 블라우스 하나에 팔천불이란 가격표가 달려 있었다. 추측으론, 발만 옷은 은행을 털어야만 살 수 있을 것 같았다. 그렇지만 우린 Mons로 돌아오기 전 발만 향수를 기념으로 사왔다.

5개월 후, 여러 번의 세일, 즉 연중 최고로 붐비는 쇼핑 날인 추수감사절 뒷날 세일, 크리스마스 세일, 수많은 주말세일을 불구하고 그 드레스는 기적적으로 남아 있었다. 그건 무엇을 의미하는가? 금요일 오후 긴급호출 쇼핑 충동은 그 특별한 드레스를 찾으려는 운명이었나? 드디어 드레스를 찾았고, 주저 없이 내 사이즈 드레스를 마치 사야만 한 것 같이 사게 되었다.

2010년 봄

그 사람이 바로 나였어요

2009년 크리스마스 때 일이었다. 연중 여성 golf회 크리스마스 오찬회는 사교 회원 중의 한 집에서 열렸다. 이런저런 이유로, 지난 몇 년 동안 나는 오찬회는 참가하지 못했는데 이번에는 참가를 그날의 우선적인 일로 결정하기로 했다. 회장은 오찬회가 12월 둘째 목요일이라고 알리고 회원들이게 나눠먹을 음식을 한 가지씩 준비하라고 요청했다. "복숙, 이번 오찬회에 꼭 참가해 주었으면 좋겠어요." 참석하겠다고 대답하고는 음식 대신에 violin을 가져가 내가 연주를 하고 회원들이 케롤을 따라 부르면 재미있을 것이라고 제안했더니, 그녀 역시 최고의 아이디어라고 했다.

2009년 12월 중순은 샌 안토니오 겨울치고는 추웠다. 겨울코트를 검정 velvet 반짝이 박힌 연주복 위로 입고, 안내도를 손에 쥐고 집을 떠나 약 30분 후 호스테스 집에 도착했다. Violin과 케롤책 두 권과 보면대 그리고 작은 선물을 가지고 갔다.

내가 두번째로 도착했고, 첫번째 도착한 회원은 바로 내 앞 차도에 주차했는데 두 개의 아름다운, 초록색 은박지에 쌓인 빨강 포인세티아를 가지고 차에서 내렸다. 후에 알았지만 그것은 상품들이었다.

내 violin을 한 침실에 두었는데 그 방은 크리스마스 주제로 아름답게 꾸며져 있었다. 거실로 들어갔는데 바닥에서 천장까지 키가 큰 장식으로 찬 싱싱한 크리스마스 츄리를 비롯해서 마치 크리스마스 상점 같이 보였다. 각 공간은 여러 종류의 크리스마스 주제의 물건들로 찼고 산타클로스들이 여기저기 자리하고 전기불이 들어온 소형 마을은 한 벽 앞의 가구를 장식하고 있었다. 나는 크리스마스 상점 안에 있었다.

현 회원들과 사교회원들은 크리스마스 풍의 의상으로 집에서 만든 음식을 가지고 차례로 도착했다. 그분들은 화요일 golf의상을 하고 볼 때와는 전혀 달리 보였다. 어떤 사교 회원들은 알아볼 수도 없었고, 또 다른 회원들은 golf를 더 이상 치지 않기 때문에 보지 않은지가 몇 년이나 되었다. 그들은 세 그룹으로 모였는데, 한 그룹은 식당 테이블에 그리고 두 그룹은 거실에 모였다.

우리의 한 헌신적인 회원 B는 회원들의 이름이 담긴 바구니를 가지고 있었다. 이름을 하나 뽑아내려고 했는데, 상품은 그 포인세티아였다. 그녀는 전회원이 공평한 기회를 갖게끔, 이름을 잘 섞은 후 첫번째 이름을 끄집어냈는데, 바로 그녀 앞에 앉은 한 사교회원이었다. 모두들 박수갈채를 보냈고, B는 사회자로서 흥분했다. 그녀는 두번째 빨강 포인세티아를 위해 자기 이름을 어쨌든 한 번 꺼내 보겠다고 결심하고 있었다. 다시 한 번, 그녀는 내용물을 잘 섞은 후, 자기 이름을 꺼내기는커녕 재빨리 뽑은 이름은 바로 내 이름이었다. 보고 있던 회원들은 맥이 빠질 때까지 웃음보를 터트렸다.

정찬 식당은 또 다른 크리스마스 상점같이 보였다. 차이나 케비넷 앞에 놓인 큰 직사각형 테이블 위엔 회원들이 준비해 온 음식으로 장식돼 있었다. 그 음식물 역시 크리스마스 주제로 된 포장에 싸여져 있었고 모든 것이 아름답고 먹음직스럽게 보였다.

음료수는 부엌 테이블에 달콤한 후식과 국내 국외 치즈와 함께 있었다. 다른 회원들같이 나도 두 번을 먹었고 다들 hostess의 노력에 칭찬을 했다.

나는 소파 한 가운데 앉았는데 내 왼쪽에 앉은 분은 초면이었다. 우린 golf와 가족에 대해 이야기를 했고, 우리의 대화는 곧 오찬회의 중요 행사로 변했다.

"제가 violin을 연주할 겁니다." "아, 좋은 일입니다." 그녀가 대꾸했다. "무슨 곡을 연주하지요?" "독주 한 곡 '자신에 즐거운 크리스마스가 되길' 과 다른 캐롤은 따라 부르는 곡이에요." 내가 답했다. "어머, 나는 노래를 부를 줄 모르는데" 그녀가 점잔을 뺐다. "몇 년 전에, 우리 연중 크리스마스 오찬 행사가 golf 클럽에서 열렸는데 한 동양여성이 역시 violin을 연주 했지요. 아름다운 연주로 아주 특별한 기회를 만들었는데, 그분 이름이 기억이 나지 않아, 그 분은 아들의 첼로와 이중주를 연주했는데…… " 그녀가 갑자기 수심에 잠겼고, 내가 보기에는 그녀의 생각은 몇 년 전으로 거슬러 가고 있었다. 그녀의 입술은 굳게 다물어졌고 옆에 있는 회원들의 지껄이는 소음도 못 알아차리고 눈은 바닥을 뚫어지게 응시하고 있었다. 그래도 그녀는 그 이름을 기억해내지 못했다. 그녀는 입술을 더욱 굳게 다물고 믿기지 않는다는 듯이 고개를 좌우로 몇 번 흔들었을 때 내가 드디어 침묵을 깨트렸다.

"그 사람은 바로 나였어요! 나는 그 오찬회에서 아들의 첼로와 이중주를 연주했고, 흥겨운 시간을 보냈어요."

잠시 후 다시 violin 연주할 때가 되었다.

2010년 5월 샌 안토니오

미국에선 고객은 왕이다

2009년 겨울 할러데이 기간 중에 나는 윗옷 두 개를 사서 보관해 두었다. 그것은 목둘레에 다양한 색깔의 손으로 꿰맨 구슬이 많이 달려있는 축제적이고 유행에 따른 것이었다. 그러나 온도계가 여름을 알렸을 때 그 겨울옷은 내가 생각한 것만큼 마음에 들지 않았다. 나는 그 옷을 구매한 지가 5개월이 넘었지만, 그 옷가게에 반환하기로 결정했다. 더 이상 영수증을 가지고 있지 않았지만 그 옷에 가격표가 그대로 붙어 있었다. 그 가게에 가는 도중에 가게 상품권만 받아도 만족하겠다고 생각했다. 하지만 고객서비스 데스크에서 종업원이 나의 신용카드와 그 옷의 가격표를 사용해서 그 옷의 가격 전부를 나의 신용카드로 기꺼이 환불해 주었다. 그긴 어떠한 어려움도 없었고 종업원은 반환 이유도 묻지 않았다. 나의 모든 우려가 친절한 서비스에 증발해 버렸다. 일을 마친 뒤 나는 가게를 둘러보고 있는데 고객들 보다 종업원들이 더 많다는 것을 알았다. 월요일 이른 아침이라 손님들은 아직 오지 않았다. 그러나 스피커에서 흘러나오는 다음과 같은 녹음을 들을 수 있었다. “부담 없이, 반환을 받습니다! 만약에 고객 여러분들이 완벽하게 만족하시지 않으시면 주저 없이 상품을 반납하십시오!” 나는 꿈을 꾸는 것이 아니었다. 그 방송은 내가 미국에 있다는 사실을 기억하게 해 줬다.

과거에, 반쯤 먹은 수박을 반품한 적이 있다. 왜냐하면 그 수박은 광고한 것처럼 달지 않았기 때문이었다. 농산물 메니저가 사과를 했고 주저할 것 없이 내가 겨우 들 수 있는 다른 큰 수박으로 바꿔주었다. 전형적인 길쭉한 미국 수박이었다. 최근에 나는 6개의 핸드백을 집으로 사왔다. 분명히 6개를! 계산대서 내 뒤에 기다리고 있던 고객들이 나에게 미소를 보내면서 내가 아마도 정신이 나간 것처럼 생각하는 것 같았다. 그 핸드백들은 봄 노란색, 겨자노란색, 금속성 갈색, 빨간색, 흰색 그리고 검은색이었다. 나는 그것들 중 하나인 금속성 갈색을 제외하고는 어머니날 세일 기간 중에 같은 백화점에서 구입했다. 그것들은 이제까지 내가 제일 많은 핸드백을 한꺼번에 구입한 것이었다. 나는 그것들을 내 마음에 드는 드레스와 특별한 색깔의 핸드백과 맞추기 위해서 당분간 집에 보관해 두었다. 시간이 지남에 따라 그 핸드백들은 너무 커지고, 색깔이 너무 진해지고 또 연해지기 시작했다. 여하튼 백화점 가게에서 구매할 때의 매력은 찾아 볼 수가 없었다. 나는 항상 노랑 가방을 가지기를 원했다. 왜냐하면 나는 노란색조의 드레스가 몇 벌 있기 때문이다. 그리고 나는 지금은 구식으로 보이는 하얀 가방을 나은 것으로 바꾸기를 원했다. 금속성 가방은 전면에 금속이 많이 박힌 유행성 가방이었다. 그러나 내가 그것들을 보면 볼수록, 눈에 확 띄고 번쩍번쩍한 금속가방은 본인 것이 아니었다. 내가 왜 그렇게 생각했는지 모르겠다. 아마도 내가 나 자신을 다른 사람으로 만들려고 그랬던가 보다.

빨간색 가방 하나만 남겨두고 하나씩 하나씩 2개월에 걸쳐 다섯 개의 가방을 결국 반환했다. 원래부터 신용카드로 그것들을 구매했기 때문에 반환은 영수증들을 교환하는 것만큼 간단했다.

어떤 가게들은 경쟁가게의 '가격일치'까지 제공하고, 만약에 고객이 상품을 구매한 뒤에 물건들을 세일한다면 그 품목들을 재구매까지도 할 수 있도록 해준다.

지난 여름 한국 부산을 방문했을 때, 나는 복잡한 남포동 지하상가를 둘러 볼 기회가 있었다. 고객과 파라솔 가게 주인 사이에 일어나는 문제를 내가 목격한 일은 지금도 나를 혼란스럽게 한다.

분명히 한 고객이 하루 전 파라솔 하나를 구입하고 그것을 반환하러 왔다. 그 가게 주인은 돈을 돌려 줄 생각은커녕 고객에게 다른 물건을 선택할 것을 강요했지만, 그 고객은 마음에 드는 것을 찾을 수가 없었다. 언쟁이 두 사람 사이에 오랫동안 계속되었다.

몇몇 백화점들과 새로 지은 서구식 식료품가게를 제외하고 한국에서는 대부분이 자세하게 구매가 기록된 영수증이 없다. 상품 반환은 시도할 수는 있지만 곤란한 경우이다. 영수증이 없기 때문에 고객의 말과 가게 주인의 말이 서로 다르다. 우리의 일상생활에서 쇼핑경험은 동양과 서양의 문화적 차이점 중의 하나이다.

2010.7. 샌 안토니오

제 6 부

한국에서 온 이야기

시차 피로

미국 샌 안토니오에서 부산까지 비행기로 오는 데는 17시간의 비행과 두 번의 환승을 위해 약 7시간의 기다림은 나의 모든 에너지를 소진시킨다. 나는 자느라고 바빠서 기내에서 두 번의 식사를 놓쳤다. 첫 번째는 아메리칸 항공기를 타고 미국 달라스에서 일본 도쿄로 올 때였고 또 한 번은 일본항공을 타고 도쿄에서 부산으로 올 때였다. 내가 잠을 깼을 때 승무원들이 식사를 가져왔지만 식사하는 승객은 오직 나뿐이었다.

부산에 도착한 다음 날 나는 하루 종일 잠을 잤다. 잠에서 깨어났을 때, 침실 창문 도로 건너편 모텔의 불그스름한 네온사인이 반사된 것을 볼 수 있었다. 그때는 거의 저녁 8시30분이었고 아침식사 후 아무 것도 먹지 않았다. 엄마는 아직도 내가 졸린다고 생각하셨지만, 졸리기보다는 배가 더 고팠기 때문에 중앙로변의 잘하는 돌솥비빔밥집에 가기로 결정했다.

나는 연노랑 면스커트와 노랑 마셔츠를 입었는데 그것은 아침에 입었던 것이었고, 그 옷들은 내가 아침에 수직 옷걸이에 버려둔 그대로였다. 내가 바깥에 나가려고 하는데, "소매치기가 많다. 지갑은 두고 만 원짜리 하나만 가져가라."는 엄마의 말씀을 들었다. 엄마가 옳았다. 몇 해 전에 어두운 밤 골목길에서 오토바이 탄 도둑놈한테 내 가방을 탈취 당한 사건이 아직도 생생하게 내 기억에 남아 있지 않은가? 지갑이 필요 없었다. 나는 지갑에서 만 원짜리 한 장을 찾고 있었으나 앞에 천 원짜리 몇 장을 보았다. 만 원짜리 앞에 천 원짜리를 넣어두는 것이 내방식이다. 뒤쪽에서 지폐 한 장을 꺼내서 작은 지갑에 넣었다.

저녁 8시 반쯤해서, 나는 반 잠결에 엘레베이터를 타고 내려갔다. 그러나 아파트 모퉁이에서 신호등이 초록으로 바뀌자마자 즉시 깜박거리기 시작해서 교통신호가 바뀌기 전에 나를 뛰게 만들었다. 보도를 걸으면서 맛있는 돌솥비빔밥 먹을 것을 기대하니 입에서 벌써 침이 나오기 시작했다.

음식점엔 오직 두 테이블만 손님이 있었다. 부엌 앞 벽과 벽에 메뉴목록이 길게 붙어있었는데, 내가 선택한 메뉴 아래 '호주산' 이라고 적혀있는 것을 알았다. 나는 한 종업원에게 그것이 무슨 뜻인지 물어보았다. 그녀는 재료 중의 하나인 소고기가 호주산이라고 말했다. 왜 한국산 소고기를 사용하지 않는가?고 의아해 했다. 작년에 호주산 소고기가 돌솥비빔밥에 들어가는 것을 기억하지 못한다.

나는 쇠고기 없는 돌솥 비빔밥을 주문했다. 세 가지 반찬과 멀건 된장국 한사발이 즉시 내 테이블에 나왔다. 허기가 져서 돌솥비빔밥을 기다릴 수가 없어서 반찬하나를 다 먹어버렸는데 나머지 둘은 고추장 칠갑을 하고 있어 내겐 너무 맵게 보였다. 나는 돌솥비빔밥을 기다리는 동안에 국도 다 마셔버렸다. 드디어 돌솥비빔밥이 나왔는데 그건 내가 기대했던 것만큼 맛이 있었다.

내가 다 먹은 후 주인이자 계산원에게 식대를 계산하러 다가갔다. 식대가 단지 4000원이어서 6000원 거스름돈을 기대했었다. 그러나 그녀는 "이것은 천 원짜린데요?"라고 말했는데 그 말은 나를 잠에서 깨웠다. 처음에는 혼동이 되었지만 나는 바보처럼 느껴졌다. 왜냐하면 지갑에서 돈을 보지도 않고 끄집어냈기 때문이다. 나는 계산원에게 내가 가까이에 살고 있으니 돈을 가져오겠다고 말했다. 그녀는 미소를 지었다. 나는 신호등이 초록으로 바뀌자마자 뛰어가서 위층으로 올라갔었고 손에 식대 값을 쥐고 음식점으로 되돌아갔다. 단지 30분도 걸리지 않았다. 내가 4000원을 주었을 때 계산원은 미소를 띠고, "제가 잘 알고 있는데, 일부러 이렇게 가져오지 않아도 되는데……" 라고 말했다. 그쯤에서 나는 잠이 확 깨었다.

2009년 7월 16일 목요일

하나로카드 에피소드

나는 매달 열리는 고성여중 동창회에 참석하기 위해, 내가 한국 부산에서 머물고 있는 나의 어머니의 아파트에서 시내와 반대쪽에 위치한 서면으로 가는 도중이었다. 나는 태평양 건너편에 살고 있기 때문에 나에겐 이 모임이 연중행사이다.

제일 가까운 동대신동 지하철은 어머니 아파트로부터 여러 블록 떨어져 있다. 오른쪽 번잡한 4차선 도로 반대 방향으로 몇 천보를 걸어 갈테면, 버스와 택시 그리고 온갖 한국산 차량들이 넘치는 교통량은 1988년 제24회 올림픽 축구경기가 열렸던 구덕 운동장 쪽으로 향해 온다.

내가 아파트 정문에서 발걸음을 내딛자, 다닥다닥 주차한 차량들과 재빠른 리듬으로 전 방향으로 움직이는 보행자 틈으로 요리조리 빠져 나간다. 작은 상점들은 아무공간도 없이 즐비하게 들어서 있다. 거기엔 온갖 간이음식점, 애완용 동물상점, 게임방, 하루의 스트레스를 풀고 노래실력을 실험할 수 있는 가라오케, 그리고 몇 십년 된 오래된 헤어살롱이 아직도 같은 자리에 있다. 또한 상점들 가운데엔 베스킨 롸빈스Baskin Robbins, 던킨도넛 Dunkin Donuts, 그리고 KFC도 끼어들어 있다. 작년 여름이후, 한두 개의 새로운 상점이 나의 주의를 끌었는데, 그것은 미식가 커피 샵 goumet coffee shop과 가축병원이다. 지난 해의 갈색 머리와 아무데건 웰빙well-being을 붙이는 것에 비교해서 확 변한 흐름은 애완동물을 기르고 고급 커피를 즐기는 것이다. 나는 이 상점들을 병행해서 걸어갔고 작은 빵집에서 풍기는 아침 공기를 메우는 자극적인 냄새를 피할 수 없었다.

여러 구역을 걸은 후, 나는 지하철 입구에 도착했다. 긴 계단을 내려가기 전 먼저 3개의 계단을 올라갔다. 5개의 경사진 단계가 있었고 각 단계는 15개의 높은 계단으로 돼있다. 내가 생각하기엔 이 계단들은 나이든 분이나 어린이들을 위한 것은 결코 아니다. 내가 일단 회전입구turnstile에 도착했을 때 한 조각의 쓰레기도 눈에 띄지 않는다. 그것은 내가 마지막 방문한 파리Paris의 지하철과는 지극히 대조적이었다. 파리인Parisan들은 그들의 ABCs 즉, 예술Arts, 미Beauty, 그리고 문화Culture에 자부심을 가지고 있지만, 안타깝게도 그들의 지하철에 쓰레기가 가득 채워진 것에 무관심하고 있는 것 같았다.

나는 지난해 경험으로 지하의 내부를 즉시 알아 차렸다. 큰 부산지역 지도가 벽에 붙었고, 자동 전철표 머신은 내 왼쪽에 작년과 꼭 같은 자리에 그대로 서 있었다. 그리고 생명 없는 두 단계의 조화 소나무는 작년 이래로 하나도 자라지 않았고 조용히 먼지만 수집하고 있었다.

내가 며칠 전 이곳에 도착한 이후 처음한 일 중의 하나는 공동운송 카드, 즉 하나로카드에 돈을 보충하는 일이었다. 그것은 운송 차변debit 카드인데, 하나로 카드는 모든 공동운송에 사용할 수 있는 카드이다.

내가 타야할 지하전철은 금방 도착할 것 같았고, 나는 회전입구를 통과해야 했다. 나는 지갑 속에 있는 하나로 카드를 꺼내려고 했다. 그 카드는 맑은 프라스틱 창을 통해 보였다. 식지로

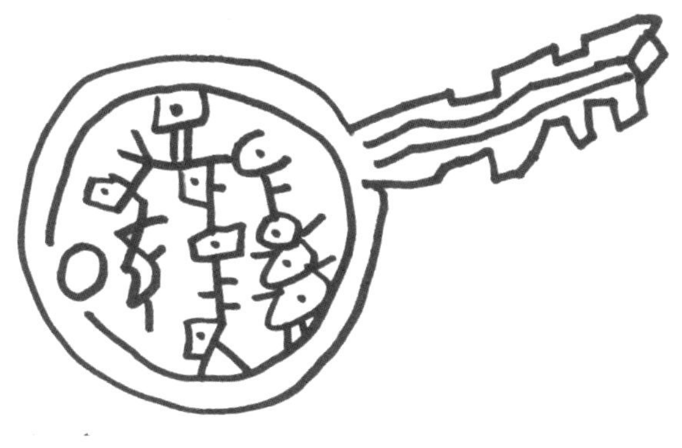

카드를 꺼내려고 했지만 조금도 움직이지 않았다. 다시 가운데 손가락과 식지 두 손가락을 어떻게 해서든지 넣어 보려고 했다. 나는 두 손가락의 힘이 그 카드를 꺼낼 것이라고 생각했다. 물론, 거기에는 한 손가락이 들어갈 틈도 없는데 두 개의 손가락은 어림도 없었다. 방금 칠한 나의 진주색 손톱 매니큐가 망가져 버렸다. 망가진 두 손가락을 내려다보니 즉시 몸이 달아올랐다. 온 전신의 피가 거꾸로 머리로 올라오는 기분이었다. 나는 아침에 30분이나 손톱정리에 시간을 보내지 않았는가! 그렇다고 다시 아파트로 돌아가 손톱정리 할 시간은 없었다. 손톱을 새로 정리하는 것보다 동창회에 늦지 않는 것이 더 중요하다고 생각했다.

나의 하나로 카드는 여전히 조금도 움직이지 않았다. 그것은 고집 세게 맑은 플라스틱 창에 딱 붙어 있었다. 하나의 좋은 아이디어가 내 머리로 스쳐갔다. 내가 어떤 사람에게 나의 하나로 카드를 좀 꺼내 달라고 부탁하면 어떨까? 그러나 만일 그분이 나의 지갑을 손에 쥐었을 때 달아나 버린다면 어떻게 할까? 나는 나의 중요한 신분 identification card도 지갑 속에 넣고 다니고 있지 않은가? 남자들은 나를 도와 줄 좋은 후보자가 아니라고 결정했다. 그들은 높은 구두를 신은 나보다 훨씬 빨리 뛸 수 있으니까 말이다. 그럼 나는 누구에게 부탁하지? 아마도, 동정심이 있어 보이고, 진실로 친절하고 나 보다는 빠르지 않은 사람에게 부탁을 하기로 했다.

나는 주위를 둘러보니 남자 두 분이 내가 서있는 방향으로 걸어 왔다. 그분들은 급했고 회전입구로 신속하게 그리고 아무런 꺼리낌 없이 들어가 버렸다. 내가 찬스를 놓쳤나? 그렇지만, 나는 남자들에게는 묻지 않기로 했는데, 또한 나는 학생들에겐 묻지 않기로 했다. 그것은 나를 바보처럼 보이게 만들 것이다. 그렇지만 나는 안달이 났다.

몇 초 후, 허리가 조금 구부정한 자그마한 여자가 느린 걸음걸이로 반대쪽 입구에서 나의 방향으로 나타났다. 그녀는 좋은 옷차림을 하고 있었지만, 어딘가 시골티가 났고 아마도 도시 사는 딸을 보러온 사람 같았다. 그녀는 자그마한 보따리를 머리위에 균형있게 얹었고, 다른 한쪽 손은 다른 가방으로 차 있었다. 내가 이 여자 분을 마음속으로 마땅한 후보자로 결정하는 동안 그녀는 회전 입구로 느리고 조심스럽게 가까스로 다가왔다.

그녀는 모르는 사람이 자기를 관찰하고 있다는 것을 의식하지 못하고 나를 지나쳐 무엇인가를 지갑에서 꺼내, 내 앞에서 자동 카드읽기에 갔다 대고 다른 차가운 회전 입구 바를turnstile bar 내 앞에 남겨두고 요술사 같이 저쪽으로 나가 버렸다.

갑자기, 그 무엇이 내 머리를 스쳐갔다. 그녀는 아무것도 지갑에서 끄집어 내지 않았다! 그녀는 그냥 그녀의 지갑을 자동카드 읽기에 갖다 대기만 했다. 아! 나는 나의 하나로 카드를 전혀 끄집어 낼 필요가 없었다.

일 년도 채 못돼, 나는 나의 공동운송카드인, 하나로 카드사용법을 잊고 있었다. 나는 자신이 바보같이 느껴졌다. 내가 망가진 내 손톱을 내려다보니 재빠르게 텍사스 주 샌 안토니오San Antonio, Texas에서 온 시골사람처럼 된 내 자신에게 웃을 수밖에 없었다.

2007년 7월 한국 부산에서

모기장 안에서

사랑하는 친구들아, 한 여름 밤 모기장 안의 일을 기억하고 있는지? 그날 밤은 후텁지근했고 공기는 움직이지도 않았지만 자정이 넘게, 자랄 때 얄미운 짓한 것들을 나눈다고 우린 예약 없이 한 밤을 모기장 안에서 같이 지새웠지.

4월 1일 만우절만 다가오면 우리 생물선생님을 괴롭힌 일이 생각나는지? 수업 전 우린 아예 교과서는 펴지 않기로 결정했고, 만우절이기 때문에 선생님 말씀은 다 우리를 골탕 먹이는 것으로 가정했지. 선생님께서 우리 반에 들어오시길 기다리다 선생님이 들어오셔서 수업을 시도했지만 학생들은 반응이 없었어, 선생님께선 여학생들의 속임수에 넘어갔었어. 선생님께선 이야기꾼이셨기 때문에 오히려 자기 특기에 피해를 입곤 하셨어. 우린 기회가 있을 때마다 이야기 해 달라고 선생님을 졸라 댔어.

학교 규칙에 어긋남에도 불구하고 영화 보러 간 일은 어때? 우린 잡힐 각오를 하고 갔었어. 그때 우리 시골에는 단지 두 개의 작은 극장이 있었는데 매일 밤 선생님 두 분이 학교 규칙을 무시하는 학생들을 잡으려고 극장의 맨 뒷좌석에서 근무를 하셨어. 학생들은 학교에서 선택한, 일 년에 한두 번의 영화 외는 일체 극장엔 못 가게 돼 있었는데, 물론 우리들은 선생님들한테 잡혔지…… 다음날, 우린 교장실로 불려가 교장선생님께 훈계를 받고 복도에서 각각 나무의자를 머리위로 들고 있어야 하는 벌을 받았어. 그래서 지나는 학생들마다 누가 학교규칙을 위반했는가를 알 수 있었어. 그때 내 팔이 의자를 내리라고 아우성 친 기억이 난단다. 명색이 우리들은 학교 간부였다는 걸 상상 좀 해봐라!

우린 또 그때 독재정부와 세계를 4 · 19혁명으로 바꾸려고 생각했었지. 여학생들은 수업을 빼먹고 부패한 독재자는 물러가라고 열렬하게 데모에 참가했었어. 우리들은 truck 뒤에 몰려 타고 독재자의 거주지를 달려가 돌을 던지고 슬러건을 고함지르면서 데모를 했어. 학생들은 또 극장 앞에서 군정부에서 우리들의 요구 "독재자를 추방하자"를 들어줄 때까지 단식데모에도 참가했었어. 그때 서울에서 대학교에 다니던 몇몇 친구 오빠들은 데모의 선동자로 구치소에 끌러 갔었지. 가끔 그 오빠들이 어떻게 되었는지 궁금했단다.

이 맘 때쯤 되면 여학생들은 교복을 입은 채 어린 소나무 잎을 갉아먹는 송충이를 잡으러 가까운 산에 행렬해 갔었어. 송충이가 너무도 많아 우리들을 압도했지. 우리의 노력이 얼마큼 송충이 잡이에 성과를 봤는지는 몰라도 한국에 송충이가 사라졌다고 들었어. 그러나 지난 십여 년전에 널리 퍼진 재선충 병으로 많은 노송들이 피해를 입고 있었어.

등교할 때 밝은 태양아래 학교 콩밭을 메기위해 호미를 가지고 간일이 생생하구나. 그런 실험들은 지울 수 없는 기억으로 남았어. 요즘도, 믿건 말건, 나는 호미로 콩밭에서 김을 매고 싶단다.

바닷물에 에워싸인 큰 바위섬에서 보름달 아래 party한 기억은 생각나는지? 같은 도시에 사는 두 여자 분이 우리들과 함께

했고, 그분들의 생활사는 나를 슬프게 했단다. 한 분은 딸이 넷이고 아들이 없었어. 남편의 냉대가 심해져 고향으로 돌아갈까 생각 중이었어. 21세기에 어떤 한국 사람들은 아직도 봉건주의 사회생활을 하고 있어.

시원한 바닷바람을 쐬며 여름밤 백사장에서 밤을 지새운 일을 기억하는지? 반짝이는 별 아래 우린 노래와 이야기로 밤을 보냈고 모래사장 우리 주위로 꼭 우리 영토같이 큰 원을 그려놓고 곧장 물가에서 잠이 들어 버렸었어. 간밤에 파도는 우리 가까이 올라왔었고, 새벽에 잠에서 깨었을 때 신발과 지갑들이 모래로 젖어 있었어.

내가 너희들로부터 얼마나 멀리 떠나왔건, 많이 변했다고 생각하든 나는 너희들과 함께 아름다운 추억을 만든 그 사람이란다. 사실 나는 온 세계를 보는 것이 꿈이었어. 아름다운 내 고향을 떠난 후 우리들의 우정은 다른 곳에선 찾지 못했어. 이 추억을 쓰는 순간 나는 깊은 노스탤져를 느낀단다. 지금도 그 힘찬 파도소리가 조가비 많은 해변으로 다가오는 소리를 들을 수 있단다. 영원한 친구들이여, 반짝이는 별 아래서 맺은 언약을 기억해다오. 이번 여름, 다시 추억을 만들 때까지 다들 건강하고 열심히 살기를 바란다.

2010년 4월 샌 안토니오

모교 후배로부터 선물로 받은 금반지

높은 속옷 옷장 위, 양쪽에 노란 튤립 꽃다발을 묘사하는 그림이 그려진 조그맣고 노란 코팅된 종이 가방이 놓여 있다. 그 속에는 편지들, 시들, 그리고 뒷면에 메시지가 쓰여있는 사진들과 조그만 손잡이가 달린, 손으로 또 박 또 박 꿰맨 이불에 쌓인 두 개의 아주 작고 예쁜 나무 인형들이 들어있다. 그리고 작은 사각 봉투 안에 두 장의 편지지에 쌓인 금반지가 있다. 이 보물들은 나의 모교 후배들로부터 받은 것들이다.

때때로 나는 그 편지들을 펼쳐서 즐거운 추억을 회상하며 다시 읽어 보곤 한다. 그것들은 내 영혼을 부추기고, 읽을 때마다 나에게 감동을 준다. 이 조그만 가방에 들어있는 것들은 나의 고향에서 모교 후배들과 함께 나누었던 아름답던 시간들을 나에게 회상해 주는 즐거움의 원천이 되고 있다.

1996년 여름, 나는 한국 고성에 있는 나의 모교인 고성여자고등학교에 두 번째 돌아 갔었다. 2년 전 1994년, 나는 소녀로 고향을 떠난 뒤 처음으로 모교를 방문했고 그때도 영어를 가르쳤다. 얼마 지나지 않아 학생들에게 적극적인 인상을 주었고, 밝고 잘 웃고 배우기를 갈망하는 학생들과 훌륭하신 안교장선생님 지도하에 친절한 선생님들을 통해 수년 전 내 자신을 본 것 같은 감정에 휩싸였다.

1994년 여름 내가 모교를 방문한 마지막 날 안교장 선생님께서는 다음과 같은 감사패를 수여하셨다.

귀하께서는 모교를 방문하여 후배들을 격려하시고 영어 사용 능력 신장을 위한 학습 방법을 보여 주셨습니다. 국제화 시대에 대비한 진로 지도에 기여한 공과 모교를 사랑하는 마음에 감사하는 뜻을 이 패에 새겨드립니다.

1994. 7. 15 고성여자고등학교 교장 안철수

남해안 가까이에서 불어오는 후덥지근한 바람이 학교건물을 장식하고 있는 잘 다듬어진 관목들 사이로 들어왔다. 그 바람은 시골의 한 여름 교실을 덥게 만들었다. 모든 교실 창문들은 환기를 위해 열어 놓았지만 실내온도를 낮추는 데는 도움이 되지 못했다. 모든 것을 영어로 가르치는 수업 중에 성실한 학생들의 호기심 많은 눈들과 마음가짐을 한 학생들은 교실 밖에서는 웃음을 터뜨릴 준비가 되어 있었다. 학생들은 지나치게 수줍어서 수업 중에 어떠한 질문도 거의 하지 못했다. 현관 복도에는, 큰 벽 쪽에 붙여놓은 신발장은 비록 학교건물은 다르지만 나의 학창시절 때와 똑 같았다. 여학생들은 조용하게 걸어 다녔고 선생님들을 만날 때마다 몇 번이고 목례를 하면서 존경심을 표현했다. 점심시간에 우리 선생님들은 종종 학교를 떠나 음식점으로 변한 시골집에 점심을 먹으러 갔다. 그분들은 음식점 주인을 잘 알고 있었으며 모두가 그 집의 주인인 것처럼 재빨리 신발을 벗어 버리고 작고 낮은 음식 테이블 주위에 편안하게 둘러 앉았다. 시골 스타일의 점심을 먹으면서 우리 선생님들은 미국학교들과 비교해서 교수 방법을 향상시키기 위해 의견을 교환하고 토론하였다.

내가 학교를 떠나는 마지막 날은 아쉬웠고 너무 빨리 다가왔다. 수업은 평소와 다름이 없었지만 우리들의 마음은 각각 이미 이별의 그리움으로 가득 차있었다. 나는 아름다운 추억과 학생들로부터 다음과 같은 영문편지들을 받고 미국으로 돌아왔다.

고마운 선생님께,

선생님께서는 잘 모르는 학생으로부터 이 편지를 받으시고 매우 놀라실 겁니다. 우선, 저 자신부터 소개하겠습니다. 저는 나이가 19살이고 고성여고 2학년입니다. 제 이름은 황형심입니다. 저는 선생님에게 편지를 쓸 수 있는 기회를 가진데 대해 대단히 행복하게 느낍니다. 이것은 제가 선생님께 보내드리는 첫 번째 편지입니다. 제 영어실력이 너무 형편없습니다. 제 편지에 잘못이 있다면 저를 이해해 주시면 고맙겠습니다. 저는 사전과 영문 편지 책의 도움으로 이 편지를 쓰고 있습니다. 아마도 2년 전에 "선생님은 만화를 좋아하십니까?"라고 질문했던 저를 기억하실지도 모르겠습니다. 그 학생이 바로 저이며, 그 당시 저는 큰 용기가 필요했습니다. 저는 미국에 대하여 배우는 것에 흥미를 가지고 있으며, 또 미국환경과 같은 스타일을 좋아합니다. 저는 선생님을 얼마나 부러워하는지 모르실 겁니다! 선생님은 젊고 아름다우시며 저는 선생님의 삶의 스타일을 또한 부러워합니다. 저는 선생님을 따르기를 원하고 선생님과 같이 성공하도록 노력할 것입니다. 그 당시 시간이 너무 짧았고 빨리 지나가 버린 것을 저는 후회하고 있습니다. 저는 선생님께서 행복하시고 행운이 깃드시기를 빌겠습니다. 이만 줄이겠습니다. 선생님의 답장은 저를 행복하게 만들 것입니다. 만사가 뜻대로 되시길 빕니다.

1996. 7 황형심

강선생님,

안녕하셨습니까?

이와 같은 편지는 처음 써보기 때문에 제 손이 떨리고 있지만 최선을 다해서 편지를 쓰고 있습니다. 제 생각으로는 선생님께서는 저를 잘 모르시겠지만 저를 기억해 주십시오. 저는 2학년3반 김수진입니다. 지난 2주 동안은 저는 너무 부끄러웠고 용기가 부족했고 또 아마도 시간이 빨리 지나갔기 때문에 선생님과 이야기할 기회를 잡지 못했습니다. 그러나 저는 선생님을 대단히 좋아합니다. 제가 복도에서 선생님을 뵈었을 때 인사를 드렸는데 미소로 받아주시는 것이 저는 무척 기뻤습니다. 선생님의 친절은 저를 편안하게 해 주셨고 저는 그것을 사랑합니다. 선생님께서 미국에 돌아 가시더라도 건강하시고 편안 하시기를 빕니다. 선생님 저를 기억해 주십시오. 저도 선생님을 영원히 기억하겠습니다. 그런 의미에서 제 사진을 동봉합니다. 때때로 선생님께서 저를 보고 싶으실 때 제 사진을 봐 주십시오. 선생님께서 시간이 나실 때 편지나 전화를 해 주시면 고맙겠습니다. 저는 항상 기다리고 있겠습니다. 제가 편지를 보내드리면 곧 바로 답장을 해 주시겠지요? 그렇게 해주시기를 바랍니다. 저는 선생님을 그리워할 것입니다.

안전하게 돌아 가십시오.

1996. 7. 21 수진

(그녀는 그녀의 주소와 전화번호를 동봉했다)

사랑하는 강선생님,

저희들은 선생님을 만나서 대단히 행복합니다. 그리고 저희들은 선생님을 잊지 않을 것입니다. (저는 영어로 편지를 쓸 수가 없어서 죄송합니다.) 선배님, 하회탈처럼 항상 웃으시고 행복하소서!

1996. 7. 17 이성은과 최소연

손으로 꿰맨 천 이불 안에 두 개의 조그마한 나무인형을 싼 종이 위에 학생들이 쓴 메시지도 있다. "한국을 잊지 마십시오. 한국은 영원히 선생님의 모국입니다!"

사랑하는 복숙 선생님께,

복숙 선생님, 오늘은 어떻게 지내시는지요? 지금 이곳은 장마철이 끝나고 본격적인 여름이 시작되었습니다. 저는 영어를 잘 못하지만 이해 하려고 노력하고 있습니다. 저의 이름은 김선정이고 1학년 3반입니다. 저는 한국학생들의 중간정도 키이며 제가 좋아하는 과목은 영어와 수학입니다. 제가 가장 좋아하는 스포츠는 수영이고 저의 취미는 음악 듣기 입니다. 선생님께서 저에게 얼마나 큰 영향을 주셨는지 제자신도 놀라고 있습니다. 이만 편지를 줄여야겠습니다. 선생님의 답장을 기다리겠습니다. 선생님의 미국생활과 레크리에이션에 관해서 알고 싶습니다. 죄송합니다만 다음 편지 때 이야기를 들려 주세요. 다음시간 까지 안녕히 계십시오.

선정

사랑하는 복숙 여사님,

안녕하셨습니까? 저의 이름은 명순입니다. 저는 처음으로 영어로 편지를 쓰고 있습니다. 저는 선생님이 저를 친절하게 느끼도록 해 주시기 때문에 선생님을 좋아합니다. 이것을 선생님께 드리겠습니다. (그것은 한국 동해안에 있는 설악산을 무거운 흰구름이 덮고 있는 큰 우편 카드였다)

그리고 여기에 다섯 분의 영어 선생님 중의 한 분이 보낸 메시지가 있다.

존경하는 강여사님,

선생님께서 떠나실 때 뵙지 못해서 너무 죄송합니다. 저는 우리학생들을 위한 선생님의 가르침을 영원히 기억할 것입니다. 진실로, 저는 학생들을 위해 가르치는 선생님께 어떻게 감사를 드려야 할 지 모르겠습니다. 미국의 가정으로 돌아가시는 여행이 즐거우시고, 또한 선생님과 가족들에게 행운이 깃드시기를 빌겠습니다. 대단히 감사합니다.

굳-바이 KHG

(그는 다른 도시인 진주로부터 출퇴근을 했고 내가 모교에 있을 동안 가장 많이 도와줬고 친절했으며 나를 우리 집에 있는 것처럼 편안하게 만들어 주셨다.)

선생님께,

안녕하세요? 저는 1학년 2반 이선숙이라고 하는데 친구들은 저를 '상큼'이라고 불러요. 오늘은 선생님께서 저희 반에 두 번째 오신 날이며, 또한 1학년 모든 담임 선생님들이 바뀐 날이기도 해요. 막상 선생님께서 저희 학교를 곧 떠나신다니 무진장 서운하네요. 저희들은 선생님께서 2주 전에 저희 학교로 오셨을 때 선생님에 대해 호기심을 가졌습니다. 하지만 선생님께 저희 수업에 들어오셔서 알아듣기 쉽게 열심히 설명 드리시는 선생님의 몸동작 하나하나가 저희들의 가슴에 큰 감동이었어요. 저희가 걱정하는 것은 선생님께서 미국 택사스로 돌아가셔서 저희들을 잊어버리시면 어떻게하나 하는 걱정이에요. 저희들은 어떻게 해야 할지 모르겠어요. 저희들은 이순간만이 아니라 선생님과의 즐거운 추억을 잊지 못 할 거예요. 선생님께서 저희들을 가르쳐주신 한 단어 한 단어를 모두 기억할 거예요. 아 참! 제가 실수를 저질렀군요, 선생님이 아닌 선배님이신데 제가 잘못 쓴 것 같네요. 실수를 용서해 주십시오. 선배님, 비록 선배님께서 미국 텍사스로 돌아가시더라도 저는 계속해서 소식을 교환하고 싶습니다. 어떤 특별한 분을 사귀게 된 것은 아주 신선하고 고귀한 것이라고 저는 생각합니다. 그럼 제가 먼저 저의 일상생활과 제 친구에 관해서 선배님께 편지를 쓸 것입니다. 그리고 이 금반지는 저의 졸업선물로 큰 어머님께 받은 것입니다. 당장 선배님께 드릴 선물을 생각하다 못해 저의 소지품 중의 하나를 선배님께 드리기로 결정했습니다. 저는 선배님께서 이 금반지를 받아주신다면 대단히 감사하겠습니다. 여기서 줄일게요.

사랑하는 상큼 올림

나는 조그마한 정사각형 노란 봉투를 열어보고 그 속에 두 장의 편지지에 쌓인 금반지가 들어 있는 것을 보고 깜작 놀랐다. 나는 학생들의 순수한 표현과 나의 가르침에 대한 고마움에 대해 학생들의 진심 어린 선물에 감동을 받았다. 나의 모교에서 학생들과 함께 시간을 가지고 가르치는 것은 내가 원했던 것이다. 왜냐하면 나의 고등학교 시절이 나의 전 인생에서 항상 나에게 영감을 주고 있기 때문이다. 이 편지는 선숙에게 보낸 답장이다.

1996. 12. 30.

사랑하는 선숙에게

나는 오늘 두 번째 너의 매력적인 편지를 읽었단다. 그것은 나를 너와 너의 학우들과 훌륭한 선생님들과 함께 보냈던 추억의 여름으로 되돌아가게 했단다. 내가 너의 편지를 읽을 때마다 내 마음에 감동을 주고 있다는 것을 알겠지? 나는 너의 금반지를 단지 너를 만날 때까지, 아마 97년 혹은 98년 여름까지만 보관 하려고 한다. 하지만 아직 나는 여름 휴가 계획을 확정하지 못하고 있다.

오늘의 기온이 섭씨 28도까지 올라갔고 구름 한 점 없는 짓 푸른 하늘의 눈부신 날이란다. 며칠 전에는 12월 중순인데도 여름옷을 입고 golf를 쳤단다. 나는 춥고 눈이 많이 내리는 한국의 겨울을 그리워하고 있단다. 나는 지금까지 11년 동안 눈을 본적이 없단다. 너의 겨울 방학기간이 얼마 동안인지 궁금하구나. 겨울 방학이 끝날 때까지 이 편지가 학교 편지함 속에 들어 있을까 봐 걱정 되구나. 내가 너의 집 주소를 알았다면 얼마나 좋았을까!

나는 한국의 민요 아리랑을 나의 violin, viola와 cello 제자들을 위해서 편곡을 했는데, 이런 일은 내가 처음 한 일이란다. 나의 올케스트라 제자들이 그것을 보다 잘 연주했고, 내가 처음으로 제자들이 아리랑을 연주하는 것을 들었을 때 나는 감정에 북받쳐 내 눈에는 눈물이 고였단다. 금년에는 60명의 제자들이 두 개의 초등현악합주단에 소속되어 있단다.

선숙아, 너의 소식을 무척 듣고 싶다. 네가 좋을 대로 한국어나 영어에 상관없이 답장해주기 바란다, 너와 너의 가족들에게 나의 따뜻한 안부를 전한다.

사랑하는 너의 선배 복숙

내가 그 조그마한 노란 봉투 속에 있는 금반지를 발견한지 벌써 수년이 흘러갔다. 오랜만에 처음으로, 오늘도 그 금반지를 나의 왼손 반지 손가락에 끼어 보았다. 그건 꼭 마치 나의 손가락을 위해 만든 것처럼 잘 맞았다. 나는 여름 휴가 계획이 바뀌면서 아직도 모교에 돌아가지 못했다. 그래서 나는 아직도 선숙이의 금반지를 가지고 있으며, 어느 날인가 선숙이를 짧은 미래에 다시 만날 때까지 보관할 것이다.

2008년 가을

삼베이불

가만히 속삭이는 조수의 흐름이 들린다. 찬란한 달빛은 조수를 조가비 많은 해변으로 가까이 밀고 있다. 이 해변에서 나의 피곤한 하루를 새롭게 해주는 내 삼베이불 속에 잠이 푹 들었다.

미풍 속, 내 어릴 적 시골의 푸른 산으로부터 어린 소나무 잎 향을 느낀다. 야생꽃들과 산새들이 나를 지켜보아주는 동안 나는 삼베이불에 감싸여 피곤한 영혼으로부터 휴식을 되찾는다.

어머니로서 아기들을 양육시키고 모성애를 나누기 위해 젖을 먹인다. 천상의 평화가 우리 위로 하고, 나는 삼베이불에 싸인다.

나의 삼베이불은 성숙한 삼섬유로 만들어졌다. 애리조나 물푸레 나뭇가지에 연초록 잎이 보이기 시작하고 비둘기의 아침노래가 내 가슴에 와 닿을 때면 동면에서 계들은 꺼낸다.

수년전 태평양을 처음 건너왔을 때, 없이는 못살 것 같은 필수품과 함께 삼베이불 하나를 가져왔다. 지금은 낡은 이불로 변한 첫 삼베이불은 '숨바꼭질' 놀이를 좋아하는 우리 칼리코 고양이 스퀵기한테 물려 주었다. 오래전에 나의 삼베이불에 대한 애착을 이해하는 언니가 새 이불을 주었고, 그 이전에 또 내 친언니 같이 느껴지는 언니의 고향친구로부터 삼베이불을 하나 얻었다.

지난 여름 부산에서, 일년 만에 가는 인기 있는 부산진 시장을 방문했다. 그 상가 내부엔 빽빽이 들어선 수없는 개인 가게들은 한복, 명주, 면, 그리고 생계유지를 위하여 시골농부들이 기른 삼베들을 취급한다. 유감스럽게도, 중국산 품목이 보이기 시작하는데 그것은 가격은 싸지만 국산품에 비교하면 품질이 형편없었다. 거기서 새 삼베 이불을 만들 수 있게끔 충분한 삼베감을 샀다.

시골서 자랄 때, 냇가 자갈밭 옆에 어마하게 큰 바깥 삼굿(삼을 삶는 가마)이 있었는데 그 삼굿은 내 어린 시절 집에서 걸어갈 수 있는 거리에 있었다. 농부들은 갓 잘라낸 냄새 좋은 삼대 뭉치를 삼굿에 넣어 삶은 후 햇볕이 잘 드는 곳에 풀어 말린다. 푸른 껍질은 거칠고 강하지만 유연하다. 삼을 가늘게 째서 일일이 손으로 연결해 긴 올로 만든다. 그 일은 수년 동안의 경험과 기술 그리고 인내심을 필요로 한다. 삼베는 물기를 빨리 흡수하고 곰팡이와 세균을 억제하는 향균성이 있어 옷감 외도 여러 용도로 사용된다.

내가 이 수필을 쓰는 동안, 내 마음속엔 이모 한 분이 거친 삼실을 한 폭 넓이의 천을 짜느라 베틀에 앉은 모습이 보인다. 베틀은 한국 민속촌이나 박물관 외는 사라져버렸다. 내가 마지막으로 이모댁을 방문했을 때 자생 삼대가 그녀의 시골 집 앞 태양 아래서 번창하고 있었다. 손가락을 펼친 것을 상기시키는 삼잎을 눌려 말려서 책갈피로 사용하려고 몇개 따왔다.

서구의 많은 나라에서 삼을 기르는 것은 논쟁이고 더욱이 금지돼있다. 몇몇 재배가 허락된 구역 외는 내 고향에도 역시 삼 재배가 금지됐다.

최근에 읽은 일인데, 만약에 2010년 11월 선거에 주민들이 찬성한다면 California주가 첫 주로 마리화나를 오락용으로 사용하는 것이 법으로 될 것이다. California주는 14주의 하나로 삼을 키워 마리화나를 약용으로 사용하는 것을 허락하고 있지만 오락용으론 아직도 불법으로 돼 있다. 비밀로 삼을 키우는 California주의 거친 북해안 재배자들은 만일 사용이 법률화되면 단체로 재배한 싼 마리화나가 시장을 범람하기 때문에 그네들의 생계유지를 파괴할 것이라고 우려하고 있다.

내 삼베 이불들은 미국 집에서 8천마일이나 먼 곳에서 만들어졌다. 그러나 내가 삼베이불을 가지면 내 가슴은 그 거리를 단축해 버린다. 거칠고 빳빳한 이불은 시간의 흐름에 따라 조금 순해진다. 그러나 그 묘한 아로마는 몇 번을 씻은 후에도 섬유사이사이에 남아있다. 내 삼베이불은 살결에 붙지 않지만 그것은 나를 포옹하고 편하게, 그리고 내 어린 시절로부터 아름다운 추억을 되살리게 한다.

2010년 3월 샌 안토니오

서예 선생님 CJ와 그의 제자들, 그리고 쥐꼬리 이야기

전화 통화를 몇 번 한 후, 한국 부산 양정 로터리에서 몇 블럭 떨어진 나의 새로운 서예선생 CJ의 서실을 찾았다. 그 스튜디오는 번잡한 중앙로의 교차로에 낡은 건물의 3층을 바둑 교실과 나누어 쓰고 있었다. 바둑 게임은 한국 남성들의 전통적인 오락이다.

내가 새 서예선생을 처음 만난 것은 2007년 여름이었다. 나는 미국에서 준비한 나의 서예 작품을 그의 앞에 조심히 폈다. 그것은 전서로 쓴 "반야심경般若心經"의 일부분이었다. 명백히 그는 나의 글씨에 불만이었고 간결하고 부정적으로 잘못된 점을 지적한 후, 약 30분 동안 서예 역사와 이론 그리고 서예의 해야 할 일과 하지 말아야 할 일에 대해 설명했다. 그는 서예 역사에 관해 오랫동안 강의를 하지 않았다고 실토 했는데, 그 이유는 신입 회원들은 서예의 학구적인 이론공부를 싫어하고 금방 인내심과 용기를 잃기 때문이라고 했다. 그는 잇달아 원필과 방필 그리고 소전과 대전의 차이점에 대해 길게 설명한 후, 내가 연습할 체본 한 장을 써서 주었는데 그것은 단지 줄 뿐으로 가로획과 세로획을 역입과 둥근 끝맺음으로 연습지에 쓰는 것이었다. 그런 후, 딱딱한 규칙의 자세, 붓 잡는 손, 붓 잡는 팔의 각도, 그리고 붓 획의 처음과 끝맺음의 중요함을 설명했다. 첫날 새로운 선생

지도는 창피는 말할 것도 없고 쓴 약을 삼키는 것 같았다. 나는 새 선생 아래 말 못하는 초보자가 되어버렸다.

새 선생 CJ의 첫인상은 내가 생각했던 전형적인 서예 선생은 전혀 아니었다. 그는 건장하고 살쪘으며 짧은 머리 스타일에 의기양양한, 무슨 스포츠 챔피언 같았다. 그는 언제나 바쁘고, 부산시의 연중 서예 공모전 개최와 폐막식에 참석 하느라 스튜디오를 들락날락 하셨다. 그가 스튜디오에 계실 땐, 두 팔은 가슴아래 깍지를 끼고 서예 테이블 사이로 왔다 갔다 하며 회원들의 서예연습을 뚜렷이 주시하곤 하지만, 마음은 항상 스튜디오 밖의, 아마도 다음 책임을 위해 어느 곳을 배회하고 있는 듯 했다. 그리고 어떤 땐 스튜디오 밖의 책임 때문에 주 두 번의 체본 쓰는 날을 지키지 못한다. CJ선생은 크고 빠르고 확신을 가지고 말하며 그의 허스키한 음성은 스튜디오를 울린다.

새 서예 선생님의 스튜디오 살림살이는 오히려 흥미가 있다. 거기엔 휴대용 직립의 air conditioner이 있다. 그 AC는 주로 섭씨 19도에 맞추어 놓았는데 그 차가운 공기는 나를 깨어있게 해주지만 우리 CJ선생은 항상 땀을 흘리셨다. 그 AC 바로 옆에는, 약 15 큐빅 feet의 작은 냉장고가 있는데, 이것은 평범한 일반 냉장고가 아니다. 그 속에는 보통 식료품은 볼 수 없고 오히려 많은 먹물병들만 가득하다. 회원들은 그것을 '먹물 냉장고'라 부른다. 그리고 바닥에서 천장까지 닫는 큰 책장이 한 벽을 차지하고 있는데, 그 책장 벽 뒤엔 CJ선생의 작은 개인방이 있으며 거기엔 선풍기, 작은 TV, 많은 책들, 다른 서예 재료와 전각 재료 등이 방을 메우고 있다. 때로는 이 작은 방에서 나는 서예 옷으로 갈아입곤 했다.

나는 지난 몇 년 동안 다른 선생 지도아래 서예공부를 열심

히 하고 있었다. 여름 한 달 동안 집중적인 가르침과 연습을 한 후 내가 미국으로 돌아올 때면 으레 일 년 치의 숙제를 주곤 했다. 나는 그 숙제를 재미있게 했으며 그 결과로 전서와 행서, 7권의 책을 공부했고 또한 270자의 "반야심경般若心經"을 전서와 해서로 외우기까지 했다. 어느 한 여름에 나는 유명한 4세기 중국의 서예가 왕희지王羲之의 "난정서蘭亭敍"를 행서로 흉내내 본 적도 있다. "난정서"는 전통적으로 감명적이고, 표면적 아름다움과 시각적 균형으로 행서의 제일 좋은 모델로 삼고 있다.

나의 첫 서예 선생 지도 아래 어느 여름 한국 부산서 서예 전시회에 출품한 적이 있다. 내 추측으론 그때 내 작품이 출품하기에 충분하다고 생각했기 때문에 서예 선생은 이 '여름 회원'한테 2본의 체본을 미국으로 보내 용기를 북돋아 주었다.

둘째 날, CJ선생은 더 많은 줄의 과제를 나에게 주었다. 또, 세로획과 가로획을 처음과 끝 획에 중점을 두면서 그리고 붓을 똑 바로잡고, 붓끝은 지면을 향하고 팔은 지면과 평행하게 뻗고, 팔목을 움직이지 말고 써야 한다. 이 연습은 전 선생 아래 여러 수백 번 연습했지만 지금 새 선생 CJ를 통해 안 일이지만 나의 역입이 잘못된 것을 알았다. 그래서 둘째 날, 오후 내내 나는 올바른 세로획과 가로획을 새로운 서실에서 연습했다.

긴 수평 S자 연습을 방향을 바꾼 후 꺾고 중봉을 유지하면서 꺾어진 부분을 매끈하게 좌우로 쓰는 연습을 했다. CJ선생은 시범을 보였고 내가 가장 흥미를 가지고 있는 전서에 대해 꺾기 전에 방향을 바꾸는 것은 틀린 순서라고 했다.

행서는 종합적으로 생략적인 내부 구조구성을 가지고 있지만, 행서와 다르게 전서는 질서있는 연결된 획을 가졌다. 그리고 글자의 분명치 않은 배치는 원시적인 감을 나타낸다. 그럼에도 불구하고, 리듬자체와 임의의 억양법은 우아함과 질량감을 창조한다. 사람들은 전서는 전 중국어의 역사라고 말한다.

다음은 원을 연습했는데, 임의로 멈춤으로 시계도는 방향과 반대방향으로, 적은 원에서 큰원, 큰원에서 적은 원을 연습했다. 다음 날의 연습은, 붓 꼬임을 방지하기 위해 중간에서 한번 꺾는데 긴 세로의 'S' 자였으며, 그 연습은 다음 며칠 간 계속 됐다. 나는 인내심을 실험한다고 생각했으며 둘째 주일이 들어서기 전까지 나의 자존심은 참지 못할 정도로 떨어졌고, 다른 회원들은 내가 정말 초보자인 것처럼 알았다.

마침내, 어느 날 오후, 여자 회원 한 분이 "제 생각엔 여사는 초보자가 아닌데요. 여사의 전서의 굴곡된 코너는 우리 선생님 것과 꼭 같네요."라고 언급했다.

내 추측으로 그녀는 이 여름 회원을 세심히 관찰하고 있었다. 이전에 다른 선생 아래서 공부를 했다고 나는 실토해야 했다. 그러나 그녀를 실망시키기 싫어, 몇 년간 공부 한 것을 자진해서 이야기 하진 않았다.

어느 날 나는 새로 붓 잡는 법을 익히느라 한두 시간 보냈다. 새로 잡는 법의 거북한 것은 천천히 없어졌지만 대가가 없는 것은 아니었다. 나는 오른쪽 팔목에 강한 아픔과 무감각을 느꼈고 붓은 내 오른손 안에서 떨어졌다. 번개 같은 생각이 내 가슴에 번쩍였다. 내가 만일 더 이상 붓을 잡을 수 없으면 어떡하나? 아마도 이 기회에 서예를 그만 두라는 건가? 나는 첫 선생아래 붓 잡는 연습을 한 달 동안 하지 않았는가? CJ선생에 의하면 그것은 틀리는 법이었다. 나는 그날 확신이 없는 마음으로 서실을 나왔는데, 나의 전 선생은 나를 바르게 훈련시키지 않고 지금처럼 나의 붓 잡는 데에 만족하고 그냥 내버려 둔 것은 나에겐 불행이었다.

하루는, 종일 서예 연습 후 CJ선생은 우리의 초대에 응하셨는데 새로운 회원 두 사람에겐 행운이었다. 우리는 서실 건너편 작은 일식집에서 저녁을 먹었고 저녁식사 동안 그는 서슴지 않고 그의 교육경력과 가정배경을 이야기 했다. 그는 전자공학 석사학위를 받은 분이다. 전자공학! 그는 전자공학 선생이 되기 위해 3년 동안 그가 졸업한 대학에서 실습생을 했다. 대학교시절에 취미중의 하나는 서예였고 그는 활발하게 캠퍼스 서예 클럽활동을 했다. 실습생을 하는 동안 부산에서 가까운 도시에 있는 한 고등학교에 전자공학 교사 자리가 생긴 걸 발견했다. 거의 첫 취직 면접 후, 학교 측에선 그분의 자격을 인정했으나, 그분의 일년 월급에 해당되는 돈을 부당하게 요구하였다. 그렇지만 그분은 돈을 벌기 위해 직업을 구하고 있지 않은가? 그는 아주 모욕감을 느꼈고 낙담하여 그 많은 전자공학 교육과 공부를 뒤로 하고 서예로 생계를 유지하려는 큰 결정을 했다.

그는 서예에 성공하기 위해서 필사적이었다. 그의 새 아이디어는 서울에 있는 유명한 예술대학을 가는 것이었다. 그러나 그의 부인은 재정적으로 문제가 없었는데도 불구하고 또 가족을 두고 학교에 입학하는데 절대 반대했다. 훗날, 그의 부인과 부인 가족들은, 돈을 더 빨리 벌기 위해 그의 예술대학 학비를 증권시장에 투자했다. 생각과는 반대로, 그 돈은 연기처럼 사라졌다. 지금도 그는 그 사건에 대해 그의 부인과 그 가족들을 용서 못한다고 했다.

그가 생계를 바꾼 뒤, 약 다섯 시간 걸리는, 부산에서 서울까지 일주일에 한번씩 유명한 선생으로부터 가르침을 받아 그의 서실을 열기 위해 다녔다. 그는 가끔 서울에 있는 그의 유명한 선생이 얼마나 엄격하고, 요구가 많고, 술을 좋아하고, 그리고 허영적인 생활을 하고 있는가를 이야기했다. 유명한 선생 아래서 공부하는 동안 그는 하루 백장씩의 서예지를 사용하곤 했고 또한 국전에서 6번 입선했으나 특선 2번은 각각 5백만 원에 샀다고 실토했다. 특선은 그 외 다른 방법으론 획득할 순 없다고 했다. 사실, 지금 현재 서울에선 큰 국전심사 부정사건이 일어났고, 그 스켄달에 관련된 사람들은 감옥소에 갔거나 아니면 조사를 당하고 있는 중이라고 덧붙였다. 전면적으로, 한국의 서예 사회는 나를 낙담시켰고 실망하게 했다.

나는 보통 때와 같이 CJ선생 서실, AC 맞은 편에서 새 과제의 전서를 공부하고 있었다.

내 주위에는 가장 헌신적인 회원들인 S여사와, 치과의사HS, 법명도 모르는 스님 한 분, 신참 회원 K선생과 우리 CJ선생님이었다.

어느 날 오후, CJ 서실에서 가장 헌신적인 회원 S여사는 나의 왼쪽 어깨 너머로 속삭였다 “내가 가장 부지런하고 열심히 하고, 오랫동안 공부하는 회원으로 알려져 있는데, 내가 신을 벗고 달려도 여사를 따라 갈수 없네요.” 그녀의 목소리는 진실하고 진지한 동시에 부러워했고 또한 역시 도전을 당하고 있는 듯 했다.

나는 후에 안 일이지만 내가 새 서예 선생을 찾고 있었을 때 즐겁고, 친절한 목소리로 전화를 받은 그 분이었다. 내가 생각하기론 그녀는 좋은 요리사다. 어느 날 오후, 콩가루 국에 맑은 국수가 있는, 내가 좋아하는 한국 여름 음식 콩국을 별 소동도 없이 서실 안에서 만들었다. 거기에는 부엌 용구나 접시들은 시야에 안 보이지만 그녀는 모든 것을 어디서 꺼내왔다. 그것은 요술모자 안에서 토끼를 끄집어내는 것과 마찬가지였다. 나는 그 서실에서 여태껏 제일 맛있는 콩국을 먹었다.

나 역시 전 서실에서 아침에 문을 열 때부터 저녁에 문을 닫을 때까지 공부를 하지 않았는가? 나는 서예교실서 마음을 같이 하는 분들과 여름을 보내는 것보다 더 좋은 것을 알지 못했다. 그냥 다른 회원들의 공부하는 모습과 그분들의 얼굴 표정들을 주의 깊게 보는 것은 그 서실을 낙원처럼 만들었다. 그보다 중요한 것은 여러 체로 한문을 쓸 수 있는 그곳은 나의 도전장이었다.

치과의사 HS, HS는 그의 서예 호다. 그분의 나이는 60세 전후로 보이는데 오랫동안 당뇨병에 시달려 얼굴표정은 생기가 없고 피곤해 보인다. 어느 날 그는 전회원이 충분히 먹을 수 있는 바나나 한 뭉치를 들고 서실에 오셨다. 그것은 그날 그분의 세 번째 방문이었다. 그는 치과 환자가 없을 때 서실에 와서 다음 환자가 올 때까지 다른 회원들의 연습을 관찰했다. 그의 서예 책들은 많은 해를 두고 책장을 넘긴 증거로 낡고 페이지는 떨어져 있었다. 그분은 치과사무실에 조그만 서실이 있고 치과 환자를 보는 것보다 서예를 더 하고싶다고 고백했다. 그는 서예에 대한 책이란 책은 대부분 모았고 그 책들을 읽기보다 그냥 보기만 해도 즐겁고 그가 수집한 먹들, 서예지, 붓들은 다 즐거움의 원천이라고 했다.

그 서실에는 스님 한분이 계신다. 그는 뚱뚱하고 얼굴이 빨갛다. 내 생각으론 서실에서 아무도 그의 법명은 모르고 모두 '스님' 이라고 부른다. 그러나 스님의 첫인상은 내가 알고 있는 다른 스님들과는 아주 다르다. 그는 종종 잠잘 때 입는 흰 내의를 입고 계시고 풍덩한 큰 회색 바지는 다른 사람 옆에 계실 때 자리를 많이 차지하며 아무 것도 숨길 것이 없는 것같이 큰 소리로 웃음을 웃고, 잘 면도한 머리는 부자연스럽게 매끈하다. 그는 시끄럽게 내실 안에서 크게 말하기를 꺼려하지 않는다. 그는 가끔 자기의 숙제를 자신이 제시해서 CJ선생한테 승인만 받는다는 걸 들었는데 숙달된 회원인 것으로 나는 생각했다.

K선생은 우리의 서실에 제일 신참 회원이시다. 그는 부산여대 차 학과에 등록하고 부처님의 가르침을 배우려 일주일에 두 번씩 절에 나가신다. 그분이 여자대학에 등록했다는 소식을 듣고 호기심에서, "왜 하필이면 여자대학교에 입학하셨냐?" 고 물으니까 그의 얼굴표정엔 그도 모르겠다고 표현했다. 그래서 그는 다음날 학교에 연락해 성별이 관계있느냐고 물었고, 그분들은 이 대학에서 그가 유일한 남자 입학생이라고 알렸다. 그는 나에게 그가 유일한 남자학생이란 걸 상관하지 않는다고 했다.

붓, 벼루, 먹, 그리고 서예지는 다 나의 밤 친구이다. 먹물에서 풍기는 향기는 은은하고 더할 나위 없이 섬세하고 어렴풋이 나의 후각에 들락날락했다. 그것은 나의 신경을 좋은 음악이 나의 뇌에 하는 것 같이 고요하고 침착하게 한다.

서예 연습하던 어느 하루 저녁에 다음과 같은 생각이 나의 마음을 스쳤다.

미묘한 먹물 향기
막연하게 나의 냄새 감각에 와 닿네
먼 산의 부드럽게 흔들리는 대나무 잎
그 향기를 가볍게 나르네
어둑한 밤 속으로 사라지기 전
나의 후각을 다시 한 번 자극 시키네

2006년 5월 28일 일요일

서예 붓은 중국의 몽염이란 분의 발명이었다. 붓대는 자연재료 즉, 옥, 대나무, 소뼈, 사기, 그리고 산호를 사용한 오래된 특이한 수공품이다. 각각의 붓은 특징이 있으나 대나무로 된 붓대를 나는 좋아한다. 붓털 역시 자연 재료; 염소털, 양, 오소리, 검은담비, 고양이, 말 혹은 돼지털을 사용한다. 왕희지의 행서로 쓴 유명한 "난정서蘭亭敍"는 수서필, 즉 쥐 수염으로 만들어진 붓으로 썼다고 한다.

세대마다 유명한 서예가는 쥐수염으로 만든 붓을 사용했고 쥐수염으로 만든 붓은 하나의 진기한 것이었다. 특히 큰 배의 갑판에 사는 쥐 수염은 서예 붓을 만드는데 특별한 성분이 있다고 한다. 분명하게. 그것은 흡수성이 좋고 유연하고 붓이 먹을 잘 먹는다고 한다. 중국에선 갑판의 불청객의 수염으로 만든 붓은 드물다. 그러면 이 필연적인 질문, 몇 마리의 불청객이 한 자루의 명 작품을 위해 희생해야 되는가?

농경시대와 미신적인 사회였던 고대 중국사회에서 쥐는 중국 점성술의 12간지 중 첫 번째 해로, 12번째 해는 돼지로 정했다. 쥐는 부지런하고 영리하고, 때로는 살아 남기위한 생존력이 대단하다. 인류의 수명연장과 보다 나은 건강을 위해 쥐는 전 세계 연구실에서 기니 피그guinea pigs로 사용, 중풍alzheimer, 암cancer, 당뇨병diabetes, 그리고 다른 병들에 관한 실험을 위해서 쓰인다. 지금도 과학연구실엔 휴대폰 방사선을 쥐로 실험하는데 사용하고 있다. 쥐의 머리, 수염까지도 작품 붓에, 그 외도 쥐의 희생은 고양이들의 웰빙 다이어트를 위해서다. 그러면, 왜 우리는 쥐를 귀찮은 설치류로 보는가? 쥐의 희생, 헌신, 연민, 등은 사람들 보다 훨씬 더 훌륭하지 않는가?

한국 내 고향, 나의 초등학교 시절, 시골엔 굶주림이 심했고 우리 농촌엔 들판의 설치류인 갉는 동물 등이 만연했다. 학교에선, 설치류 동물 근절 운동을 강력하게 펼쳤고, 학생들한테 근절운동에 참가하라고 독려했다. 그것은 각 반의 대회였는데, 쥐를 잡아, 그 증거로 쥐꼬리를 학교에 가져가야 했다.

어느 날, 우리 머슴들은 가족의 곡식 창고 곁에 쥐 덫 하나를 두었다. 우린 시시각각 며칠이고 배곯은 쥐가 덫에 걸리길 기다렸다. 며칠이 지나, 나는 소가죽으로 된 책가방을 등에 메고 한 손에는 쥐꼬리가 몇 개 든 주머니를 들고 학교까지 가는 길에, 만일 우리 반이 이기면 '쥐꼬리 상'으로 무엇을 줄까하고 생각해 봤다. 내가 유쾌하게 학교로 뛰어 가는 도중에 끝없이 가능한 상품이 내 머리서 춤추었다. 그러나 그 결과가 발표되었을 때, 나의 실망은 가눌 수가 없었다. 우리 머슴들과의 공동 작업에도 불구하고, 다른 반을 이기지 못한 것이다.

첫 서실에선, 나는 벼루에 가득한 먹물을 다 써버리곤 낮이 밤으로 변할 때까지 공부를 했다. 자주, 다른 회원들은 내가 먹물을 가는데 도와줬고 어떨 땐 먹물을 내게 그냥 주기도 했다. 벼루에 먹물을 가득 만드는 데는 약 30분의 시간이 걸린다. 물이 가득한 벼루에 먹으로 밀고 당기고, 그리고 원형을 끊임 없이 반복해서 꼭 알맞은 농도를 적절하게 한다. 우리 선생은 먹물 갈기도 하나의 배우는 과정이라고 강요하지만, 만일 나는 기회가 있으면 미리 만들어진 먹물을 사용한다.

서예 공부를 한 첫 여름이 끝난 후 내가 샌 안토니오로 돌아왔을 때 먹물 가는 작업은 내 몫이었다. 갑자기 내가 먹물이 필요 할 때 어느 누구도 먹물을 주는 사람은 없었다. 서예는 내가 좋아하는 야간 취미활동이 되었다. 어느 날 나의 서예 손가락인 오른 엄지손가락이 마비가 된 걸 알았다. 갑자기, 손가락이 아파 병을 열거나 냉장고를 여는 사소한 일도 할 수 없었다. 젓가락도 더 이상 잡을 수 없었고 자동차 핸드 브레이크를 올리는 것도 힘들었다. 나는 한손과 4손가락으로 간신히 운전을 했다. 나는 여태껏 이 엄지손가락을 예사로 생각했다. 끝내는 병원에 갔었다. 만약에, 만약에 무슨……

만일에 내 오른쪽 엄지손가락을 사용할 수 없다면 더 이상 violin 활이나 붓을 잡을 수 없게 된다! 나는 최악의 시나리오를 생각하니 현기증이 났다. 의사는 나의 오른 손의 가능한 여러 각도에서 6개의 X-Ray을 찍었다. X-Ray 결과가 나왔을 때 의사는 같은 동작을 되풀이한 상처라고 결론지었다. 나의 상처난 엄지손가락은 두 달 동안 쉬어야 했다. 내가 첫여름 서예 공부를 하고 돌아올 때 나는 오직 쓰던 먹을 가지고 왔다. 그 먹은 2인치쯤의 동강 먹으로 되었는데, 나는 그것을 엄지와 식지 중간에 꼭 잡고 저녁 서예연습에 필요한 새 먹물을 만들기 위해 약 30분 동안 먹을 갈곤 했다. 그렇게 해서 나의 엄지손가락을 다쳤다.

어느 날, 조용한 남자 한 분이 우리 서실에 들어와 주인을 찾고 있었다. CJ선생은 그분을 책상 옆에 있는 의자로 안내했다. 나는 CJ선생 책상 바로 앞에서 공부하고 있었기 때문에 그분들의 대화를 들으려고 하지 않아도 들을 수 있었다. 조용한 분이 어떤 돌아가신 분을 위해 특별한 시 한편을 쓰셨다. 그는 서예가 CJ선생에게 부탁을 해서, 특이한 체로 시를 써, 돌아가신 가족에게 바치기를 원했다. “돈을 얼마나 드리면 되겠습니까?” 조용한 분은 조심스런 목소리로 물었다. “서예는 나의 생계이고 하니 이만큼의 대가를 요구 합니다.” CJ선생의 진지한 목소리와 그 총액은 조용한 분을 놀라게 했다. 그 조용한 분은 총액을 깎으려 하지 않았다. 그 대신 꼭 유령을 본 것처럼 바닥 한구석을 생각 깊게 응시하고 있었고 잠시 동안 나의 새 선생과 조용한 분 사이엔 아무 말도 없었다. 서실은 붓이 서예지 위에 내는 소리 외는 조용했다. 잠시 후 그 분은 의자에서 일어나 CJ선생에게 조용한 목소리로 고맙다고 하시며, 풀이 죽은 표정으로, 실망하고 자리를 떴다. 나는 그 오후에 목격한 것에 기분이 언짢았다. 어떻든 그 조용한 분의 꿈을 이룰 수 있게 도와주었어야 할 걸…… 그분의 풀 죽은 표정은 이 수필을 쓰는 동안 그리고 내 야간의 명상에 침입해 스며들었다.

나는 만족스런 여러 해를 첫 서실에서 보냈다. 그러나 CJ선생 스튜디오의 스타일, 가르치는 법과 이념에 대한 내 경험은 전 선생과는 아주 다르다. 하지만, 다른 면으로 볼 땐 동일한 가치가 있다. CJ선생은 전 선생과는 달리 회원들이 체본을 매일 혹은 요구할 때 써주지 않았다. 그가 자기 책상에서 체본을 쓸 때, 그의 참선 자세는 부동의 훈련 과정이었다. 그는 대개는 묻는 사람 외는 충고나 비평 따위는 하지 않는다는 것을 알았지만 나에겐 물어볼 시간이 없어졌다. 미국으로 돌아가기 전 CJ 서실에 나올 수 있는 시간은 단지 일주일 밖에 남지 않았다.

나의 고향친구 중 권위 있는 탈 창작자가 있다. 그는 자기는 별로 웃지않고 현인처럼 이야기한다. 전화 중 그는 한국에서 나의 여름 서예 공부에 관해 언급했다. "복숙아, 서예는 니 혼자 터득해야 하는 기다. 서실에 나가서 남의 체를 베낄 필요가 왜 있노? 그리고 니가 글씨를 창조해야 한다." 그는 또 나에게, "서예 공부할 때 붓에서 100리 깊은 바다를 느껴야한다."고 충고했다.

중국의 서예인 '수파Shu Fa'는 중국 역사 그 자체만큼 오래된 것이다. 중국 서예는 대체로 그 사람의 성격을 나타내며 중국 예술의 으뜸이라고 사람들은 생각한다.

한 유명한 한국 스님은 역시 유명한 서예가였는데 "서예는, 다른 예술과 같이, 우리 생애에서 매 시간 그리고 매일 해도 완전에 가까이 갈 수 없다. 그러나 사람들은 맨손으로 용을 잡으려 든다."고 말했다.

2008년 쥐띠 해 봄

용서 모르는 변덕쟁이 컴퓨터

2008년 여름까지 나는 수필 교정과 수정이 얼마나 세심하고 도전적이지만 극히 마음에 드는 일인가를 몰랐다. 이 일은 실제로 금년 한국에서 여름휴가 중에 나의 모든 여가 시간과 생각들을 빼앗아 갔다.

나는 약 1년 반 전부터 개인적인 정서 함양과 즐거움 때문에 글쓰기를 시작했다. 일기라고 부르든 수필이라고 부르든 나는 어디서든지 영감이 나를 이끌 때면 글쓰기를 계속했다. 영감이 어떤 창조적인 이유로부터 자유스럽게 마음속에서 나왔지만 반면에 어떨 때는 내 기억 속에 저장해 두었던 그 무엇으로부터 파내고, 찾았다. 이렇게 해서 수필 쓰기가 시작되었다.

그때, 이 수필을 책으로 만든다는 것은 나의 목적이 아니었다. 지난 초봄, 나는 내 수필을 친한 사람들에게 보여주고 소감을 물었다. 어느 한 분은 "수필을 책으로 만들 생각이 없습니까?"라고 진지하게 물었다. "너의 수필을 읽은 느낌은 이루 말로 표현할 수 없지만 그것들은 완벽한 작가들의 작품이다."라고 삶의 교육자이신 나의 시어머님께서는 아주 멋진 감사 카드에 자랑스럽게 그녀의 소감을 언급하셨다. "수필을 아주 잘 썼어요, 엄마 글 스타일은 항상 자연스럽게 나에게 다가오는 것 같고, 그것은 마치 엄마가 이야기를 직접 하는 것 같다." 고 아들

Stephen이 언급했다. 내 violin 제자 부모님 중에 한 분은 그녀의 딸에 관한 수필을 읽고 난 뒤 감동하여 말하기를, "저희들은 선생님의 수필이 너무 좋아서 사진틀에 넣을 예정입니다."라고 말했고, 또 멀리 떨어져 있는 친구는 10년 간의 우리 우정에 관한 수필을 읽고 말하기를 "너의 수필은 나를 울게도 하고 웃기기도 했다!"면서 장거리 전화가 왔다. 이와 같은 찬사들이 씨가 되어 내 마음 깊은 곳에서 자라나기 시작했다.

한국에서 금년 여름, 주말을 포함한 대부분의 날들을 나는 영어 수필을 한글로 번역하고, 교정하고, 퇴고하는데 매일 6~12 시간을 소비했다. 한국에 와서 두번째 주부터 내 오른쪽 눈은 충혈되고 시야가 희미해졌다. 몇몇 혈관이 파열되어 눈이 벌겋게 충혈되었다. 분명히 나의 오른쪽 눈은 육체와 혼보다도 먼저 큰 스트레스를 받았다. 처음에는 나는 눈이 감염되는 분홍 눈pink eye인가 싶어 당황했다. 한 쪽 눈이 충혈되어서 내 모습이 말이 아니었지만 약국이나 의사한테 가는 것은 우선적인 일이 아니었다. 왜냐하면 그 일보다 컴퓨터 모니터 앞에서 귀중한 시간을 보내기를 훨씬 더 원했기 때문이다.

어떻든 간에, 수필 번역과 교정은 단지 괜찮은 한 쪽 눈으로 스케줄대로 계속되었다. 고된 작업을 한 2주 후에 나는 정리가 되어가는 느낌이 들었고, 처음으로 책을 만든다는 것을 희미하게 상상할 수 있었다.

이와 같이 번역, 교정 및 퇴고를 하는데 이틀이 더 지났다. 오랫동안 컴퓨터 모니터 앞에 앉아 있었던 결과로 내 오른쪽 눈은 퉁퉁 부어서 내 생각에는 눈알이 튀어나올 것 같은 느낌이었다. 그럼에도 불구하고 수정과 퇴고를 하는데 재미가 있어서 시간이 가는 줄을 몰랐다.

나의 감염된 눈이 회복하는 데는 3일이 걸렸지만 그때 오른손 엄지손가락이 욱신거리기 시작했다. 내 오른 엄지손가락은 감각이 없었고 펜이나 연필을 마음대로 잡을 수가 없었다. 나는 이것이 서서히 진전되는 파킨슨 병Parkinson's disease의 초기 증상이 아닌가고 생각했다. 내 글씨가 엉망진창이었다. 그것은 내 수필을 한글로 타이핑하는 헌신적인 도우미 중의 한 사람의 머리를 끓게 했다. 나는 내 글씨가 이렇게 혼란에 빠질 줄은 몰랐다. 실토하지만 내 글씨는 꼭 병아리가 할퀴어 놓은 것 같았다.

아마도 나는 컴퓨터와 TV 화면으로부터 피로를 쉽게 받고, TV 가까이도 가기 싫으며 그것들은 어쨌든 내 능동적인 에너지를 빼앗아 가는 느낌이다. 그 외에도 대부분의 그날의 뉴스 화제들까지도 심각한 문제와 놀라운 화제들이었으며, 그것 또한 정서적으로나 영적으로 나의 건강에 나쁜 영향을 주고 있다.

내가 좋아하는 롸시아 작곡가들 중의 한 사람인 차이코프스키가 박물관 피로 때문에 고통을 받았다는 것을 읽은 적이 있다. 그는 24시간 동안 계속해서 작곡을 할 수 있었지만 박물관에서는 1시간도 머무르지 못했다. 그는 그의 박물관 피로에 관한 느낌을 13년 동안이나 후원해준 부유한 후원자 나데즈다 폰 멕Nadezhda von Meck에게 1879년 그 사실을 고백하였다.

나의 엄지손가락을 다친 며칠 후에 저녁 9시가 약간 지난 뒤에 나는 눈을 떴지만 아무 것도 보이지 않았다. 나는 그날 아침 10시부터 계속해서 수필작업을 했었다. 갑자기 불길한 생각이 머리를 스쳐갔다. 이러다가 한쪽 눈을 실명하는 것은 아닐까? 내 목표는 저녁 10시까지 작업을 계속하는 것이었는데 그날은 저녁

9시에 마쳤다.

그 다음날 이른 아침 내 어릴 적 친구로부터 전화가 왔다. 전화를 몇 번이나 했었지만 그녀는 통화를 할 수 없었다고 말했다. "왜 니는 전화를 받지도 않고 나한테 전화도 더 이상 안하노? 오히려 미국에 있을 때 전화를 자주하더니!" 나는 그녀가 하는 말을 계속 듣고 있었다. "또 다른 서실에 서예 공부하러 다니제?" 그녀는 짜증스럽게 물었다. "아니고, 나는 내 수필을 번역하느라고 바빴어……" "뭐! 수필이라고! 어디 쓸라고?"

나는 수필 번역을 마친 뒤에 여름휴가 중에 어릴 적 친구들과 함께 새로운 추억을 만들고 고국을 재발견하는 계획을 세워 놓았다. 그러나 그때 수필을 교정하면 할수록 점점 더 작업이 많아진다는 것을 알았다. 그녀는 어떻게 내가 무슨 작업을 하고 있는지를 이해할 수 있을까? 여하튼 나는 귀중한 친구들에게 미안함을 느꼈다.

다음 토요일과 일요일에 나는 한국식 포장 점심과 저녁, 두 개를 사가지고 컴퓨터에 돌아가서 쉬지않고 내 계획대로 하루 종일 수필 교정과 개정과 편집을 계속하였다. 내가 수필책을 만든다는 상상에 조그만 확신이 더 생겼다. 그날 하루가 끝난 뒤, 나는 하루 종일 화장실에 한 번도 가지 않았다는 사실을 알았다!

새 주일이 시작되자마자 나는 컴퓨터로 달려갔다. 내가 새 수필 작업을 하기 전에 지난 주말 내내 했었던 수필작업을 찾았다. 컴퓨터 file 모두를 뒤졌지만 그것을 찾을 수가 없었다. 불길한 예감이 들었다. 어떻게 이럴 수가 있나? 어떻게 이것이 가능한가? 나는 억지로 이 최악의 시나리오 상황을 받아 들였다. 주말 동안 했었던 수필작업이 모두 사라져 버렸다!

나는 수필집을 만드는데 절대 필요한 조수인 한국의 컴퓨터는 미국의 집에 있는 것과는 다르다. 모든 것이 한글을 사용하는 것 외에도, 아주 중요한 차이점은 아이콘 조작이 다르다. 이 절대로 필요한 조수와 친숙해지는 데는 약간의 시간과 인내심이 필요한데 나는 이것에 대해 조금씩 익숙해 지고 있다. 나는 아주 사소한 일인 '저장' 아이콘을 클릭하는 것을 경시했다. 이 마법의 저장 아이콘을 클릭하는 데는 1/20초도 걸리지 않는데 반면 20시간 동안 내가 한 작업을 순식간에 채 가 버렸다! 나는 이 용서 없고 변덕스런 기계에 대해 무력감을 느꼈다.

컴퓨터는 당신을 동화같이 놀라게 한다
그러나 그것은 당신을 그 기계와 똑같은 파장이라고 생각 할 때
당신을 바보로 만든다

그것은 당신의 약점과 결점을 저장하고
가까이나 멀리에 있는 낯선 사람들에게
그것을 폭로한다

그것은 변덕스럽고 성 마르며 영혼에 동행하여 장난친다
그것은 당신에게 원하지 않는 휴식을 주고
하지만 만회하는 역할에는 무관심하다

그것은 당신과 하룻밤을 보내기를 열렬히 원한다
그것은 다음날 아침에 당신의 눈이 충혈되든, 멍들든
혹은 퉁퉁 붓든지 관심이 없다
왜냐하면 컴퓨터는 건강에 관한 의식이 없다

나는 이 용서 없고 변덕스런 컴퓨터라고하는 기계를 마치 애증하는 느낌이다.

2008년 7월 16일 부산

고성 탈 도사와 미국 옥수수

나는 한국 고향친구인 DY를 방문 중이었다. 내 고향 고성은 농사짓는 지역이고 인구는 약 60,000명이다. 나의 어릴 적 기억은 생생하다. 내가 큰 도시 부산으로 가기 위해 고향을 등졌지만, 그런 다음, 나는 태평양을 건너 더욱더 먼 곳으로 가 지금은 텍사스 주 샌 안토니오San Antonio, Texas에 살고 있다.

내 친구 DY는 한국서 제일 존경받는 탈 창작자이자 제작자다. 지방정부와 몇 년간의 교섭과 그의 열렬한 노력 끝에 3층 건물의 탈 박물관이 고성에 들어섰다. DY는 창작 외에도, 지난 13년 동안 한국에서 유일한 여름 장승학교를 지도해 왔다. 그 학교는 주로 3일 동안 진행되며 박물관 뜰에서 장승 만들기, 정원 파티, 생음악과 폐막식엔 장승 태우기 관례가 있다. 전국 곳곳에서 다양한 배경을 가진 참석자들이 고성에 있는 장승학교에 모인다.

내가 고성 탈 박물관에 가까이 왔을 때 풍부하고 푸른, 즐거운 시골풍경인 벼 들판, 깨, 붉은 고추밭…… 등등이 파노라마처럼 내 눈앞에 펼쳐졌다. 그리고 축 늘어진, 웃음 짓는 노란 호박꽃들이 나의 고향 방문을 환영하는 것 같았다. 나는 갓 삶은 옥수수를 파는 간이 점포들이 길옆에 즐비해 있는 것을 보았고, 햇볕이 쨍쨍 내리쬐는 한 여름 옥수수 들판에는 크나큰 쇠가마솥에서 뜨거운 김이 치솟고 있었다. 다색의 장식용 옥수수들은 6개

혹은 7개씩 한 다발로 껍데기에 묶어져 있었다. 옥수수를 파는 아줌마가 나에게 시식용 옥수수 하나를 건네주어 맛보았는데, 아직도 그렇게 연하고 맛있는 옥수수를 먹어본 적이 없었기에 나는 내 자매들과 탈꾼 친구 DY를 위해 여분을 사기로 결정했다.

내가 박물관 마당에 도착했을 때, DY는 장승학교 참가자들과 함께 장승 만들기를 도우는데 바빴다. 약 30명의 참가자들이 오후의 신선한 바다 바람 속에 장승 만들기에 여념이 없었다. 나는 DY를 쉽게 알아 볼 수 있었다. 그는 특이하게 긴 수염을 기르고 그의 희끗희끗한 긴 머리를 뒤로 묶었지만 약간의 머리카락은 부드러운 바람에 나부끼고 있었다. 그것은 지난해 내가 본 후 한 번도 자르지 않은 것 같았다. 그는 상하로 여유 있는 개량 한복을 입고 있었다. 그는 한 때 나에게 이런 질문을 한 적이 있다. "복숙아, 너는 옷을 보기 좋으라고 입나, 아니면 건강에 좋으라고 입나?" 그 질문은 나로 하여금 많은 생각을 하게 했다. 나는 정답을 알았지만 건강보다 자주 보기에 좋게 옷을 입곤 한다. 하지만 우린 모두가 보기 좋은 fashion을 우선으로 하지 않는가?

나는 DY가 현대 서양식의 옷을 한 벌도 소유하고 있지 않은 걸로 생각하고 있다. 만약 그가 소유한다 해도 나는 아직 한 번도 공공연하게 입는 것을 보지 못했다. 심지어는 넥타이까지도, 그는 넥타이를 목 건강에 나쁘다고 말 할 것이다. 그는 또한 그의 오른쪽 어깨 위로 색깔이 다양한 천으로 만든 면가방을 메고 있었다. 그것은 과테말라인Guatemalan의 수예 공예품같이 보였다. 그는 소녀 같은 가방에 대해 한탄스레 말했다. 그가 몇 년 전에 해외로 나갔을 때, 이 다양한 색깔의 면가방에 홀딱 정신을 잃고 기념품으로 여러 개의 가방을 사 귀국 했다. 그가 집에 돌아왔을 때 그의 집사람은 가방을 많이 사왔다고 지랄 지랄을 해서 DY는 불화를 방지하기 위해 그 가방들을 감춰 뒀는데, 지금까지 깜박 잊어버리고 있었다고 실토했다.

우리가 악수를 나누고 인사를 했을 때, 그의 한 여성 직원이 나의 친구 DY를 바라보고 웃으면서 큰소리로 말했다. "나는 관장님이 동창생 중에서 제일 젊다고 생각했는데, 친구 분은 관장님보다 훨씬 더 젊어 보이네요……" 그녀는 내가 초등학교를 정식 등록도 없이 몇 년 일찍 뛰어 들어갔다는 사실을 모르고 있다. 그래서 나는 항상 고향친구 중에서 제일 어렸다.

나는 DY에게 언덕 넘어 길옆에서 산 검은 플라스틱 봉지에 든 연하고 달콤한 옥수수 한 뭉치를 건네주었다. "DY, 이 옥수수는 미국산인데 내가 가지고 왔다."며 농담으로 말했다. 그는 고맙다든지 않다든지 한마디 말도 없이 그 뭉치를 받았다. 그리고 동시에 다른 도시에서 온 손님 두 분을 소개시켜 주었다. 한 손님은 무뚝뚝했고 그의 명함을 네게 건네주며 침묵을 지키고 있었는데, 진주에서 오신 이씨라고 하는 손님은 사천에 있는 '다자연' 녹차밭 이사장이었다. 그의 눈빛은 그가 이야기할 때 웃고 있었다. 그는 DY에게 내년에 장승 학교에 한자리를 남겨두라고 요구했다. 그는 장승 만드는 영혼 경험을 하고 싶고, 또 그 창작품을 그의 정원에 두고 싶다고 실토했다. 그는 180,000평의 녹차 밭을 경영하고 있다고 자랑스럽게 말했고 현재 녹차를 대량으로 만드는 기계는 일체 일본에서 들여왔고, 그리고 언제 한 번 차밭에 다녀가라고 부탁했다. 나는 180,000평의 차밭을 상상할 수가 없었다. 그 차밭의 크기를 나의 고향 고성과 비교해 보면 어떨까?

나의 친구 DY는 우리 일행을 최근에 개관한 그의 탈 박물관 안으로 안내했고, 우리를 동반하고 전시방과 전시방으로 다니며 설명해주었다. 거기엔 내가 좋아하는 고성오광대 탈들도 전시돼 있었고, 먼 나라서 온 탈들도 유리전시관 안에 전시돼 있었다. 일층에 있는 그의 탈 작품 전시방을 보고난 후 그는 이층으로 우리 일행을 안내했다. 그곳은 그의 작업장인데 큰 테이블이 벽 한쪽에 병행해 있었다. 그 반대편에는 또 큰 물체가 있었는데 나무뿌리에 새겨진 얼굴 모습들이었다. 자세히 살펴보니 그 얼굴 안엔 셀 수 없이 많은 작은 얼굴들이 새겨져 있었다. 천장엔 바로 혹은 거꾸로 달린 탈 제작 재료로 꽉 차있었다. 이층에는 아마도 거의 화씨 100도를 넘게 무더웠다. 나는 더운 공기에 숨쉬기가 불편했고 붕 뜬 기분이었는데, 우리 일행들은 땀을 뻘뻘 흘렸지만 아무도 에어콘 없는 작업장에 불평하진 않았다. DY는 나의 마음을 읽기나 한 것처럼, “나는 에어컨이 필요 없어, 자연바람이 최고야!”라고 중얼거렸다. 그리고 그는 각각의 작품에 대해 설명했다. 이쯤에서 엉뚱하게 DY는 선언했다. “복숙아, 나는 니 마음도 그릴 수 있다.” 뭐, 내 마음을? 나는 나의 마음이 어떻게 생겼는지 생각해 본적이 없다. 그 말은 다시 나를 생각케 했다.

그러나 나는 그의 제안을 받아들이지 않는 편을 택했다.

DY는 손님들이 제 각각 개인적으로 박물관을 둘러보는 동안 그는 달콤하고 연한 미국 옥수수를 그의 직원들과 아는 분들에게 하나씩 나눠 주면서 그때마다 태연한 얼굴로 "이 옥수수는 내 친구가 미국서 가져 왔다."고 이야기했다. 나는 곤란해졌다. 나는 그가 언덕 저쪽에 무엇이 자라고 있는지 알고 있을 것이라고 생각했는데, 왜냐하면, 내가 알기로는 그는 평생 고향을 지키고 있었기 때문이다. 그는 언제나 무엇을 먹는가에 대해 아주 의식적이다. 전에 그는 나에게, "복숙아, 니는 건강을 위해 먹나? 아니면 혓바닥을 위해 먹나?"라고 물은 적이 있다. 다시 그는 먹는 목적에 대해 나를 생각게 했다.

내가 샌 안토니오로 돌아온 이래, 나는 최근에 DY와 통화할 기회가 있었다. 내가 전화를 했을 때 한국시간은 거의 자정에 가까웠다. 그는 작업에 열중이었다.

내가 전화한 이유 중의 하나는, 미국으로 얼마 전에 이사한 딸에게 연락해서 어려울 때나 외로울 때 나한테 전화를 할 수 있다고 전해줄려고 했다. 그래서 DY에게 딸이 어느 주에 사느냐고 물었다. "모르겠는데……" 조금 곤란한 듯이 DY는 대답했다. "뭐라고! 너의 딸이 어디 사는지도 모르나?" "개들은 내 관심과 사랑이 좀 부족해" 하며 중얼거린다. "딸이 말하기론 버스로 약 2시간 가야 한다던데……" "그건 나에게는 도움이 안 된단 말이야." 이것은 탈꾼 DY 친구의 또 다른 면이다. DY는 탈과 장승 창작에는 도사이지만 딸이 어디 사는지도 모르니! 나를 포함해서 모든 사람들은 단점이 있기 마련인데 이건 무어라고 해야 할지?

'미국 옥수수'에 관해 내가 농담한 말을 고칠 기회가 없었다. 나는 그의 박물관에서 거리가 멀지 않은 언덕 너머에서 산 옥수수를 DY가 사람들에게 나눠줄 때마다 당황했다. 언젠가는 DY가 이 수필을 읽고, 그 달고 연한 옥수수는 사실은 고성에서 자란 옥수수라고 알게 되길 바란다. "늦은 것은, 영원히 모르는 것보다 낫다."는 격언은 아마도 이 경우를 두고 말한 것이다.

2007년 8월

묻지마 관광

2003년 여름 한국 부산에서 나는 2년째 서예공부를 하고 있었다. 서실은 월요일부터 금요일까지 아침 10시부터 저녁 9시까지 열려 있었다. 그러나 목요일은 서실을 열자마자 그날 하루 동안 쓸 먹물을 준비하기 전에 열두서너 명의 회원들이 한 반이 되어 한문공부를 하기 위해서 모였다. 나를 포함한 몇몇 회원들은 옛날 한문책이 없었기 때문에 다른 회원들의 것을 보거나 혹은 때때로 프린트한 자료를 받았다. 두어 시간 동안 공부를 한 뒤에 누군가의 호령에 따라 선생님에게 다시 절을하고 박수를 치는 것으로 그 수업은 끝이 났다. 나는 이 형식적인 수업이 불합리하고 어른들이 어린이처럼 행동하는 것이 우스꽝스럽다고 생각했다.

나는 열심히 서예공부에 몰두했고 서예반에서 공부하는 것을 즐겼다. 시외 여행이 없다면 서예 수업에 빠진다는 것은 상상도 못한다. 그러나 어느 날 목요일 초등학교 스타일인 한문 공부를 하는 것에 특별한 관심이 없었고 그 수업에 불참할 핑계를 찾고 있었다. 그래서 그 수업에 참석하는 대신에 그 전에 내가 들었던 동해안에 있는 동굴 1일 관광 그룹에 합류하기로 결정했다.

저의 어머니 아파트에서 동래지하철역 부근에 있는 관광버스 정류장까지는 지하철을 타고 약 1시간 걸리는 거리였다. 내가 아침 일찍 그 정류장에 도착했을 때 그곳은 많은 버스들과 울긋불

굿한 등산복을 입은 관광객들의 흥분으로 북새통을 이루고 있었다. 관광객들을 가득 태우기 위해 버스들이 길거리에 죽 늘어서 있는 것을 보았을 때 나의 열광과 기대감이 점점 더 커졌다. 나는 그날의 한문수업을 빼먹은 것에 걱정은 커녕 오히려 마음이 가벼움을 느꼈다. 흥분은 더해 갔고 여행이 빨리 시작되기를 바랬다.

관광 버스가 목적지인 동해안으로 출발하기 전에 이미 만원이 된 것에 나는 놀랐다. 버스 정류장에 오는 도중에 나는 그곳에 가장 먼저 도착한 사람 중의 한 사람이기 때문에 좋은 자리를 선택할 수 있을 것으로 기대했다. 그것은 순진한 생각이었다. 경험 많은 그룹 여행자들은 누구보다도 더 일찍 도착해야 한다는 것을 잘 알고 있었다. 나는 유일하게 남아있는 자리를 찾았고 그 자리는 바로 버스 운전사 뒷좌석이었다.

그날의 운전수이고 항법사가 나타나 내 바로 앞에 특별하게 높이 올려진 운전석에 앉았다. 짧은 머리 스타일과 하얀 장갑을 끼고 잘 다림질한 유니폼을 입은 운전수는 나에게 해병대 훈련 조교를 연상시켰다. 그 운전수는 동해안을 항법하는 것이 그의 인생의 전부인 것처럼 예리한 전문가로 보였다. 그는 편안하게 운전석에 앉은 뒤에 기구들을 점검하고 실내와 차 양 옆 거울을 조정한 뒤 귀청이 떨어져 나갈 것 같은, 미리 준비한 한국의 2박자 유행가 테이프를 틀었다. 으악! 이것은 내가 기대했던 것이 아닌데…… 계속 반복되는 강한 2박자에 나는 혈압이 급상승하는 느낌이었고, 심장은 엄청나게 괴로운 음악에 펄쩍펄쩍 뛰는 것을 느꼈다. 이 운전수가 여행 내내 이 혐오스러운 음악을 선택한다면 무슨 일이 일어날까? 내가 하루 종일 그와 같은 분위기를 견딘다는 것은 상상도 할 수 없었다.

우리가 탄 관광버스는 모든 자리가 다 차고 스케줄대로 곧 출발했다. 도심을 벗어나 약 30분 정도 달렸을 때, 운전수는 도로 길옆 조그만 휴게소에 차를 붙였다. 버스가 휴게소에 도착하자마자 두 명의 직원이 나타나 일회용 접시에 한국식 아침 식사를 담아 우리가 차에서 내릴 때 한 사람 한 사람씩 차례대로 건네 주고 있었다. 나는 일시적으로 소음으로부터 해방되었다.

관광객들은 그들이 찾을 수 있는 곳이라면 가리지 않고 어떤 곳이든지 자리 잡았다. 모든 관광객들이 아침 식사를 씹어 먹지 않고 삼키는 것처럼 보였다. 내가 아침밥을 반쯤 먹었을 때 누군가가 버스에 탈 시간이라고 소리쳤다. 나는 후회 없이 먹던 음식을 야외 쓰레기통 중의 하나에 던져 버리고 일어났다.

관광객들은 버스 문 앞에 모두 일렬로 줄을 섰고, 마치 버스에 타고 내리는 것을 훈련 받은 사람들처럼 재빨리 버스를 타고는 다시 제자리를 잡았다. 버스가 출발하자 마자 몇몇 남자 관광객들이 소주를 건네주기 시작했다. (소주: 약 20%의 알코올 농도를 가진 쌀로 만든 한국의 전통술. 요즘은 감자를 재료로 사용하기도 함) 어떤 사람은 소주병 뚜껑을 따고 조그마한 컵에 부어서 다른 사람에게 술병과 컵을 건네주면 그 사람은 술을 마시고 똑같은 방법으로 다른 사람에게 술병과 컵을 돌렸다. 남자 관광객들이 술을 마시고 소주병을 돌리는 동안 두 명의 여자 관광객은 굵게 썬 삶은 돼지고기와 하루가 지나 힘없이 보이는 야채 부침을 그들이 가지고 온 다른 반찬이 담긴 접시와 함께 관광들에게 건네주기 시작했다. 차 안 분위기는 귀가 찢어지는 소음에 뜨뜻한 소주냄새와 기름이 번질한 굵게 썬 삶은 돼지고기 냄새가 혼합되어 엉망이었고 내 속은 미싱거리고 뒤틀렸다.

소주를 마시고 난 뒤, 이 별난 그룹은 특별한 순서도 없이 좁은 버스 안 통로에서 노래를 부르고 춤을 추기 시작했다. 그들은 다른 사람들에게 리드에 따라 2박자 노래를 크게 부르도록 강요했다. 그들은 박자에는 상관없이 목청껏 크게 노래를 불렀다. 우리들의 관광버스는 어마어마한 가라오케 방으로 바뀌고 있었다.

동굴관광 그룹에 합류할 때의 처음 기대는 빠르게 사라져 버렸다. 나는 용기를 내어 운전수에게 "미안하지만 음악소리를 낮추어 주십시오."라고 요청했다. 그는 아무 말없이 음악 소리를 낮추었지만 불행하게도 그가 낮춘 음악도 내 귀에는 너무 시끄럽게 들렸다. 그래서 또 다시 "죄송하지만 음악을 더 낮추어 줄 수 없습니까?"라고 물었다. 나는 그가 말없이 허리를 숙여 운전대를 잡고있던 오른손을 순간적으로 움직여 볼륨을 조정하는 것을 볼 수 있었다. 그러나 그 음악소리도 내 귀에는 마찬가지로 시끄러운 소리였다. 지금 나는 어떻게 하면 좋을까? 나는 이와 같은 공포 분위기에 짜증이 났고 고민스러웠다. 이상하게도 다른 여행객들은 귀가 찢어지는 소음도 전혀 상관하지 않았다.

나는 이와 같은 혼잡과 더운 소주와 돼지고기에서 나오는 메스꺼운 냄새로부터 당장 빠져 나오고 싶었다. 아침부터 술 먹고 춤추는 묻지마 관광객들로부터 탈출하기 위해서 나는 그 버스에서 내리기로 마음 먹었다. 지금 현재 내가 지불했던 관광료에는 관심이 없었다. 사실 필요하다면 내가 그 버스로부터 탈출하는 비용도 기꺼이 주고 싶었다. 나는 이쁜 산으로 에워 쌓인, 평화스럽고 부드러운 아침 공기에 흔들리고 있는 푸른 벼논을 응시했다. 나는 들판의 벼들처럼 평화스럽고 자유로워지고 싶었다.

멀리서 나는 사거리 교차로에 있는 교통신호를 볼 수 있었다. 정신을 차리고 운전수 뒤에서 버스에서 내리고 싶다고 말했다. 운전수는 그의 실내 거울로 이 불행한 여행자를 확인한 뒤에 잠깐 뒤돌아 본 뒤 당황한 목소리로 "무슨 일입니까?"라고 나에게 물었다. 나는 "귀청이 찢어질 듯한 시끄러운 음악을 참을 수 없습니다."라고 대답했다. 그는 큰 소리로 "버스에서 내리시기를 원하십니까? 지금은 버스가 설 장소가 없으니 내가 정차할 장소를 찾을 때까지 잠시만 기다려 주십시오."라고 대답했다. 그 운전수는 신호등 몇 미터 전에 버스를 세웠다. 나는 버스에서 내렸는데, 내가 내린 곳이 어딘지 완전히 방향감각을 잃었고 어디로 가야 할지도 몰랐다. 그러나 적어도 나는 소음에서 해방된 느낌이었다. 나는 그 더운 소주와 삶은 돼지고기 냄새로부터 해방된 것이다. 신호등이 초록색으로 바뀌자마자 이른 아침 춤추고 술 마시는 묻지마 관광객을 태운 빛나는 관광버스는 내 시야에서 재빨리 사라졌다. 나는 걷기 시작했는데, 이른 아침 시골 들판에서 아무도 볼 수 없었다. 예로부터 그러했던 벼 줄기 끝자락이 훈풍에 물결치는 벼 들판을 걸어가면서 즐기기 시작했다.

나는 벼 들판 한 가운데서 큰 창의 밀짚모자로 얼굴을 가리고, 허리를 굽혀서 일을 하고 있는 한 농부를 보았다. 좁은 논둑길을 따라 그에게 다가가서 부산으로 갈려고 하는데, 가장 가까운 버스 정류장이 어딘지를 물었다. 그 농부는 벼 논에서 고개를 들고 우선 시내버스를 타고 가면 그 시내버스 정류장 부근에 부산에 가는 버스를 찾을 수 있다고 친절하게 대답해 주었다. 시골 도로를 약 2마일쯤 한가롭게 걸어갔지만 시골 버스는 보이지 않았다. 내 오른쪽, 좁은 자갈길 도로는 넓은 벼 들판 가운데에 있는 평화스러운 한 시골 동네로 가는 길이었다.

호기심에서 나는 자갈길로 들었다. 멀리 농촌 동네에서 떨어진 곳에서 유행에 따른 사무복 정장을 입은 한 여인이 내 쪽으로 걸어오는 것을 보았다. 분명히 그녀는 출근길이었다. 나는 그녀가 버스정류소 가는 길을 가르쳐 줄 좋은 사람이라고 생각했는데 그럴 상황이 아니었다. 그녀는 깊은 상심에 빠져 있는 것처럼 보였고 나를 본채 만채 그냥 지나쳐 버렸다. 나는 걱정과 마음속에서 불안감이 어렴프시 생기기 시작했다.

내가 농가 가까이 갔었지만 흙 마당에는 아무도 보이지 않았다. 그러나 나는 고향 고성에서 어린 시절 꽃밭에서 친숙했던 꽃들을 보았다. 나는 더 이상 길을 잃은 기분이 아니었고 마치 내가 어릴 때 시골 이웃을 걷는 것처럼 순간적으로 따뜻하고 편안하게 느꼈다.

나는 다시 시골 도로로 돌아와 약 2마일쯤 더 걸었을까? 마침내 시골길을 벗어나 텅 빈 시골버스 정류장에 도착했다. 주위를 둘레 둘레 살피고 있는데 내 왼쪽에 버스 한대가 보였다. 내가 탄 그 버스는 그 읍내의 다른 쪽에 있는 시외 버스 정류장으로 갔다. 나는 그 정류장에 도착하자마자 매 시간마다 부산으로 가는 버스 시간표를 확인했다. 오래 기다리지 않고 옆에 있는 부산가는 버스를 탔는데 놀랍게도 나는 그 버스에 탄 첫 번째 손님이었다. 약 90분간 즐겁게 버스를 탄 뒤에 그 버스는 내게 익숙한 concrete 빌딩 숲으로 들어갔다. 한문공부 반을 탈출하려던 내 계획은 정확하게 수포로 돌아가고 말았다. 나는 서실 가까운 곳에서 버스에서 내렸으며 한문공부 시간에 정확히 도착했고, 한문반 선생님께 목례를 하자마자 바로 수업이 시작되었다. 나는 어쩌면 한문수업을 빼 먹지 못할 운명같이 보였다.

2003년 여름 부산

옛 모순은 오늘 날의 교훈

여름에 내가 살고 있는 택사스에서 한국의 나의 가족을 방문할 때면, 내가 요리할 수 있는 부엌은 없다. 더군다나, 특히 어머니와 나의 가족들은 나에게 요리하는 것을 허용하지 않는다. 어머니께서는 당신이 없을 때 내가 요리를 할까봐 두려워 가스 스토브를 아예 모두 꺼버리셨다! 지금에서야 어머님이 사용하시는 매월 가스 사용료가 거의 없다는 것을 이해할 수 있다.

미국의 집으로 돌아 왔을 때, 나는 부엌에 주방장이 된다. 그런데 돌아온 후 며칠 간은 부엌에서 오랫동안 떨어져 있었기 때문에 평소에는 아무 문제가 없었던 것을 더듬고 바보짓을 하게 된다. 한국에서 여름을 보내고 미국에 돌아온 어느 해, 나는 햄과 치즈 샌드위치를 만들려고 했었는데 순간적으로 이 재료들을 기억할 수 없지 않는가! 햄과 치즈 샌드위치는 물론 햄과 치즈가 들어가는데, 그것을 생각하면 나는 저절로 웃음이 터져 나온다.

태평양을 건너 미국에 살기 이전까지 나는 요리하는 방법을 잘 몰랐다. 나는 햄버거, 핫도그와 TV 디너dinner 등이 미국 요리의 모두라고 생각했다. 내가 한국의 시골에서 자랄 때 어머니는 요리와 집안일을 돕는 두 하녀를 데리고 계셨다. 어머니께서 대도시로 이사를 가자 살림살이가 힘들지만 하녀 한사람을 데리고 계셨다. 어머니께서는 세 딸이 손이 더럽혀지기 때문에 부엌

일을 해서는 안된다고 생각했고, 세 딸이 일 대신에 공부에 더 집중해야 한다고 생각하셨다. 아마도 어머니께서는 부엌에서 일하는 여성은 미래에 하녀가 된다고 생각하신 것같다. 그런데 요즘 나는 여러가지 요리를 배우는 것이 나의 즐거움 중의 하나이며, 또한 부엌에서 일하기를 좋아한다.

나의 성장기에, 어머니와 나의 자매들은 봉건주의의 잔인하고 무지한 관습의 희생자들이었다. 나는 아직도 내 마음속에 남아있는, 그때의 정의롭지 못하고 불공정한 관습들을 기억하고 있다. 나의 어머니는 내가 시골에서 중학교에 다니고 있을 때 대도시로 이사를 갔다. 그때 쯤, 나의 남자 사촌들 중의 한 사람이 우리 자매들의 소망과는 상관없이 우리 집의 양자 오빠가 되었다. 그 당시에는 집안의 여자 아이들의 소망은 집안일의 결정에 반영되지 않았다. 나는 여자보다 남자들이 존중 받는 시대에 태어났다. 그러므로 우리 집의 여자 자매들은 양자 오빠보다 다르게 취급을 당했고 식사도 다르게 했다. 양자 오빠는 그때 다른 도시에 있는 학교에 다니고 있었기 때문에 여름과 겨울방학 때나 봄 방학 때에 우리 집에 머물곤 했다. 식사 때, 우리 양자 오빠는 쌀밥을 대접받고 있을 때, 우리 여자형제들은 보리밥을 먹었다. 흰 쌀밥은 그 당시 우리나라에서 부자의 상징이었다. 흰 쌀밥은 양자 오빠의 밥공기에 넘쳤고 우리 자매들 보리밥은 공기에 차지도 않았다. 어른들은 밥이 많으면 많을수록 좋다고 생각 했다. 물론 양자 오빠와 우리 자매들과는 반찬도 달랐다. 우리 자매들이 김치의 끝 푸른 부분을 먹을 때 우리 집 양자 오빠는 위쪽 하얀 부분을 먹었다. 또 생선은 어떻고? 양자 오빠는 살코기 몸통 부분을 먹을 때, 우리 자매들은 생선 꼬리부분, 어떨 때는 양자 오빠가 먹다 남긴 것을 먹곤 했다. 그런데, 꼬리가 없는 생선이 헤엄을 칠 수 있을까? 물고기의 꼬리부분은 몸통의 어느 부분보다 더 세고 강하며. 헤엄을 칠 수 없는 물고기는 죽은 것이 아닌가! 우리 자매들은 이런 생각을 하면서 스스로를 위로했다. 이런 생각과는 상관없이 어른들은 생선의 꼬리부분보다 몸통과 머리부분이 더 좋다고 생각했다. 나는 고백하지 않을 수 없는데, 우리집 양자 오빠가 먹는 생선을 먹고 싶어 침을 흘렸지만, 동시에 비록 그가 잘못한 것이 아닐지라도 내 마음속에는 그에 대한 증오감의 싹이 점점 더 커져 갔다. 그는 언제나 저쪽에 있었고 예전처럼 우리 자매와 어울리지 않았다. 그가 우리집 양자 오빠가 되고 난 후부터 우리들과 사이가 나빠졌다. 우리집 양자 오빠는 물 위에 뜬 기름방울과 같았다.

몇 년이 지난 뒤에 나는 우리 자매가 먹는 식사가 양자 오빠가 먹는 것보다 훨씬 더 영양가가 많다는 것을 알았다. 탄수화물만 함유하고 고지질 단백 HDL을 감소시키는 쌀밥보다 보리밥은 훨씬 더 건강에 좋다. 그리고 진초록 배추 잎은 우리 집 양자 오빠가 먹었던 거의 물로 가득찬 배추의 밑 흰 부분보다 훨씬 더 비타민과 섬유와 영양가가 많다. 김치를 담기 위해 배추를 거둬들일 때 배추의 흰 부분은 지표 가까이에 있지만 푸른 배추 잎은 위에 있지 않은가? 그 당시에 어른들이 의도했던 것과는 반대로 우리 자매가 먹었던 식사가 양자 오빠가 먹었던 식사보다 훨씬 더 영양가가 많았다는 사실을 그들은 생각할 수 있었을까?

2007년 12월

인연과 해후

조용하고 나른한 오후, 가로수가 즐비한 시골길 하동 쌍계사 입구 10리 벚꽃 찻길에서 오직 한 분이 내 시야에 들어왔다. 그 분은 아주 큰 밀짚모자를 쓰고 계셨다. 내 생각으로는 한 여름의 강한 자외선을 피하기 위해서, 혹은 아마도 현생의 모든 욕망을 끊어버리고 보다 나은 진리를 찾기 위해서인지도 모를 일이다. 그분의 느슨한 승복은 앞으로 걸음을 내딛을 때마다 여유롭게 움직였다. 발걸음은 급하지도 느리지도 않고 가벼웠다. 나는 그 분이 놀라지 않도록 조심스럽게 다가가서 “스님 실례합니다. 이 부근에 한국 최초의 야생 차밭이 어디에 있는지 알고 계십니까?”고 두손을 함께 모우고 물었다. 그러자 스님도 합장을 하시고, 가까이에 위치한 절에 오신지가 얼마 안되었기 때문에 이 지역에 대해서 잘 모르신다고 말씀하셨다. 나는 스님들의 연중행사인 하안거를 끝내시고 삭발을 하러 마을로 내려 오셨다가 절로 돌아가시는 중이라는 것을 알았다. 스님은 체구가 작으시고 허약하게 보였다. 그분의 주름살 없는 얼굴은 뼈만 남았지만 맑고, 밝은 안색이었다.

스님이 말씀을 하실 때는 그분의 번쩍이는 눈은 나의 마음을 꿰뚫었다. 스님의 눈은 나의 마음속 깊숙이까지도 닿을 것 같았고, 나의 미래에 대한 생각까지도 읽으시는 것 같은 느낌이었다.

나는 즉시 스님은 비교할 수 없는 마음과 지적능력을 가지신 한 분의 완벽한 영적인 선생님이 될 수 있다고 느꼈다. 이것이 2004년 여름 한국의 조용한 산골 찻길에서 내가 'DH'이라는 법명을 가진 스님을 만나게 된 사연이다.

DH스님에 따르면 우리의 만남은 필연적인 것이다. 왜냐하면 우연이란 불교에는 없기 때문이다. 또한 우리 모두는 또 다른 삶의 형태인 현생 이전에 전생을 살았다.

지난 해에 Y스님이 쓰신 "우리가 한국 차에 관해서 알아야만 하는 모든 것들"이란 책을 읽었다. 그 책을 읽은 후 나의 욕망은 차시배지茶始培地와 차농장을 방문하고 싶은 마음이 차꽃 같이 피어올랐다. 나는 차에 관하여 많은 지식도 없이 차를 좋아하는 사람이었는데 그 책을 읽은 후 차의 모든 것에 관해서 새로운 흥미를 가졌다. 나는 차나무가 치자나무와 거의 비슷하다는 것을 몰랐지만 그러나 다섯 잎의 크림색깔의 꽃들은 흰 장미꽃과 닮았다는 것을 알았다. 차나무는 9월말에 꽃을 피웠다가 다음해 1월까지 지속된다. 그리고 4,5월은 차를 만들기 위해 어린잎을 따는 때이다. 차나무는 상록관목이거나 동백나무와 같은 작은 나무이다. 차나무는 차를 만들기 위해 어린잎을 딸 수 있도록 재배하고 인공적으로 손질을 하며 가끔은 새 순을 자극하기위해 전지를 한다.

가장 좋은 차나무로 키우기 위해서 강우량은 토양이나 빛보다도 더 중요한 요소이며, 차나무는 숲속, 특별히 키가 큰 대나무 숲에서 가장 잘 자란다. 한국 차나무의 수명은 보통 50~60년이다. 지역적인 분포는 대부분이 전라도 지방과 내 고향인 고성을 포함한 경상도 일부지방이다. 내가 읽은 Y스님의 책에 의하

면 고려시대에 신랑의 가족은 봉차(차 씨앗)를 신부가족에 보냈는데 그것은 두 신혼부부의 결합과 여생에서 부부간의 정절을 의미하는 것이었다. 나는 이 전통이 21세기에 와서는 소용이 없어졌다고 생각하는데 왜냐하면 해마다 내가 한국에 돌아와 보면 한국 부부들의 이혼율이 증가하고 있다고 듣고 있기 때문이다.

쌍계사 가까이에 있는 다향천리 찻집에서 나누었던 대화는 다음과 같다.

찻상에서 그 해에 가장 맛있는 차 맛을 즐기면서 DH스님은 금육의 중요성에 관해서 말씀하시기 시작했다. 날벌레, 기어 다니는 미생물까지를 포함해서 생명체를 죽이지 말고, 죽이라고도 하지 말고, 죽어가는 생명체를 보고 즐거워 하지마라. 모기의 생명도 인간의 생명과 똑같다. 전생에서 여러분들은 사슴이었을 수도, 개였을 수도 혹은 모기였을 수도 있다. 불교에서 나쁜 행동, 작은 곤충을 죽이는 것과 같은 행동은 나쁜 업을 쌓기 때문에 매일 깨끗이 없애주는 더 큰 선행이 필요하다. 나는 스님에게 모기가 무는 것에 대해 어떻게 생각하시는지 물었다. "스님, 암컷모기들이 피를 빨아 먹고 여러 질병을 퍼뜨리고 사람을 죽입니다." 고 말씀드리니까 스님은 눈도 깜짝 하시지 않고 "나는 피를 조금 헌혈할 것이다. 모기가 살기 위해서 그렇게 많은 피를 필요로 하지 않는다고 생각한다." 고 말씀하면서 독수리와 작은 새에 관한 이야기를 나에게 계속해 주셨다.

한 임금이 창밖을 보고 있는데 작은 새 한 마리가 그에게로 날아와 조그만 목소리로 애원했다. "제발, 저를 살려 주세요, 독수리가 저를 쫓아오고 있습니다. 저는 독수리의 저녁밥으로 잡아먹힐 것 같습니다." 임금은 그 새의 애원을 받아들였다. 그러자 곧 독수리가 날아와서 임금에게 급박하고 우렁찬 목소리로 말했다. "그 작은 새를 돌려주세요. 그것은 나의 저녁 밥입니다. 그놈을 먹지 않으면 나는 굶게 됩니다." 그 임금은 다음과 같이 대답했다 "만약에 이 새가 저녁밥이라면, 나는 너에게 이 새고기만큼 내 살을 떼어 너에게 주면 되지 않겠나?" 배고픈 독수리는 임금님의 말에 동의를 했고, 그 임금은 저울을 가져와서 그 저울 한쪽에 작은 새를 올려놓고 그 작은 새의 무게와 같다고 생각하는 그의 허벅지살을 베어 다른 쪽의 저울에 올려놓았다. 임금님의 살이 새의 무게보다 적었다. 임금님은 주저하지 않고 그의 허벅지 살을 더 베어 저울에 올려놓았다. 그래도 임금님의 허벅지 살은 작은 새보다 적었다. 이번에 임금님은 작은 새보다 확실히 무게가 더 나간다고 생각될 만큼 그의 살을 충분히 베어 저울에 올려놓았다. 그래도 또 임금님이 베어 놓은 총 살점이 새의 무게보다 더 적었다. 임금님이 더 이상 그의 살점을 벨 수 없을 때가 되어서야 마침내 그 작은 새의 목숨이 어떠한 사람의 전 생명과 같다는 것을 깨달았다.

인디언들은 초자연적인 힘의 원천으로 동물의 세계를 바라보며 사람들과 동물들은 같은 왕국의 같은 존재라고 생각했었다.

그러나 유명하고 존경받고 있는 한국의 스님이신 서산대사(1520~1604)께서 16세기 7년 동안 임진왜란 때에 1,700명의 승군을 모집하여 왜군을 물리치고 평양을 탈환한 것에 관해서는 어떻게 생각하는가? 나는 얼마나 많은 왜군들이 스님들의 칼에 죽임을 당했는지 짐작할 수도 없다. 서산대사는 모기까지도 생명체를 죽이지 말라는 부처님의 가르침을 면제 받으신 분인가? 나는 서산대사와 임진왜란에 참전한 그의 동지인 승군을 깊이 알 수 없지만 이해하려고 노력중이다. 서산대사의 명성은 그의 동지들과 임진왜란에 참전하기 전인가? 그 후인가?

나는 한국의 첫 야생차 밭인 차시배지를 다향천리 찻집의 여주인의 도움으로 찾을 수 있었다. 그 곳은 그 찻집으로부터 여행자들이 거의 없는 다리를 지나 멀지 않은 곳에 위치하고 있었다. 큰 이끼 낀 돌 기념비에 1200년 전에 이곳이 차시배지였다고 쓰여 있었다. 내 앞에 보이는 산들은 야생차 밭들이었고 앞에는 분홍 백일홍들로 장식되어 있었지만, 그 밭이 1200년이나 오래되어 보이지는 않았다. 한국 차나무의 수명이 50~60년인데, 누가 1200년 동안 새 차나무를 갈아 심었는지 의심이 되었다. 흠, 그렇게 하려면 1200년 동안 어림잡아 20번 차나무들을 바꿔 심어야 하지 않겠는가.

저녁 공양 후 DH스님은 사라졌다가 곧 돌아오셨다. 조그마한 장판온돌 방에서 나는 미국에 오기 전에 나의 '몸 밖의 경험'에 관해서 스님에게 말씀드렸다. 주의 깊게 들은신 뒤 스님은 나는 현생이 세 번째 삶이고 대부분의 사람들은 이 세상이 두 번째 삶이라고 말씀하셨다. 그리고 스님께서는 내가 행운이 있는 사람이라고 말씀하셨다. 그런데 스님은 내 이름이 '행운'의 뜻이라는 것을 모르셨다. 당신 이름이 무엇이냐? 나이는? 돈은 얼마나 버는가? 등의 개인적인 질문들을 나에게 하는 전형적인 한국 사람들과는 다르게 DH스님은 어떠한 개인적인 질문도 하지 않고 심지어는 내 이름조차 모르신다.

2005년 다음 해인 여름 동해안에 있는 조그마한 암자인 관음암에서 스님을 다시 만났다.

그 때 스님과의 대화: 주 법당, 부처님 상을 모셔놓는 곳 곁에 있는 스님의 공부방에서 바라본 주위의 풍경은 환상적이었다. 스님은 나를 관음암 주위와 아름다운 계곡을 안내해 주실 생각이었으나 안타깝게도 짙은 구름 속 폭풍이 몰아치는 여름 날씨는 그것을 허락하지 않았다. 스님은 검붉은 왕 포도와 차를 준비해 두셨다. 스님이 정성스레 준비해 주신 첫 차 한 컵을 마신 뒤 나는 다음과 같은 질문을 했다.

"스님, 불교와 가톨릭의 차이점에 대한 스님의 생각은 어떠하십니까?" 스님의 얼굴표정에서 생각의 수레바퀴가 돌기 시작하는 것을 볼 수 있었다. 스님은 잠시 동안 그의 생각을 모은 뒤 내 질문에 대답을 시작하셨다. "부처님과 예수님은 같은 분이시고 위대함도 같은 수준이다." 스님은 설명을 계속하셨다 "가령 바위에 한 물체가 있었는데, 아무도 그 이름을 몰랐다고 생각하라. 그 앞을 지나가는 사람들이 이름을 알지 못하기 때문에 그들은 그것을 부처라고 부르기로 결정했다. 수백 년 후에 똑같은 그 물체를 지나가는 또 다른 사람들이 있었는데, 이 사람은 그것을 예수라고 이름을 부르기로 결정했다." 나는 스님의 설명이 대단히 외교적이고 논리적이라고 생각했다. 나의 다음 질문은 한국역사에 관한 것이었다. 내 질문을 듣고 있던 DH스님은 "당신의 질문 그 자체는 집착이다. 목적을 고집스럽게 파고드는 것은 악의 업을 얻게 된다." 그리고 스님은 그것을 버리고 마음을 비워야한다고 말씀하셨다. 스님이 내가 더 깊고 넓게 공부하지 못하도록 하시는 이유를 이해할 수 없었다. 이런 방법으로 사람들은 성장하고 지적인 능력을 확대해가지 않는가? 깊게 배우는 것과 집착의 차이는 무엇인가? 오늘날까지도 그 문제가 내 마음속에 지체하고 있다. 이 지체함 역시 스님의 책에 의하면 집착이라고 추측한다. 그는 앞에서도 사람들이 부주의한 말 때문에 아주 나쁜 업을 쌓는다고 주의를 주셨다.

오후 5시경, 우리들은 식당방이 있는 옆 건물로 갔다. 소박한 한국식 채식 저녁식사가 두 식탁 위에서 기다리고 있었다. 스님은 우리 곁 조그만 식탁에서 혼자서 식사를 하셨다. 나는 때때로 스님을 관찰했는데, 스님의 숟가락과 젓가락은 대단히 느리게 움직였고 스님은 우리보다 훨씬 먼저 식사를 마치시고 일어서 말없이 나가셨다. 내가 식사를 마치고 식당방 밖으로 나왔을 때 스님은 문 오른쪽에 서 계셨다. 스님의 손에는 불교 문헌인 "불교성전佛教聖典" 한 권을 쥐고 계셨다. 스님이 말씀하시기를, "보살님, 이 책을 보살님께 드리니 읽어 보십시오." 나는 스님에게 감사를 드리고 책에 서명을 부탁드렸으나 스님은 거절하셨다. 나는 재차 서명을 부탁드렸으나 대답은 똑같으셨다. "이 책은 신성합니다. 나는 이 불경에 내 이름을 써서는 안 된다고 생각합니다.” 그래서 나는 스님이 “불교성전”을 신성한 것으로 여기시는 것에 동의하고 그 사실을 받아들였다.

“스님 다음 행선지는 어디십니까?” 나는 앞선 대화에서 일주일 이내에 이 암자를 떠나신다고 말씀하셨기 때문에 다음 행선지를 물었다. 스님은 단조로운 목소리로 “내가 다음 주에 떠나게 될 행선지를 나도 모릅니다.”고 말씀하셨다. “그러나 스님은 다음 행선의 버스표나 기차표를 가지고 계시지 않습니까?” “오, 아닙니다. 나는 물처럼 구름처럼…… 여행할 것입니다……” 스님이 깨닫기 전까지는 누구와도 접촉을 원하시지 않는다는 것을 이해했어야 하는데, 그러나 나의 고집은 내가 질문하는 것을 막지 못했다. 그래서 계속해서 “스님, 내년 여름에 저의 언니를 통해서 저에게 연락을 해주실 수 있습니까?” “99%는 아마도 보살님한테 연락을 할 수 없습니다.”고 대답하셨다. “좋습니다. 그러면 1%의 희망을 가져도 좋습니까?” 나는 스님을 처음으로 웃으시게 만들었다. 스님은 암자에서 본사로 내려갈 때 내가 날씨 걱정을 하고 있는 것을 짐작하셨다. “보살님, 당신은 “불교성전”을 가지고 있습니다. 비가 오지 않을 것입니다.” 스님은 이 책이 날씨 형태를 통제하는 힘을 가진 것처럼 말씀하셨다. 우리들 머리 위에 낮게 덮여 있는 먹구름은 불길했고 공포에 질리게 했지만, 스님의 예측처럼 내가 돌아오는 길에는 비가 오지 않았다.

우리의 마지막 대화 후 내년 여름에 스님이 어디에 계신지 어떻게 연락을 할 수 있는지 알 수가 없어서 다음과 같은 시가 내 머릿속에서 춤을 추었다.

DH스님은 흐르는 물 같으시다
구름같이, 부드럽고 맑고, 하지만 알기 어렵다
나타남과 사라짐이 자유스럽다

한 방랑자
21세기 유목인
진리를 찾는 순례자
그는 구름 속에, 물속에, 있는 한사람의 현인이시다

이 중생을 이끄는 것은
그의 지혜와 자유스런 영혼이다

2006년 5월 6일

하동, 토굴에서의 대화

나의 언니는 DH스님으로부터 아무소식도 못 들었고 불행하게도 나의 1% 희망이 이루어지지 못했다. 나는 DH스님을 찾기 위해 몇몇 군 데 해외 전화를 걸었다. 스님이 마지막으로 계셨던 절 종무소부터 시작했고, 내 전화를 받은 종무소 한 여직원이 우연히 스님에 대한 소식을 전해 주었는데, 스님은 몇 달 동안 산속 토굴생활에 들어가셨다고 알려줬다. 내 요청에 따라 마지못해 그녀는 나에게 스님의 hand phone 번호를 알려주었다. 그것은 나의 노력의 예상 밖의 수확이었다. 그 이후로 셀 수 없을 정도로 스님의 hand phone으로 전화를 걸었으나 매번 전화를 받는 사람이 없었다. 그러나 행운이 있었던 어느 날, 전화선 끝에서 DH스님의 가느다란 목소리를 들었다.

보살 : 스님, 미국에 사는 보살입니다. 안녕하셨습니까?

스님 : 네? 어떻게 보살님이 이곳 토굴에 내가 있다는 것을 알았습니까? 어떻게 보살님이 나를 찾아냈습니까? 스님은 분명히 놀라셨다.

보살 : 나는 몇 군데서 스님을 찾았습니다. 법주사에도 전화를 해봤습니다.

스님 : 예? 어떻게 보살님이 그곳을 찾았습니까? 처음에는 그곳에 갈려고 했었는데 마지막 순간에 일정이 바뀌어서 이곳에 오게 되었습니다.

보살 : 저는 여러 차례 스님에게 전화를 시도했지만 그때마다 아무런 대답이 없었습니다.

스님 : hand phone battery를 비상시에만 사용하기 위해서 절약을 해야 합니다. 이곳은 전기가 없지만 필요할 때는 전등을 사용합니다. 보살님의 언니를 통해서 "법화경法華經" 한 벌을 보살님께 보냈습니다. 그 책은 영어로도 쓰여 있습니다. 보살님은 그 책을 받으셨습니까? (스님 생각으론 내 한국어 실력이 "법화경" 읽기에는 불충분한 것으로 생각하셨던 것으로 추측된다.)

보살 : 내가 이번 여름에 한국을 방문해서 그 책을 읽어 보도록 하겠습니다. 저는 스님의 한국의 역사와 문화에 관한 식견을 존경합니다만 스님께서는 이렇게 열심히 공부하고 명상하고, 중생으로부터 멀리 떨어져 계시면 무슨 필요가 있습니까?

제 생각으로는 스님은 중생들이 문제가 생기고 스님을 필요로 할 때 그들을 도와주기 위해서는 중생들과 함께 살아야합니다.

스님 : 무엇보다도 중생을 도울 수 있으려면 우선 제가 깨달아야합니다.

2006년 여름 나는 흥분을 안고 한국 부산으로 돌아왔다. 몇 달 전에 나의 언니는 현해스님이 영어를 포함한 4개 국어로 번역하신 "묘법연화경妙法蓮華經" 한 세트를 DH스님이 보내주셨다고 알려주었다. 그것은 산스크리트, 중국어, 영어, 그리고 한국어로 쓰여 있었다.

구례 화엄사에서 DH 스님과의 대화

DH스님은 말씀을 시작하셨다.

성공한 한 사업가가 도시에서 한 거지를 만났다. 그 사업가는 아무 말 없이 그 거지의 주머니에 보물을 넣어 주고 서로 헤어졌다. 그 거지는 이 도시에서 저 도시로 방황 생활 후, 몇 년 뒤에 사업가와 다른 도시에서 다시 만나졌다. 그 거지는 조금도 변하지 않았다. 아직도 단정하지 못한 외모로 냄새나고 남루한 옷을 걸치고 있었다. 만약에 그 거지가 그의 주머니를 뒤져 보았더라면 지금쯤은 잘 살 수 있을 텐데, 하고 그 사업가는 생각했다. 이 이야기가 주는 교훈은 크고 분명하였다. 그 거지는 행운을 가지고 있었지만 어디에서 찾아야 할 지를 모르고 있었다.

스님은 계속해서, 스님들이 어떤 때에 중생을 만나는 것은 큰 댐에 하나의 구멍을 만드는 것과 같다고 말씀 하셨다. 나는 내가 댐에서 하나의 구멍이 되고 있었다는 것을 자각하지 못했다. 죄송스럽게, "스님, 저는 스님이 깨달음에 이르는 길에 위험을 초래하기를 원하지 않습니다."고 말씀 드렸다. 스님은 나에게 보살님은 아무 문제가 없다고 확신시켜주셨다. 나는 이번 여름에 "법화경" 두 권을 그럭저럭 읽었다. 그것은 말로 표현할 수 없을 만큼 이해하기 어려웠다. 그래서 나는 읽으면서 메모를 만들었다. 책 중의 한 권에는 다음과 같이 쓰여 있다.

"부처님의 말씀을 20중겁 동안 계속될 것이다……" 중겁의 의미가 무엇인지 이 의문은 나를 잠 못 들게 하였다. 나는 이미 이 책에 집착하고 있었다. 나는 스님의 "집착하지 말고 마음을 비워라."는 말씀에도 불구하고 어느 날 나는 부산에서 DH스님에게 전화를 걸었다. 스님은 두 가지 예를 들면서 설명해 주셨다.

"천사가 산속 보름달 아래서 목욕을 하고 옷을 주워 입고 다시 하늘나라로 돌아간다고 생각해 보라. 그 옷이 가까이 있는 바위에 부드럽게 닿는 과정이 지속된다. 천사들의 옷이 바위에 닿아서 바위가 없어지고 그 바위가 없어지는 횟수에 20을 곱한 것이 1중겁이다."

두 번째 예는, "가로 세로 40리에 겨자씨를 가득 채우고 겨자씨 하나씩을 매 백년마다 옮겨서 그 씨를 다 옮기는 것을 생각해보라. 그리고 그 횟수에 20을 곱해라. 그것이 다만 1중겁이다."고 스님께서 말씀하셨다. 나의 모든 논리와, 감각과 그리고 지적능력으로도, 단순한 한국어로 들어도, 이것은 너무 이해하기가 버거웠기 때문에 나는 전생이나 현생에서 이와 같이 깊게 어떤 생각을 가져 본적이 없다. 또한 동시에 나는 내 자신이 스스로 씻는 방법도 모르는 이 문제로 악업을 쌓기를 원하지 않는다. 그것은 내 상상을 훨씬 더 상상 이상으로 잡아 당겼다.

2007년 여름

배 파는 노파에게 어떻게 당했는가?

이른 아침, 어머니께서는 이미 옷을 입으시고 쓰레기 버릴 준비를 하셨다. 어머니께서는 누구보다도, 내가 알고 있는 어떤 사람보다 집안 일을 일찍 시작하신다. 여름 휴가 중에 어머니 아파트에는 저와 어머니 단 둘이 거처하고 있기 때문에 사용한 하루 쓰레기는 지정된 적은 봉투의 절반이 채 못되었다. 그러나 어느 날, 아침 쓰레기 봉투 양이 내 시선을 끌었다. 그 봉투는 불룩하게 끝까지 채워져 있었고 또한 그 봉투 외에도 일상적으로 사용하는 쓰레기 봉투를 가지고 계셨다.

나는 잠에서 반쯤 깨어나 있었지만 그 쓰레기 봉투 속에 무엇이 들어 있는가를 알고 싶은 호기심을 억누를 수 없었다. 그래서 어머니에게 물었다. "엄마, 그 봉투는 무엇인데요?" 어머니의 대답은 누군가가 아무도 몰래 무엇을 하다가 들킨 것처럼 조심스러웠다. 나는 어머니께서 버리는 것을 나에게 알려주고 싶지 않으시다고 추측했다. "그저께 네가 가져온 것이다." "무엇이라고요? 나주에서 가져온 배를……" 어머니께서는 머뭇거리면서 말씀 하셨다. "나주 배는 물이 많고 맛있는데…… 이것처럼 맛없는 배는 처음 봤다…… 맛도 없고…… 못 먹겠더라." 나는 놀랐고 내 귀를 의심했다. 그 배를 살 때 맛보았던 판매대에 있었던 그 배 맛이 아니란 말인가? 그때 맛 보았던 배는 내가 상상했던 것처럼 사각사각하고, 달고 물이 많은 아주 좋은 배였다고 생각했다.

달고 물이 많은 나주 배는 나의 아버지께서 좋아하셨던 것이다. 내가 자랄 때 사과, 배 그리고 밤은 우리 집에 풍부했었다. 밤은 저의 아버지의 여동생인 고모가 해마다 우리집을 방문하실 때 고모님의 밤밭에서 수확한 새 밤을 한 자루씩 가져오셨다. 그 밤은 추석과 겨울을 지나 봄철까지 먹고도 남았다. 지금 되돌아 생각해 보면, 내가 어릴 적에는 냉동시설이 없었는데, 부모님이 계절 과일들과 밤을 어디에 저장하셨는지 궁금하다.

나의 고향 고성, 그 곳은 달고 부드러운 옥수수와 고구마로 유명하다. 축복 받은 비옥한 땅과 대양에서 불어오는 바다 바람과 충분한 햇빛은 어느 곳과도 비교할 수 없는 특별한 맛을 가지도록 한다. 반면에 우리나라에서 대구는 가장 맛있는 사과로, 진영은 단감으로, 전라남도 나주지방은 배로 유명하다. 그래서 내가 이 지역에 가까이 지날 때면, 도로변에 있는 판매대에서 이 특별한 과일들을 사는 것을 즐기고 집에 와서 가족들과 나누어 먹었다.

2008년 늦여름, 나주 배 과수원 지역에는 과수원을 뒤 배경으로 거의 1마일이 넘는 시골 도로 양쪽에 배 판매진열대가 펼쳐져 있었다. 어느 곳이 좋은 지를 판단하기는 쉽지 않았다. 왜냐하면 판매대에 쌓아 놓은 배들이 예상되는 고객들에게 질서 정연하게, 아름답고, 사고 싶도록 진열되어 있었기 때문이다. 배 판매대를 몇 줄이나 지난 뒤에 무작위로 가장 좋아 보이는 곳에 차를 멈췄다.

판매대 앞 도로에 차가 멈추자 마자 주인인 듯한 허리가 구부정한 노파가 진열대 옆 조그마한 움막에서 나왔다. 우리를 보자 그녀는 우리들을 환영하는 미소를 보냈다. 멀리서 봤을 때 진열대 위에 먹음직한 배를 줄줄이 진열해 놓았다고 생각했는데, 가까이 가보니 진열대 위의 세 줄은 배 그림이 그려진 빈 상자들이었고 단지 밑에 두 줄만 배들이었다. 내가 어느 배들을 살까 진열대를 살펴보고 있는데, 그 노파는 샘플 배와 칼을 나에게 주었다. 그 노파는 다른 손님들에게 했던 것처럼 나에게도 결정을 빨리하도록 했다. 나는 노파의 소지품이 반쯤을 차지하고 있는 낮은 야외 평상에 앉아서 그 노파가 선택해서 준 배를 깎기 시작했다. 내가 칼로 그 배를 깎을 때 단물이 터져 나왔다. 길고 엷게 깎긴 배 껍질이 내 손에 있는 배에 매달려 땅에 닿았다. 그 노파는 대나무 가지로 엉성하게 만든 긴 빗자루로 허리를 굽혀서 땅을 쓸었다. 이 배 껍질을 버릴 쓰레기통이 어디 있는지를 물었다. 쳐다보지도 않고 그 노파는 "그냥 땅에 버리면 내가 쓸끼오,"라고 대답했다. 그러나 배 껍질을 땅바닥에 버리는 것은 기분이 좋지 않았기 때문에 다시 쓰레기통이 어디 있는지를 노파에게 물었다. 그녀는 문제 없으니 배 껍질을 땅 바닥에 버리라고 말했다. 그 노파는 마치 청결 병에 걸린 사람처럼 거의 신경질적으로 조그마한 땅바닥을 쓸고 또 쓸었다. 그리고 계속 그 노파는 이 손님에게 배 껍질을 땅바닥에 버리라고 했다. 나는 그녀의 무관심이 이상하다고 생각했다. 그 샘플 배는 내가 바로 좋아하는 배와 같이 달고 물이 많고 사각사각 했다.

나는 사기로 결정하고 큰 비닐봉지에 약 열두 개의 배를 넣었다. 아버지께서 좋아하시던 과일을 사가지고 집으로 돌아 오는데, 노래하고 싶을 정도로 기분이 좋았다. 그날 저녁 내가 사 온 유명하고 달고 물이 많은 나주 배를 언니께 한 봉지를 드리고 나머지는 집에 보관했다.

이틀 동안이나 유명한 나주 배에 관해서 언니는 아무 말이 없었다. 그 배에 대해서 내가 기대했던 말을 듣지 못한 것이 이상하다고 생각했다. 그러나 지금은 알고 있다. 그때, 어머니와 언니는 그 배가 얼마나 맛이 없는가를 나에게 말하기를 원치 않으셨다. 그날 아침 어머니께서 버리신 쓰레기 봉투에 무엇이 들어 있었는지를 나는 알았다. 이 속기 쉬운 손님은 그 배 파는 노파에게 이렇게 농락 당했던 것이다.

2008년 가을

미제는 팔지 않습니다

2008년 여름,

나는 부산에 있는 한국 supermarket에서 건강 스낵을 찾기를 원했기 때문에, 엄궁동에 있는 롯데마트를 방문했다. 이 supermarket은 내가 다녔던 미국이나 혹은 유럽에 있는 어떠한 market과도 달랐다. 상당히 좋은 현대식 7층 새 건물 중에 1층에서 3층까지는 쇼핑 구역이다. 그러나 4,5,6, 그리고 7층은 에어컨이 설치된 주차장이다. 차가 들어가는 건물 입구에서는 흰 장갑을 끼고 유니폼을 입은 교통 안내자가 차가 들어갈 때마다 허리를 깊게 굽혀 인사를 하고, 각층 주차장 입구에도 똑같은 유니폼을 입은 안내자들이 교통을 안내한다. 이 현대식 market에서는 미국에 있는 market에서 흔히 볼 수 있는 bagger(물건을 봉지에 넣어주는 종업원)는 볼 수 없다. 나갈 때 고객들은 그들의 쇼핑 카트를 실내 콘베이어 벨트를 이용해서 포장지역으로 가서 손수 그들의 식료품을 포장한다.

여러가지 아침식사용 시어리얼 진열대를 둘러본 뒤, 스낵 진열대에서 나는 'Dr.You' 라는 고단백질 영양바를 발견했다. 닥터유, 하이 프로틴 뉴트리션 바 Dr.You, HI-PROTEIN NUTRITION BAR라고 굵은 영어로 씌어 있었다. 처음에 나는 굵은 영어로 쓴 한국 제품을 보는 것이 이상하다고 생각했다. 왜 한국 스낵박스에 한글 대신에 영어를 썼을까? 이것은 나에게 이 상품은 태평양 건너 영어를 사용하는 소비자들에게 수출을 하기 위해 만들었다고 생각하게 했다. 나는 그 bar의 굵고 크게 쓴 영어 아래 마치 누가 볼까봐 부끄러운 듯이 조그맣게 쓰여있는 한글을 보았다. 또한 그 bar의 주성분은 콩이라고 강조했다. '밀가루가 없음! 고 단백질, 여성들의 건강에 필수적인 저 칼로리, 치아chia씨와 많은 섬유' 라고 쓰여 있었다. 필수 비타민A,D로 만들었으며, 더욱 더 중요한 것은 크랜베리cranberry, 살구apricot, 자두plum, 이 세가지 다색과일은, 그 회사에 의하면 여성들이 가장 좋아하는 것이다. 애써 찾은 끝에 크랜베리 부스러기 몇 개를 보았다. 말린 자두는 내가 가장 좋아하는 스낵중의 하나이다. 그것은 ORAC(oxygen radical absorbance capacity, 유해산소 래디컬 흡수능력) 수치가 높은데, 이 수치는 우리 몸에 해로운 유해산소를 감소시켜 주는 항산화제 단위이다. 말린 자두는 크랜베리보다 약간 낮은 8,578 ORAC 단위로서 높은 수준의 항산화제이고, Dr.You,는 내가 미국에서 즐겨 먹는 Nature Valley Trail Mix와 가장 비슷하다는 것을 알았다.

8월 어느 날, 나는 C 가족의 경기도 안산에 있는 그의 아파트로 숙식 초대를 받아들였다. 안산은 남 서울에서 넉넉히 한 시간 이상 걸리는 거리에 있었다. C 부인은 서울 사당동 전철역에서 나를 만나서 안산으로 차로 데려갔다. 8년된 현대식 아파트의 21층에 있는 그의 집에서 오른쪽을 내려다보면 온통 높은 아파트 빌딩숲이었지만 왼쪽에는 연못과 갈대숲으로 된 공원을 볼 수 있었다. 아파트 발코니에서 미국의 우리집에 있는 비슷한 실내식물들을 보았을 때, 나는 편안함을 느꼈다. C 부인은 그녀 딸의 예쁜 방을 하룻밤 머물도록 준비해 두었다.

다음날 아침, 우리들의 여행 목적지는 서울 북쪽 DMZ 부근인 파주에 있는 栗谷 李珥기념관이었다. C부인은 운전수이자 항법사였다. 그녀는 상냥했고 길을 잘못 나가거나 돌아가는 것을 두려워하지 않았다. 이처럼 그녀가 길을 잘못 들려서 더 먼 거리를 가야했고, 그 결과 관광을 더 많이 했다. 그녀는 지적이었고 좋은 휴머감각을 가지고 있었다. 그녀가 서울 북쪽 복잡한 교통지역을 운전할 때, 단어 게임을 했다. 우리가 하는 게임이 무엇이든 간에 그녀는 가끔 참여해서 논평을 함으로써 그 게임이 더 재미있었다. 우리의 영혼이 힘이 빠질 때 대화를 다시 시작하는 사람은 바로 그녀였다. 그녀가 아무 말을 하지않고 있을 때도 옆에 같이 있다는 것만으로도 즐거웠고 시간이 금방 지나갔다.

栗谷 李珥(1536~1584)는 조선중기의 유명한 학자이자 정치가였다. 그는 유교문화, 관습과 공중도덕을 사회에 가르쳤고, 문명화했고, 전달했다. 그의 어머니 申師任堂으로부터 원칙주의와 규율을 교육받고 공부했다. 나중에 그의 원칙주의와 규율을 현실에 적용했다. 그의 분명한 사상의 제시는 그 당시의 정치, 경제, 교육 및 국방 등을 보다 향상시키는데 널리 기여했다.

栗谷 李珥는 3살 때 글을 읽기 시작했고, 8살 때 "화석정시花石亭詩"를 지었으며 10살 때 "경포대부鏡浦臺賦"를 지었다. 13살 때, 진사시험에 합격을 했고, 계속해서 장원급제를 포함해서 9번이나 더 어려운 시험에 합격을 했기 때문에 마침내 '구도장원공九度壯元公' 이라고 불려졌다.

李珥가 태어나던 날 그의 어머니는 흑룡이 해산 방으로 날아와 그녀의 팔에 아기를 안기는 태몽을 꾸었다. 그래서 어릴 때 그는 '용을 보았다'는 의미의 '현용見龍'이라고 불렸다.

그가 16살 때 어머니께서는 돌아가셨고, 어머니 묘소 옆 움막에서 3년 동안 시묘살이를 하면서 어머님의 돌아가심을 슬퍼했고, 그 10년 뒤 아버지가 돌아갔을 때도 또 시묘살이로 3년 동안 슬퍼했다.

우리들은 박물관 1,2층 벽에 전시되어 있는 栗谷 李珥의 유품을 보고 많은 것을 배웠고 또한 놀랐다. 우리들이 피곤해짐에 따라 처음 열정이 차츰 줄어들기 시작했다. 우리들은 자운서원慈雲書院(지방 유학자들이 1625년에 栗谷 李珥의 학식과 덕망을 찬양하기 위해 세움)과 가까운 언덕에 자리한 율곡 이이와 그의 가족 묘소를 방문하기 전에 휴식과 에너지 보충이 필요했다. 우리들은 태양으로 굽힌 박물관 흙 마당을 가로질러서 홀로 있는 작은 간이점을 발견했다. 가게의 왼쪽 등나무 아래에 있는 벤치는 한여름 무더위에 텅텅 비어 있었다. 우리 이외에는 아무 손님도 없었다. 우리들은 근육통을 풀기 위해 스트레칭을 했고, 기념관을 관람하면서 생긴 아픈 근육에 원활한 혈류를 위해 물을 마셨다. 허기진 배는 좋은 단백질과 탄수화물이 들어있는 스낵이 필요했고, 그래서 나는 Dr.You, HI-PROTEIN BAR를 기억해 냈다.

시골티가 나는 조그마한 여자 가게 주인이 카운터 뒤쪽에서 우리를 본체만체 무심하게 앉아 있었다. 나는 내가 발견한 새 한국 황산화제 스낵, Dr.You를 찾았지만, 찾지 못했다. 나는 이 가게가 너무 작기 때문에 새로운 스낵들을 모두 진열하지 못함이 틀림 없다고 생각했다. 그래서 가게 주인에게 한국말로 "닥터 유를 팝니까?"고 물어 보았다. 그녀는 신경질적으로 "아닙니다, 우리는 미제는 팔지 않습니다."고 했다. 나는 놀랐고 'Dr.You, HI-

PROTEIN BAR' 바는 미제가 아니고 국산이라고 설명하는 내 말을 듣지도 않았다. 그녀의 음성은 퉁명스러웠고 차가워서 더 이상 대화를 할 수 없게 했다.

나는 오리온 회사가 그들의 제품에 한글이 아닌 굵은 영어로 상품명을 써놓아 한국의 가게 주인들이 혼돈한다는 것을 예상했는지 의심스러웠다. 말할 필요도 없이, 나는 실망했고 허기진 배로 되돌아 왔지만 마음만은 栗谷 李珥로 가득 차 있었다.

2008 여름 한국

놀라운 직업

쪼그리고 앉아서 총명한 눈으로 자리위에 진열된 책들을 재빠르게 이 제목에서 저 제목으로 두리번거리는 눈, 그는 무뚝뚝하고, 둘러보는 이 사람을 고의로 피하고 있는 듯했고, 아무것도 그를 방해할 순 없었다.

그는 진 고동 신발에 검정 바지와 풍덩한 줄무늬의 짧은 소매로 된 셔츠를 입고 있었고, 키가 크고 갓 면도한, 중년남자, 그의 박박 깎은 머리와 손에든 책들은 그를 핸섬하게 보이게 했다.

거기엔 여섯 개의 큰 돗자리 위에 책들이 진열돼 있었는데, 세 개의 돗자리는 타일로 된 구덕운동장 담벼락 바로 아래와 다른 세 개는 넓은 보행자 도로를 각각 차지했다. 거긴 많은 노점상인들이 귀중품과 하찮은 물품을, 그리고 다량의 크고 작은 중국 불상들을 팔고 있었다. 장터는 날씨가 허락하는 한 주말에만 선다는데, 때때로 나는 이 구덕골 문화 장터를 둘러보기를 즐긴다. 2009년 8월, 어느 이른 일요일 아침 구덕산에서 아침 산행을 하고 돌아오는 길에 내 발걸음은 그 장터로 향했다.

그분은 내가 그가 선택한 책들을 주시하고 있는 걸 짐작 못했다. 4권의 철학과 종교 책을, 그러나 맨 위에 있는 책이 가장 흥미를 끌었다. 그것은 "현각스님, 하바드로부터 화계사"이었다. 나는 이 책에 대해 들은 적이 있었고 한 권 가지고 싶은 책이었다. 하지만 내가 한 발자국 늦은 걸로 느껴졌다. 거긴 같은 책이 없는 걸로 알고 있다. 왜냐하면 이 장터는 전형적인 책점 즉, 계산대와 컴퓨터와 종업원들이 있는 게 아니고, 열린 장터에 있는 헌책을 파는 곳이기 때문이다.

그분의 모든 행동을 살피면서 그가 가지고 있는 특히 맨 위에 있는 책에 대해 마음이 변하기를 바랐다. 그래서 그 거절된 책을 살 수 있게, 하지만 내 바람은 헛수고였다. 왜 하필이면 나하고 같은 취미를 가졌나? 뭐 철학이나 종교 교수인가 하는 의문들이 내 마음을 채웠다. 그분이 선택한 책들은 내가 찾고 있는 책들이었다.

그분은 다섯 번째의 책을 찾았고, 진지하게 책을 관찰해 본 뒤에도 돗자리에 내려놓질 않았다. 다시 한번 한 발자국 늦었다는 느낌이 들었다. 나 역시 그 책을 보고 있었지만 그분이 더 가까이 있었고 구경하는 이 사람보다 확실히 더 결단심이 있었다.

나는 안달이 났고 짜증스러웠다. 아무것도 손해 볼 건 없다 싶어 조심스레 그이에게 다가가 물었다. "실례지만, 그 위에 있는 책 어디서 찾았습니까?"

"저 줄에서 찾았어요."라고 약간의 미소를 띠고 그 줄을 가리켰다. 즉시 그는 그 책 저자 현각스님에 관해 통찰있는 해설을 제공했다. "그는 하바드 대학을 나온 후 예일대학에서 철학을 공부했고 내가 알기로는 역시 독일에서도 철학을 공부했지요. 그분은 미국 동북부 지역 가톨릭 집안에서 자랐지만 불교에 끌렸다고 해요. 그분은 잘생긴 미국인이고, TV에서도 한두 번 그의 불교에 대한 설명을 들은 적이 있습니다." 두 말할 나위 없이, 그분은 그가 가지고 있는 책의 저자에 관해 잘 알고 있었다. 그는 덧붙여서 구덕골문화장터는 작년에 TV를 통해 알았다고 했다.

그 후로 그는 이 장터에 가끔 오고, 자기 책을 구하는 외에도 친구들을 위해서도 책을 구입한다고 했다. 그가 찾은 책들을 종합해서 바지 호주머니에서 만 원짜리 한 장을 지불하고 잔돈을 받은 후 양쪽 진열품목들을 힐끗힐끗 보면서 보행도로를 조용한 걸음걸이로 떠나버렸다. 나는 아직도 좋은 한 권의 책을 찾고 있었는데 그분은 다시 돌아왔다. "내 경험으로는 보통 한국 사람들은 먹고, 마시고, 노래 부르는 데는 돈을 아끼지 않지만, 책이나 CD를 사지 않는다." 라고 그분에게 내 의견을 말했는데 그분의 견해는 달랐다. "책방에는 영화관의 영화광만큼 책 애호가가 많습니다."라고 했다.

그는 책들을 옆구리에 가까이 잡고, 그의 다른 취미인 서예에 대해 이야기를 시작했다. "서예 공부하러 몇 년 동안 서실에 나갔지요." 계속해서 "더 이상 나가진 않는데, 사람들은 목적과 이론부분, 그리고 깊이가 결핍돼 있는 것 같습니다. 결국, 왜 남의 서체를 베껴야 합니까? 요즘은, 자신의 필체를 창조하기 위해 독학하고 있습니다. 근래에는 세필과 추사 김정희秋史 金正喜를 공부하고 있습니다. 제 경험으로 보아 일본 붓이 세필에는 제일입니다." "중국 붓이나 한국 붓은 어때요?" 의아해서 물었다. "따라오지도 못합니다."라고 그가 대답했다.

더 이상 호기심을 억누를 수가 없어 "혹시 철학교수입니까?" 라고 물었다. "아니오, 택시운전수입니다."라고 당당하게 대답했다.

2009년 9월 샌 안토니오

빠른 전진의 도시, 부산

옛날에, Fusan은 상해, 요꼬하마 또는 나가사끼로부터 조선으로 오는 첫 항구였다. 그 출발지로부터 Fusan까지 도착하는데는 열세 시간 내지 열여섯 시간이 걸렸다. 첫인상은 가까이 할 수 없고 거주할 수 없는 험한 산비탈이었다. 기선은 전부 언덕으로 둘러싸인 내해로 입항했다. Fusan의 첫 인상은 사람이 살지 않은 기풍이 명백했다.

Fusan의 도심지는 중간 쯤해서 직각으로 꺾어지는 주로 긴 길 하나로 이루어졌다. 중심가 중간부분에는 몇 feet 안 되는 수로 사이에 널빤지 보행 다리가 걸려있었다. 양쪽 길을 따라 가로수가 있었고, 중심광장 바깥 모퉁이의 작은 산으로부터 Fusan이란 이름이 유래되었다. Fusan의 뜻은 '솥뚜껑 산' 이다. 그 이름은 작은 산이 흡사 솥뚜껑이 거꾸로 있는 것처럼 보였기 때문이다. 거기엔 몇 군데 집들이 모여 있었는데, 한국인이 아니고 일본인 집들이었다. 사실, 그곳은 일본식민지의 Fusan이었다. 1592년 4월 13일, 일본이 한반도를 침입한 후로 그 곳은 부산에 있는 작은 일본 요새지였다.

Percival Lowell, 미 천문학자는 조선에 특별한 사절이었고 이조시대 미국의 고문관이었다. 그의 문서인 책 "Chosen, the Land of the Morning Calm"에 기록했다.

여기서, 그의 개인 경험을 통해 한반도의 기후, 정부조직, 헌법, 종교, 건축 외도 다른 관심사를 기록했다.

로웰은 고종왕의 알현을 허락받았고, 그가 일본으로 돌아가기 전 1883년 12월부터 겨울을 지나 1884년 봄까지 6개월 동안 궁궐의 손님으로 머물렀다. 궁전에 가기 위해서 로웰은 일본에서 Fusan으로 기선 여행을 했고, 그런 다음 넷 가마지기들이 메는 가마로 서울로 갔다. 가마를 타기는 감금되고 불편해 로웰은 가능한 한 가마를 따라 걷기를 택했다.

"한국에는 길이 없고 발자국 가는 데가 길을 만든다."라고 기록했다. Fusan에서 지금의 인천인 제물포까지는 가마로 약 한 달이 걸렸고, 거기로부터, 가마 행렬은 또 다시 몇 밤을 걸려 한양으로 계속 갔다. 그것을 상상해 보시라!

현재 세계적인 도시 Busan은 약 125년 전의 Percival Lowell의 Fusan 이후 수없이 탈바꿈을 했다. 부산은 전국Yacht경기를 3월에, 국제Motor전시를 4월에, 바다축제와 Robert세계 부산은 여름에, 자갈치 생선시장 축제와 불꽃놀이 축제들은 10월에, 건강과 음식박람회는 11월에, 그 외도 여러 가지 두드러진 events를 개최해 세계 도시로 지위를 다지고 있다.

마지막으로 12월 마지막 날엔 시민들을 위해 종을 울리는 석양 축제가 있다. 그때 시민들은 지나가는 해를 회고하고 건강과 번영의 새해를 맞이한다. 각 마을마다 나름대로 유일한 무슨 국제 축제가 있는 것 같다. 내 고향 고성에서도 2006년 이래 공룡 세계 전시회를 진행하고 있다.

한국인은 지금 전형적인 개인주택보다 아파트생활을 더 많이 한다는 것을 몇 년 전에 알았다. 아파트 건물들은 산 주위와 비탈을 끼고 콩나물처럼 나타난다. 어떤 땐 공학자들은 더 많은 아파트 단지나 새로운 고속도로를 만들기 위해 산 전체를 없애 버리기도 한다.

그들의 고속도로와 지하철은 서구에 비하면 대체로 새것이다. 길거리는 언제나 황급한 시내버스와 다른 국산품 차량으로 넘치고, 북적거리는 부산 거리의 택시 기사들은 나로 하여금 곡예사를 연상케하고 도전적이다. 주차 거리는 좁고 주차장은 절실히 더 필요하다. 부산의 상업 부동산은 고가이므로 어떤 차고는 여러 지상 층으로 된 높은 원형이다.

늦은 밤, 소주를 즐기는 남성들이 운전해 집으로 돌아올 때 교통경찰들의 음주검사에 걸리기도 한다. 그 외는, 교통경찰은 고속도로에선 거의 보기 드물다. 숨은 카메라 탐지기가 고속도로나 시가지 교통 위반자와 주차위반자를 찾아낸다.

그러나 대부분의 운전자들은 GPS나 navigator로 숨은 카메라를 반격한다. 시골 운전기사들은 항상 비상 상태이거나 혹은 색맹들인 것 같다. 왜냐면 번번이 신호대 빨간불을 무시하기 때문이다.

어느 여름 부산에서, 서예학원의 손위 셋 분이 음식점에 점심초대를 했었다. 그 분들의 재차 초대에 거절할 수 없어 가겠다고 동의를 했다. 그 음식점은 모밀국수로 유명하다. 우리는 어둡고 좁은 계단을 내려가 점심 먹으러 나온 회사원들로 북적거리는 상가 중심부로 나갔다. 회사원들은 거의 같은 키에, 같은 업무복에 전부 똑같이 보였고 모두가 점심을 먹을 곳을 찾느라 급했다. 우리가 음식점에 도착했을 때 그곳은 손님들로 혼잡했고 빈 테이블이 없었다. 우린 몇몇 그룹과 음식점 밖에서 기다렸는데, 테이블이 나왔을 때 손님들이 교환되었다. 몇 번 나오고 들어가고 한 후, 우리 그룹이 들어가 앉을 차례였다. 작은 테이블들은 따닥따닥 붙었고 좁은 통로는 단지 종업원들을 위해서였다. 종업원들이 무겁고 꽉 찬 오븐을 배달하는 동안 김이 서린 조그만 부엌에서 일손이 바쁜 요리사들을 볼 수 있었다. 한 회원이 우리 그룹을 위해 주문했고, 얼마 안돼 모밀국수가 우리 앞에 나왔다. 양이 적은 삶은 모밀국수는 검은 사각 그릇에 각각 포개져 한 손님 앞에 두 개씩 나왔다.

연한 소스는 따로 적은 칠기 그릇에 나왔고 겨자병과 와사비들은 테이블 위에 있었다. 내 소스를 섞기 시작한 후 맛을 보았는데 갑자기 불같이 쏘는 감각을 받았다. 와사비가 그렇게 매운 줄 모르고 너무 많이 집어넣어 어찌하는 수 없이 그대로 내 코를 톡 쏘는 모밀국수를 먹기 시작했는데, 우리 그룹은 모밀국수를 마셔 버리신 것 같았다.

왜냐하면 우리 그룹은 점심을 끝내고 내 혼자 테이블에 두고 나가 버렸다. 나가시는 길에 내 점심 값도 누군가가 지불한 것 같다. 그들은 음식점 밖에서 내가 나올 때까지 길거리에 서 계셨다. 그 시끄러운 음식점 안의 일이 너무 빨리 진행돼 마치 백일몽인 것 같았다.

부산사람들은 빨리 걷고, 더 빨리 먹는다.

*Fusan은 1세기 전 철자이고, 그 다음은 Pusan, 현재 공식적 철자는 Busan이다.

구덕산, 내 영혼을 위한 자연의 선물

나의 어머니 아파트에서 빠른 걸음으로는 약 10분, 그리고 몇 분 더 느린 걸음으로 가파른 계단을 올라가면 구덕산에 다다르는데, 나는 곧바로 복잡한 교통소음, 사람들의 소음과 육중한 아파트건물들로부터 해방되는 새로운 세상을 만난다. 나는 때때로 400만 명이 밀집되어 살고 있는 부산시의 밀집 공포증으로부터 해방되는 공간을 동경한다.

내가 연례행사로 미국을 떠나 부산을 방문할 때면, 항상 처음 며칠 동안은 다시 이 도시의 모든 것을 익혀야 한다.

구덕산의 풍부한 산 꽃들과 양치류들은 조용하게 여름 동안에 잡목숲 속에서 번창한다. 나는 덩굴식물들이 자라는 것을 바로 눈앞에서 볼 수 있다. 덩굴이 내가 없는 밤 동안에 나뭇가지를 얼마나 타고 올라갔는지를 측정하기 위해서 가느다란 풀잎으로 매듭을 묶어 놓는다. 또 어떨 때는 굵은 덩굴식물들이 자기영역을 넓히기 위해서 덩굴손이 여러 곳으로 뻗치는 것을 간섭한다.

나는 숲속 은밀한 곳에서 번창하고 있는 윤택이 있는 애이지애틱 쟈스민Asiatic jasmine 군락지가 어디인지를 알고 있다. 그리고, 국수나무와 야생장미 군락지가 어디인지도 알고 있다. 또

비 오는 날, 야생 산고양이가 펀둥거리며 다니는 곳도 알고 있다.

부슬비가 온 뒤 버섯들은 온갖 곳에서 솟아오른다. 찢어진 우산버섯, 오븐에서 구운 쿠키버섯, 노란 단추버섯, 그리고 점박이 무늬가 있는, 거꾸로 뒤집힌 쌀 주발 버섯… 호기심에서 보이는 모든 버섯들에게 이름을 지어주려고 노력하지만 무한한 자연의 창조에 나는 힘이 겨웁다.

여름 동안 매미들의 아침 합창은 산속 오솔길을 가득 메운다. 나는 아주 조심스럽게 엄지와 검지로 매미 한 마리를 잡았는데, 갑자기 매미 소리가 세 옥타브가 올라가면서 놓아달라고 비명을 질러 어쩔 수 없이 놓아 주었다. 동시에 오색딱따구리는 죽은 나무에 동그라미를 파느라 아침부터 바쁘다. 의심할 바 없이 이 새가 좋아하는 모양은 동그라미다. 오색딱따구리의 목 깊숙한 바리톤은 온 산을 울리지만, 온순한 산비둘기는 차분한 노래로 배경음악을 만든다. 그들의 어름풋한 노래 소리는 유연하게 울려 퍼지고 우수에 젖게 한다. 창조주의 모습은 보이지 않지만 먼 곳으로부터 들려오는 음악은 항상 들을 수 있다.

산까치들은 매일 아침 같은 곳, 같은 시간에 노래하며 목청을 틔운다. 산까치들의 검고 흰 옷은 너무 대조적이고, 연주회 준비가 된 것 같다. 아, 아아! …… 아, 아아! ……우, 우우…… 우, 우우! ……산 까치들은 똑똑한 발음으로 모음을 던지고 받는다. 때때로 나는 그들의 일상적인 일에 끼어들기를 저항할 수 없어, 그들의 초청이 없어도 합창에 동참한다. 그들의 고유의 목소리는 둥글고 일관되며 전 계곡을 울린다. 한번은 한 쌍의 산까치가 맑고 푸른 하늘아래 산중턱 소나무 우둠지에서 정사를 벌렸다.

겁 많은 목탄 피부색깔의 청설모는 나무와 나무 사이를 점프하고 나는 기술을 보여주기를 즐긴다. 그들은 흔들리는 나무 가지에 가끔 매달리지만 떨어지는 것을 본적이 없다. 나는 세 마리의 청설모를 거의 한꺼번에 본적이 없는데, 한 마리는 재롱둥이, 두 마리는 장난꾸러기다. 청설모가 솜털이 덮인 귀를 쫑긋 세우는 것을 볼 때면 놀란 토끼가 달아나는 것을 나에게 연상하게 한다.

아래로 오솔길에는 서둘지 않는 살찐 지렁이가 있다. 지렁이는 앞쪽으로 간신히 움직이면서 번질한 액체로 곡선의 흔적을 남긴다. 나는 미끌미끌한 지렁이 한 마리를 잡아 손바닥에 올려놓았는데 얘는 간질음을 많이 탄다. 얘는 에너지가 다 떨어질 때까지 아주 빠른 템포로 해파리처럼 춤을 춘다. 그리곤 죽은 시늉을 한다.

나는 가장 당당하고 오래된 바위가 관목 숲에 둘러 싸여 있는 곳을 안다. 오래 전에 나는 이 바위를 '현빈암玄牝岩' 으로 부르기로 결정했다. 나는 얼마나 많은 산행 꾼들이 이 바위를 그들의 호를 붙이기로 결정하고 즐겼는지 또한 알고 싶다. 현빈암은 나무같이 키 큰 진달래들, 큰 소나무들, 떡갈나무와 많은 자생나무들로 둘러싸여 있고, 또한 어린 벚나무가 자라고 있으며 내가 노래하고 춤추고 쉴 수 있을 정도로 넓고 크다. 현빈암에서 바라보는 변화하는 온갖 경치는 자연의 눈으로 볼 때 지구에 있는 인간들이 얼마나 하찮은 존재인가를 나에게 깨닫게 한다.

* * *

나는 힘있고 용감한 자
그리고 영혼의 안식처
겨울 눈, 봄 꽃, 여름비
그리고 가을의 단풍잎들
나는 사계의 메신저다
나의 이름은 '현빈암玄牝岩' 이다

* * *

가파른 한 오솔길 중간에 가늘고 허리 굽은 떡갈나무 한 그루가 서 있다. 이 나무는 넓고 건장한 잎을 가지고 있으며 가을철에는 큰 도토리열매를 맺는다. 이 나무는 여섯 손가락 모양을 한 뿌리가 있는데, 그 뿌리의 반쯤은 땅 밖으로 나와 있다. 나는 이 나무를 '육손이' 라고 이름 지어 주었다. 아무튼, 이 나무는 튼튼하게 뿌리를 내렸고 내 관심을 많이 끈다. 이 연약한 창조물의 예술적인 사진을 몇 장 찍었다. 나는 이 육손이 나무를 보고 인간의 존재 동기와 불굴의 끈기를 생각한다.

구덕산을 산행하는 모든 여성들은 훌라-후프 참피언임에 틀림없다. 여성들이 운동을 하기 위해 자신들보다 훨씬 더 큰 무거운 훌라-후프를 돌리는 것을 보고있노라면 나는 피곤해진다. 그리고 나는 원숭이처럼 철봉운동을 잘하는 여성 산행인을 알고 있다. 우리들은 여름 동안에 조용하고 숲이 우거진 오솔길에서 몇 해 동안 서로 인사를 해오고 있다. 산행은 한국에서 전국적으로 퍼져있는 소일거리이며 김치와 소주등과 같이 한국 문화의 중요한 한 부분이다.

잿빛 하늘 아래 뼈를 에이게 하는 추운 2월의 구덕산이 얼마나 아름다운지 나는 예전에 미처 몰랐다. 층층이 쌓인 낙엽이 산을, 바위를……, 그리고 오솔길을 아직도 덮고 있다. 어릴 때 가을의 냄새가 아직도 나에게 머물러 있다. 겨울, 2월의 구덕산은 꿈 같은 image를 제공해 준다. 나는 산머루꽃과 노오란 생강나무꽃이 필 준비를 하고 있는 것을 보았다. 새 생명의 희망이 앙상한 가지 사이에 머물러 서 있고, 몇 그루의 붉은 동백나무 꽃들은 황홀한 향기를 품은 채 겨울을 마무리 하려고 머무르고 있다.

사람들은 가을철에서 겨울철로 접어들 때 기온이 떨어짐에 따라 더 많은 옷을 끼어 입는다. 그러나 낙엽송들은 그들의 옷을 다 벗어 버리고 용감하게 거친 겨울과 맞선다. 겨울 이른 아침, 나무들은 동이 트는 이른 새벽 도시의 불빛을 그 앙상한 가지 사이로 드러내면서 요지부동하게 서 있다. 그것은 마치 앙상한 나무들 사이로 반짝이는 별들의 계곡같이 보인다. 이 얼마나 꿈 같은 자연의 창조인가! 즉흥적인 구름의 형상은 앙상한 나뭇가지 사이로 나타났다가 사라없어진다. 구름은 스트레스들과 눈 아래에 보이는 도시의 무질서를 망각하게 한다. 새의 노랫소리와 함께 계곡을 휘돌아 흐르는 물소리는 부처님의 말씀같이 들린다. 이 부처님 말씀은 소음의 저류를 진정시키고 신선한 영혼에 스며든다. 부드러운 바람은 가까운 바다로부터 하루 종일 불어 온다. 그리고 그 바람은 하산하는 나에게 속삭인다.

내일 다시 만나자!

2009 3월